MUSEU BRASILEIRO DA ESCULTURA MARILISA RATHSAM

DA CRIAÇÃO A 2008

São Paulo • 2013 • 1ª edição

MARILISA RATHSAM

A TRAJETÓRIA DA ÚNICA MULHER A CONSTRUIR UM MUSEU NO BRASIL

PREFÁCIO

A experiência como empresário e senador me conferiu uma habilidade: a de saber identificar ideias nas quais vale a pena lutar e investir. E, apesar dos anos passados no Congresso e do meu trabalho na empresa, acabo sempre me envolvendo nos projetos mais desafiadores e fora da minha área de atuação. O caso do Museu Brasileiro da Escultura (MuBE) foi um deles.

Erguido numa das mais bonitas regiões residenciais de São Paulo, o MuBE representa hoje mais que um equipamento cultural paulistano. Ele é a concretização de um sonho de milhares de cidadãos que um dia acordaram com o barulho de máquinas destruindo um bosque perto de suas casas e decidiram se mobilizar a favor da preservação da natureza e da qualidade de vida da cidade.

Por trás do premiado projeto arquitetônico de Paulo Mendes da Rocha e das esculturas que chamam a atenção de quem passa pela Avenida Europa, está a história da primeira luta ecológica urbana do Brasil, travada para evitar que se construísse um shopping center na esquina com a Rua Alemanha, alterando toda a paisagem do bairro.

Um bairro que conheço bem. Vivi nos Jardins toda a minha vida. Nasci numa casa da Rua

Padre João Manoel, no Jardim Paulista, e depois de casar mudei para a Rua Portugal, no Jardim Europa. Acho toda essa área um exemplo para o mundo e tenho a impressão de que é um dos bairros residenciais mais bonitos do planeta. Basta observar a beleza que é chegar de avião a São Paulo e ver de cima todo esse verde. Ou passar por ali de carro ou caminhando. Certamente essa paisagem seria diferente se não fossem esses moradores, capitaneados por Marilisa Rathsam.

São detalhes dessa luta que os leitores poderão conhecer neste livro. Nas próximas páginas, estão informações precisas de como se conseguiu substituir a construção do shopping pela do museu, evitando com isso a abertura de precedente para outros edifícios e o fim do bairro-jardim.

No começo dos anos 80, quando se mudou a lei de zoneamento da região, eu também tinha um projeto para construir um prédio ali. Não havia entraves legais e a perspectiva era muito lucrativa. Mas felizmente percebi a tempo que com minha construção ganharia dinheiro, mas estragaria o bairro e perderia em qualidade de vida.

Essa preocupação sempre esteve presente em minha trajetória profissional. Na Klabin temos grande vocação ambiental e adotamos métodos ecológicos de cultivo. Nunca, por exemplo, derrubamos árvores nativas. Por que então colaborar para transformar o Jardim Europa num canteiro de obras, enchendo-o de caminhões e guindastes? Seria um crime.

Além de desistir do projeto, decidi me aliar aos que lutavam pela preservação do bairro. E pude acompanhar desde o começo o trabalho de Marilisa, que teve o mérito de conseguir o terreno e, com muita determinação, mobilizar um grupo de moradores em vitórias importantes, inspirando dezenas de experiências semelhantes Brasil afora. Logo passei a colaborar e ajudar na captação de recursos para a construção do museu e, anos mais tarde, ocupei os cargos de presidente de honra e presidente do conselho do MuBE.

Levando-se em conta que falamos de São Paulo, uma cidade carente de áreas verdes e culturais, só por esse motivo essas memórias de Marilisa já mereceriam leitura. Mas elas trazem ainda outros relatos valiosíssimos, que devem ser conhecidos por quem faz e por quem não faz parte do mundo das artes.

Com o trabalho da Sociedade de Amigos dos Museus (SAM) Nacional, fundada e presidida por ela, foi possível nos anos 80, por exemplo, evitar que o Museu de Arte Moderna (MAM) de São Paulo fechasse as portas. Autora do Projeto França/Brasil, Marilisa também restabeleceu um importante intercâmbio cultural entre o Brasil e a França, que havia sido interrompido 25 anos antes e foi retomado com duas memoráveis exposições: A *Escola de Paris*, em São Paulo e no Rio de Janeiro, e a *Modernidade*, em Paris. O governo francês reconheceu seu esforço concedendo-lhe a comenda de Chevalier de L'Ordre des Arts et des Lettres.

A experiência de Marilisa ainda mostra as dificuldades de se conseguir recursos para a cultura e manter um museu no Brasil. E serve como inspiração quando reflete seu lado de artista e de paulistana apaixonada pela cidade – nascida no coração de São Paulo, ela e sua família testemunharam acontecimentos importantes da metrópole.

Pensei que fosse fácil falar das qualidades de Marilisa neste breve prefácio bem como do êxito de sua iniciativa, mas, após ler os depoimentos de pessoas tão ilustres e qualificadas que enriquecem este livro, nada mais tenho a dizer do que endossar tudo o que já foi dito.

Nos próximos capítulos, os leitores poderão desfrutar das palavras de figuras importantes do mundo das artes plásticas, da política e da arquitetura. E apreciar centenas de fotos de pessoas que ajudaram a fazer do MuBE uma realidade, desde os tempos da ameaça do shopping até hoje. Tudo, claro, alinhavado pelas recordações de Marilisa Rathsam, cujo valor para a cultura não pode ser esquecido.

Nada mais a dizer, senão: Parabéns, Marilisa. Valeu!

Pedro Franco Piva

Empresário, presidente do Conselho de Administração do Grupo Klabin
e senador da República entre 1995-1996 e 1998-2002

APRESENTAÇÃO

Encarregado de convidar os arquitetos para o concurso do MuBE, Roberto Saruê veio me procurar. Nesse dia, tinha umas cinco ou seis pessoas trabalhando comigo e meu escritório sempre foi aberto, com todo mundo vendo tudo. Logo que ele saiu, perguntaram: "E aí? Do que se trata?" E eu respondi: "Imagine, esse doido veio me convidar para um concurso para entregar em cinco dias. Onde já se viu fazer um museu em cinco dias? Vê lá se vou me enfiar numa fria dessas".

Foi eu dizer isso para ficar aquele silêncio, com todos olhando pra mim. Até que um dos meninos disse: "Vamos fazer, sim, senhor".

Nos cinco dias seguintes, o escritório praticamente parou para trabalharmos no projeto do MuBE. E de fato o fizemos e entregamos com os desenhos, as plantas e a maquete no prazo definido.

O MuBE não foi o primeiro museu que estudei. Antes, em 1971, havia participado do concurso internacional para o Centre Beaubourg, da França. Meu projeto foi um dos 30 premiados com 10 mil francos, entre 400 apresentados do mundo inteiro. No caso do MuBE, a princípio, quando o Saruê falou do terreno da esquina da Rua Alemanha com a Avenida Europa, não identifiquei imediatamente o lugar. Conhecia a região porque todo mundo a conhece. Eu usava o bonde Jardim Europa desde 7, 8 anos de idade. Descia no fim do balão onde hoje estão o restaurante Bolinha e o bar Pandoro e seguia a pé no meio dos eucaliptos até o Clube Pinheiros, que era o único clube na época em São Paulo que tinha uma piscina olímpica. Nós nadávamos ali. Portanto, a Avenida Europa eu conhecia muito bem, mas não identificava esse terreno.

Mas a vida é feita de coincidências interessantes. No final dos anos 50, quando estava me formando, trabalhei como desenhista num escritório de arquitetura que fez a reforma de uma casa projetada por Henrique Mindlin, um dos arquitetos modernos brasileiros. Ela ficava na Avenida Europa, 140. Do MuBE para a Avenida Paulista, era o primeiro imóvel depois do MIS. Quando recebi o convite para o concurso, não liguei na hora que o terreno era bem ali ao lado.

Aí, com essa coisa de os meninos dizerem "Vamos fazer, sim, senhor", eu fui até lá, reconheci a área e comecei a me empolgar.

A primeira coisa ao começar um projeto é ver do que se trata. E o lugar era muito estimulante. A casa já havia sido demolida, mas ainda havia resquícios da construção. Tinha a piscina, a garagem, o pavimento, a pérgola. O mais interessante que vi, no entanto, foi o desnível existente entre o ponto limite do terreno junto ao MIS, na Avenida Europa, e o limite do terreno na Rua Alemanha, que é da ordem de cinco metros. Acho que fiz o projeto andando, porque em um museu de escultura a parte da exposição ao ar livre é muito importante. Então pensei: 'Se tem essa diferença de nível, posso fazer a parte fechada subterrânea e a parte aberta de exposição em cima, no terreno todo'.

Já voltei do meu passeiozinho com o projeto feito. Aí começaram a aparecer os problemas, que são conseqüências do que você mesmo criou. Um deles era amparar a demanda pela questão da ecologia. Porque a encomenda do concurso não era para um museu qualquer, já era para museu de escultura e ecologia. Lembro que escrevi à mão na memória do projeto: "Quanto à questão da ecologia, vamos enfrentar com um belíssimo jardim do Burle Marx". Nós éramos muito amigos e achei que, com isso, a questão estaria sustentada de uma maneira intelectual muito interessante, como um jardim exemplar.

No dia marcado para a entrega do projeto, mandei um dos meninos deixá-lo na casa de Marilisa, como mandava o regulamento. Mas também fui para observar o movimento de longe. Parei o automóvel na rua de trás e, ao ver a calçada cheia de colegas, desci do carro e me aproximei. Ficamos conversando e foi muito simpático, todos se conheciam.

O concurso do MuBE não era propriamente uma disputa. Nós considerávamos nossa participação nele como uma contribuição de nosso pensamento a uma iniciativa de altíssima extração de uma sociedade disposta a proteger um bairro de uma inconveniência indiscutível. Estávamos solidários, por isso todo mundo aceitou.

E felizmente meu projeto foi o escolhido. Soube depois que o Salvador Candia, que era um homem erudito, um grande arquiteto e também fazia parte do júri, chegou no dia seguinte ao da escolha do resto do grupo. Os outros jurados já haviam optado pelo meu projeto, mas decidiram esconder o resultado e disseram apenas: "Salvador, vá até aquela sala, veja as maquetes e os desenhos e escolha". Ele ficou ali sozinho, observou tudo e apontou o meu: "É aquele ali".

O arquiteto, com suas maquetes de papel e suas brilhantes ideias, é, na verdade, um desamparado. O interessante, estimulante e inteligente no caso do MuBE é que imediatamente essa associação que fez o concurso também contratou as melhores pessoas capazes de montar uma concorrência para escolher o construtor, os melhores calculistas e especialistas em mecânica de solo para fazer as fundações, os melhores especialistas que o arquiteto ia indicando para fazer as instalações elétricas, hidráulicas, a iluminação do museu etc etc etc. E também contratou o arquiteto para o desenvolvimento do projeto executivo. Inventou ainda uma Comissão de Obras para fazer o que tinha de fazer. E foi tudo muito bem feito. Poderia ter ficado um projeto de um bando de comadres, uma bobagem. Mas, não, eles souberam mobilizar os recursos e fazer o que precisava ser feito. Logo em seguida dona Marilisa contratou o escritório do doutor Mario Franco para fazer as estruturas e escolheu uma construtora. Resolvemos tudo com o maior afinamento. Como se tocássemos violoncelo.

O MuBE é uma obra singular em São Paulo. Quando se fala em revitalização da cidade e parcerias entre as iniciativas públicas e privadas, essa é uma obra exemplar. Descendo da Avenida Paulista até o Rio Pinheiros, não há nada mais notável. Principalmente se considerarmos a degenerescência do que está em volta – antigas moradias transformadas em vendas de automóvel, uma ao lado da outra.

A estrutura do MuBE é em grande parte de concreto protendido. É uma construção muito delicada e tudo foi muito bem feito. Nunca houve um desastre, um imprevisto, algo que não tenha dado certo na obra. O pé direito lá embaixo poderia ter um metro e meio a mais, não faria mal a ninguém. Mas nós ficamos no limite de 4,30 metros por recomendação dos especialistas em mecânica do solo.

A concretagem da viga principal foi um espetáculo. Por razões técnicas, para haver integridade absoluta como monólito, foi feita de uma vez só.

Dois metros de espessura, vazada, 60 metros de longitude, 12 de largura. Eram betoneiras de lá para cá. Entre outras estratégias, estabeleceu-se com os engenheiros de controle e de vibração do concreto que seria interessante começar pelas pontas. Seriam duas equipes trabalhando ao mesmo tempo, para render mais depressa, até se encontrarem no meio. Um exército de dez engenheiros e 40 operários trabalhava em cima dos andaimes. E a Falcão Bauer cuidava do controle tecnológico. De cada betoneira que chegava era tirado um cilindro de concreto para levar para análise.

Foram preparados refletores para o caso de a operação entrar noite adentro, mas a eficiência foi tão grande que a concretagem começou às 7 horas e às 16 já havia acabado. Os operários foram dispensados para tomar banho no galpão. Como o concreto permite, duas horas depois, no escurecer, eles foram passear em cima da laje. Foram andar em cima do que tinham feito. Uma cena muito bonita.

Assim que começou a construção do museu, dona Marilisa comprou um capacete de obras e estava lá todos os dias, às 7 da manhã. Na obra, a pessoa que eu menos queria ver era dona Marilisa, pois precisava de um pouco de sossego. Mas a qualquer movimento ela já ia xeretar. E correndo, porque não queria perder nenhum capítulo. Se chovia, usava aquela capa amarela dos operários. E eles devem ter se divertido, porque não costuma haver isso – uma grande senhora que visita a obra vestida de alta costura.

Marilisa é a mentora de tudo isso. Foi uma batalhadora, primeiro porque inaugurou todo o processo e segundo porque não o deixou cair. Quando houve, por exemplo, o interregno, ela poderia ter desistido. Mas não. E nossas relações sempre foram muito boas, com discussões do ponto de vista sadio.

Quando recebi o Prêmio Pritzker, em 2006, o MuBE me fez uma homenagem. Com fotos e detalhes da construção do museu. Participaram todos os meus amigos e apresentamos o projeto da torre. Na verdade, trata-se de um anexo que serviria para depósito de acervo, carpintaria e caixotaria do museu. Isso já estava previsto na época do concurso, mas havia um limite de orçamento. E por enquanto continua só no papel.

De qualquer forma, o MuBE já tem hoje uma nítida configuração da maneira como eu penso a arquitetura. É exemplar e já foi publicado no mundo inteiro. Suas fotos estampam revistas especializadas do Brasil e do exterior, além da capa do meu livro editado em alemão, em Zurique. Todos os anos, também recebemos infinitas convocações para acompanhar arquitetos, professores e estudantes de escolas de arquitetura estrangeiros em visita ao Brasil. Já vieram holandeses, franceses, argentinos, portugueses, espanhóis, alemães. Faz sempre parte do programa passar pelo MuBE.

Sua maquete ainda foi parar no Museu de Arte Moderna de Nova York, o MoMA. Em uma das Bienais de Artes de São Paulo, fui homenageado com uma sala especial. Não sabia bem o que mostrar e comentei que sonhava em fazer maquetes com chapas metálicas, mais fortes que aquelas maquetinhas branquinhas. Um dono de metalúrgica ouviu e se ofereceu para fazer uma maquete do MuBE em aço, de um metro por um metro, que expusemos na Bienal. Ficou belíssima. Há um ano, o MoMA me pediu projetos para fazer parte de seu acervo. O curador veio até aqui, viu a maquete do MuBE em aço e a carregou para os Estados Unidos.

Paulo Mendes da Rocha

Arquiteto, autor do projeto do MuBE e vencedor do Prêmio Pritzker 2006

INTRODUÇÃO

Conheci Marilisa na Sociedade de Amigos dos Museus (SAM). Eu tinha sido secretário municipal da Cultura de São Paulo na época do prefeito Mario Covas e me lembro dela organizando exposições em museus e encontros culturais nas casas das pessoas. Participei de um desses encontros e fiquei impressionado com o entusiasmo de Marilisa. Depois, como secretário de Apoio à Produção Cultural, quando estava no Ministério da Cultura na gestão do ministro Celso Furtado, acompanhei sua mobilização contra o projeto de construção de um shopping no Jardim Europa. Marilisa, com outros moradores, lutava pela preservação do bairro. Modesto Carvalhosa, presidente do Condephaat, havia aprovado poucos meses antes o tombamento dos Jardins. Portanto, a luta de Marilisa tinha amparo legal. Li nos jornais que o Jânio Quadros, durante sua campanha eleitoral pela Prefeitura, passou pela Avenida Europa e, inteirado das reivindicações dos moradores, afirmou diante de todos que ao tomar posse impediria que o shopping fosse construído. Depois de eleito, Marilisa foi à sede da Prefeitura cobrar a promessa. Jânio honrou a palavra. Ela levou a proposta da construção de um museu no lugar do shopping, voltado ao meio ambiente. A Prefeitura desapropriou o terreno. Esse ato político teve grande repercussão na imprensa pois representou um ato político muito positivo para o prefeito, porque deu destino cultural a uma área onde, anteriormente, pretendiam construir um conjunto comercial. Também repercutiu favoravelmente porque havia uma contrapartida da sociedade civil, ou seja, a Prefeitura cederia o terreno e a SAM construiria com recursos privados o museu. Em pouco tempo o projeto ganhou corpo e foi aberto um concurso para definir qual seria o projeto arquitetônico.

Estive inúmeras vezes no gabinete do Jânio e pude ver que ele tinha um apreço muito grande pelo projeto do MuBE e por Marilisa. Em uma dessas visitas, lembro de ter dado a ele um recado do ministro Celso Furtado, dizendo que a cidade que ele administrava tinha, naquela data, um orçamento maior do que o Brasil durante o período em que foi presidente.

Foi também o ministro Celso Furtado que me pediu para representar o Ministério da Cultura no júri presidido pelo arquiteto Fabio Penteado para escolher o melhor projeto, aquele que seria construído no terreno da Rua Alemanha com a Avenida Europa. Participei da abertura dos projetos e, após o exame das propostas encaminhadas, escolhemos e projeto do Paulo Mendes da Rocha. Embora os outros projetos fossem muito bons, o dele era extraordinário, era o que apresentava melhores soluções e, também, esteticamente o mais bonito. Houve discussão sobre custos porque o Paulo propunha que uma parte significativa do edifício fosse enterrada e, como a área ali era um charco, o lençol freático ficava quase no nível do solo. Mas logo se viu que o próprio projeto propunha soluções para essa e outras dificuldades e concluímos que era possível fazer a parte enterrada sem um custo exagerado. Hoje o MuBE é considerado uma das principais obras do Paulo Mendes da Rocha e merece destaque na arquitetura brasileira.

Logo em seguida começou a construção em um ritmo acelerado. Eu estava em Brasília nessa época e, a cada vez que vinha a São Paulo, via diferenças enormes na obra. Esse foi um feito extraordinário da Marilisa. Tenho muita admiração pelas pessoas que fazem e ela é uma fazedora. Sem dúvida nenhuma, foi a grande responsável pela criação do MuBE.

Há outros casos semelhantes de mulheres que colaboraram para a criação de museus. A venezuelana Sofia Imber é o nome que me vem à memória. Sofia e Marilisa possuem histórias que se parecem. Ela também foi uma lutadora incansável pelo museu que criou. Tinha um programa famoso na TV venezuelana, com um sofá onde fazia entrevistas, como o programa da Hebe Camargo. Mas o forte de suas entrevistas era de caráter econômico e político. Todo grande empresário, todo político importante passava pelo seu sofá. Diferentemente da Hebe, que conversa mais com a alta sociedade e com o próprio mundo da televisão. Com isso, a Sofia Imber tinha muito poder, uma audiência enorme. E, um pouco à la Assis Chateaubriand, ela forçava as pessoas a doar obras de arte. Com isso, conseguiu fazer um grande museu. Quando o governo Hugo Chávez tomou o poder, ela foi afastada e o museu deixou de se chamar Sofia Imber. Ela morreu há pouco tempo, afastada da obra que criou.

No Brasil, temos outro exemplo de mulher notável: Niomar Moniz Sodré Bittencourt, que ajudou a construir o Museu de Arte Moderna do Rio. Dona de um importante jornal carioca, era uma pessoa extraordinária. Enquanto Ciccillo Matarazzo comprava Modigliani, Niomar comprava Mondrian. Outra mulher que teve papel importante na área das artes plásticas foi Yolanda Penteado, mulher do Ciccillo.

Marilisa pertence a esta elite voltada às artes plásticas. Destacou-se na Sociedade de Amigos dos Museus, criou o MuBE desde a implantação do edifício e, finalizada a obra, pôs o museu para funcionar e fez exposições muito significativas. Vou citar uma, para se ter uma ideia: a grande exposição de Max Ernst foi organizada para o MuBE por Werner Spies, considerado o maior estudioso da obra de Ernst. E foi única, ou seja, concebida especialmente para o MuBE. Mais tarde, tive o prazer de ver uma grande mostra de Ernst no George Pompidou, em Paris, e encontrei muitas das peças que foram expostas no MuBE. Claro que a exposição do Pompidou era mais importante, mas a do MuBE foi a maior mostra de Max Ernst já feita na América Latina.

Depois houve a exposição de César, que também foi muito importante. Sou testemunha do carinho que César tinha por Marilisa. Almoçamos várias vezes com ele em Paris, principalmente no restaurante italiano Le Stresa da Rue Chambiges, onde ele era habituè. César já havia estado no Brasil, com uma participação marcante na Bienal de São Paulo. Sua intervenção, espécie de *happening*, fez um sucesso enorme. Ele trabalhou com "expansões controladas" de poliuretano. As esculturas eram criadas no próprio espaço expositivo. César era muito querido na França e tinha as melhores recordações do Brasil. Certamente viria à exposição que a Marilisa estava organizando no MuBE e que tinha a curadoria de Daniel Abadie, diretor da Galerie Nationale du Jeu de Paume, de Paris. Mas, em 1999, César morreu na capital francesa um pouco antes da abertura da mostra em São Paulo.

Outra exposição que merece destaque foi a de Giorgio De Chirico, que recebeu a visita de Achille Bonito Oliva, um dos críticos de arte mais importantes a partir dos anos 60, criador do conceito da transvanguarda. Ele ficou encantado com o MuBE.

Houve momentos marcantes, não só das exposições internacionais, mas também com mostras nacionais de arte contemporânea, concertos de música erudita, conferências, congressos e cursos, tanto teóricos como de ateliê. Os irmãos Campana, hoje mundialmente reconhecidos como designers, deram um curso de design para jovens no MuBE e ajudaram a formar novos profissionais. Os alunos desse curso expuseram na Itália com grande repercussão.

A paixão da Marilisa pelo MuBE acabou sendo um problema. Até pela proximidade da moradia, bastava atravessar a rua e ingressar no museu. Ela estava o tempo todo presente e manteve com o MuBE uma relação que muitas vezes ia além da relação institucional. Refletia sua paixão. O museu absorveu a tal ponto sua vida que Marilisa deixou em segundo plano sua arte. As pessoas falam pouco disso, mas Marilisa também é artista e com bom domínio da pintura. Ultimamente, vi algumas telas abstratas de expressão cromática vigorosa. Isso ficou totalmente em segundo plano, contudo ela poderia ter tido uma carreira de artista.

Marilisa sempre colocava meu nome nos catálogos do museu como curador-geral, coordenador-chefe. Nunca exerci essas funções, apenas colaborei com diversas atividades do MuBE, principalmente com as mostras internacionais. Comecei a participar da vida do MuBE depois que Marilisa e Marius me pediram para colaborar com alguns projetos com instituições da Europa. Os dois têm uma vivência européia grande. Desde menina, Marilisa mantém uma relação constante com a França e Marius possui muitos contatos na Alemanha, principalmente em Dresden. O casal possui um apartamento bonito e agradável na Avenue Foch, de Paris, e sabem receber. São ótimos anfitriões. Ajudei o MuBE a estabelecer vários intercâmbios e fizemos contatos com pessoas importantes do mundo artístico europeu. Pier Paolo Cimatti, dono da Editora Torcular, marchand e colecionador de arte sócio da Finarte, a maior casa de leilão da Itália, colaborou muito com o MuBE, sobretudo na logística das exposições.

Assim como lembrei projetos que foram exitosos, vale mencionar, também, os que fracassaram e nos deixaram frustrados. Têm aqueles projetos pelos quais você trabalha anos e na última hora, por uma razão ou por outra, não acontecem. Tínhamos, por exemplo, pronta em 1999 uma grande exposição do Joan Miró. Mas, com a desvalorização do real, o dólar passou a custar o dobro. Como todos os custos da exposição eram em dólar, tivemos de cancelá-la na última hora. Praticamente na véspera das obras serem enviadas para o Brasil. Outra vez anunciamos a mostra de um grande artista austríaco, Egon Schiele, que nunca havia vindo ao Brasil. Pouco antes, no entanto, realizaram uma exposição das obras dele em Nova York e uma delas foi interceptada por um problema jurídico, decorrente de confisco de obras de judeus durante a Segunda Guerra Mundial. Como muitas obras foram roubadas nessa época de conflito, é comum ainda hoje que se tente reavê-las quando deixam o país de origem para alguma exposição. Temerosa, a instituição que emprestaria a maioria das obras cancelou na última hora a exposição no MuBE. Também por pouco não realizamos uma bela exposição de peças arqueológicas da cidade italiana de Pompéia. O patrocínio já estava todo acertado com a patrocinadora, mas a empresa entrou em dificuldades econômicas e, portanto, não pôde mais patrocinar a exposição.

Muitas vezes o MuBE é criticado por não possuir acervo. Acervo que na verdade está sendo constituído, pouco a pouco. Kcho, um dos mais extraordinários artistas cubanos, com obras em museus europeus e norte-americanos, doou ao MuBE uma escultura de grande formato, a única obra dele em coleção pública no Brasil. Arcângelo Ianelli também doou uma peça belíssima, que foi colocada no espelho d'água. O museu ainda recebeu doações de outros escultores, como Brennand, Granato. Não podemos afirmar que a coleção de esculturas do MuBE está formada, mas já possui peças importantes.

É preciso tomar cuidado para não encher o museu de esculturas e transformá-lo em um cemitério, num paliteiro. Às vezes o pouco vale mais que o muito. Várias vezes aconselhei Marilisa a devolver determinadas obras que haviam sido doadas. Alguns artistas ficavam aborrecidos com a recusa do museu, mas vale ressaltar que temos um patrimônio para preservar: a maior obra tridimensional do MuBE é o próprio edifício, criado pelo arquiteto Paulo Mendes da Rocha, considerado pela crítica mundial como uma obra excepcional. As pessoas vêm do mundo inteiro para vê-la.

Para terminar, quero deixar aqui registrada minha admiração pela Marilisa e pelo Marius, duas pessoas queridas para mim. Por outro lado, sempre me entusiasmei pelo conceito do MuBE, de museu pequeno, voltado para determinados aspectos da arte. Acho que os grandes museus só existem com recursos públicos e, não sendo assim, não vão resistir à dinâmica do mundo contemporâneo. Mas com o MuBE acontece o contrário: é pequeno, está numa boa localização, pode ser ágil. Resumindo, tem um enorme potencial e é o tipo de museu viável para os nossos tempos.

Fabio Magalhães

Museólogo e Diretor Artístico do Museu de Arte Contemporânea de Sorocaba. Foi: Secretário Adjunto da Secretaria de Estado da Cultura - SP; Diretor Presidente da Fundação Memorial da América Latina – SP; Conservador-chefe do MASP – Museu de Arte de São Paulo Assis Chateaubriand; Diretor Presidente da Embrafilme; Secretário de Apoio à Produção Cultural do Ministério da Cultura; Secretário de Cultura do Município de São Paulo; Diretor da Pinacoteca do Estado de São Paulo.

O MuBE foi construído num tempo em que fazer um museu desse porte e importância, em um país com uma tremenda crise econômica, exigia muita coragem e determinação. Ele é o resultado de um sonho quase inatingível. E tenho imenso orgulho de ter sido a única mulher a construir um museu no Brasil.

O único outro exemplo na América Latina aconteceu na Venezuela. Lá, Sofia Imber abriu em 1974 o Museu de Arte Contemporânea de Caracas. Somos as duas únicas mulheres latinas que construímos, fundamos e dirigimos museus, sendo que o destino de Sofia em seu país foi triste. Em 2004, após desterrar seu marido, que era diretor de um importante jornal, o presidente Hugo Chávez tirou o nome de Sofia do museu, afastou-a da presidência e o estatizou. Artistas consagrados de todo o mundo enviaram cartas de protesto. Mas nada adiantou.

Aqui, o projeto de criação do MuBE surgiu a partir de um dos primeiros movimentos urbanísticos e ecológicos do Brasil. Foi criado, a princípio, para evitar que a construção de um shopping center desfigurasse o Jardim Europa, destruindo um dos últimos bairros verdes de São Paulo. Depois, com a união de artistas, intelectuais e amigos, tornou-se uma cruzada pela cultura nacional, que ainda hoje se mantém.

Por muitas e muitas vezes me perguntei por que uma mulher se interessa tanto por uma causa. E espero mostrar algumas das respostas neste livro. Em nosso caminho, tudo, tudo foi muito importante e conquistado sempre após uma grande luta – ou três grandes lutas, como mostrarão as próximas páginas. Nada surgiu de graça ou de mão beijada. Talvez hoje eu não acumule tantas vitórias quanto eu gostaria de ter obtido, mas algumas foram pioneiras e marcaram a vida cultural de São Paulo. Espero firmemente continuar a ter entusiasmo e obstinação na luta pela cultura, às vezes tão esquecida em nosso País. E quem sabe os detalhes desta história também não inspirem outros entusiastas a investir em arte?

Marilisa Rathsam

Presidente do Museu Brasileiro da Escultura

da criação a 2008

"*A obra projetada pelo arquiteto Paulo Mendes da Rocha está aí, contrariando os eternos pessimistas e descrentes. Não nego a vaidade por ter estado à frente dessa verdadeira saga cultural, singular na América Latina e pioneira no Brasil. Festejo-a com grande alegria de haver contribuído, de maneira histórica, para o culto à arte no nosso País e, sobretudo, provar que homens e mulheres se nivelam quando se dedicam apaixonados a sonhar com o bem público, animados pelas forças milagrosas do amor. Continuo e continuaremos na luta, batalhando contra a falta de recursos para a cultura e contra os disparos das incompreensões ocasionais*".

Marilisa Rathsam

PRIMEIRA LUTA:
EVITAR O SHOPPING

Moradores dos Jardins carregam uma das várias faixas feitas em prol do bairro: Marilisa é a terceira da direita para a esquerda

DEVASTAÇÃO NA AVENIDA EUROPA

Numa manhã, às vésperas do Natal de 1972, caminhões da Prefeitura de São Paulo estacionaram em frente ao número 218 da Avenida Europa, no coração do Jardim Europa. Munidos de serras elétricas e outras ferramentas, funcionários desceram dos veículos, entraram na propriedade – praticamente abandonada desde que a antiga moradora, Luba Klabin, falecera – e começaram a cumprir a ordem que haviam recebido: derrubar todas as árvores que encontrassem pela frente, sem a preocupação de algumas serem já centenárias. A reação a tamanha devastação culminaria nos anos seguintes na primeira luta ecológica urbana do Brasil.

No centro da propriedade, que ia da Avenida Europa à Rua Bucareste, passando pela Rua Alemanha, havia um casarão projetado pelo arquiteto modernista Gregori Warchavchik (1896-1972). Conhecido por construir em 1927 a primeira casa modernista da cidade, ele foi um profissional importante na história da arquitetura brasileira. Em volta do imóvel, havia um belo bosque, formado por pelo menos uma centena de pinheiros, eucaliptos, fícus e coqueiros.

Fã de plantas, artes e música clássica, Luba era conhecida pelos amigos e vizinhos por sempre reunir concertistas em sua casa e mantê-la cercada por uma verdadeira floresta. Viúva de Salomão Klabin, ela vivia em frente de sua irmã Ema Klabin, que depois construiu uma casa para abrigar suas peças de arte na Rua Portugal, esquina com a Avenida Europa – em 2007, o local tornou-se uma residência-museu.

Depois de morrer, a casa de Luba virou parte do espólio de Salomão e acabou vendida a um novo proprietário. Foi ele que conseguiu na Prefeitura a autorização para "limpar" o terreno.

O corte das árvores, assim como o barulho dos caminhões e das serras elétricas daquela manhã, estendeu-se pelos cinco dias seguintes. Período suficiente para os funcionários da Prefeitura retalharem o bosque. Os galhos eram carregados dali por um caminhão da própria administração municipal e nem as plantas da cerca da propriedade escaparam: acabaram destruídas com ácido.

Estarrecidos com o que víamos bem em frente de nossa casa, eu e meu marido, Marius Arantes Rathsam, procuramos vizinhos para tentar descobrir o que estava acontecendo. Mas ninguém sabia de nada. Em seguida, tentamos obter informações com os homens das serras elétricas. Mas eles se limitavam a dizer que apenas cumpriam ordens e desconheciam de onde elas haviam partido. O próximo passo foi apelar à imprensa. Telefonamos para as redações dos jornais *O Estado de S. Paulo* e *Folha de S. Paulo* e denunciamos o que estávamos assistindo. Os dois veículos mandaram repórteres e publicaram nos dias seguintes matérias sobre a devastação do bosque na Rua Alemanha. As reportagens serviram para alertar a opinião pública, mas não pararam as máquinas.

Nossa preocupação a cada dia aumentava. Apesar de morarmos ali havia anos e conhecermos as regras de um bairro-jardim como o nosso, estranhávamos a desenvoltura com que aqueles homens agiam: parecia até que toda aquela destruição estava respaldada em lei!

Eu e Marius passamos a percorrer a vizinhança alertando os que ainda não sabiam sobre aquele descalabro. E, numa reunião de emergência em nossa casa, concluímos que só indignação não bastaria. Seria preciso mobilização. O problema é que ainda não sabíamos bem em qual inimigo mirar. Para piorar, estávamos às vésperas das festas de fim de ano, numa época em que a cidade praticamente para.

O jeito foi esperar passar o réveillon para tentar descobrir, enfim, quem era o nosso rival.

Em janeiro de 1973, eu e um grupo de senhoras do bairro fomos à Prefeitura pedir informações sobre o motivo da derrubada das árvores. E qual não foi nossa surpresa quando constatamos que isso era apenas uma pequena ponta do problema. Boquiabertas, descobrimos que o corte do bosque em frente de casa não só havia sido autorizado pelo poder público como fazia parte dos preparativos de construção de um grande shopping center. Praticamente no centro do Jardim Europa, um bairro estritamente residencial!

O projeto, assinado pelo arquiteto Julio Neves, previa erguer um prédio circular com três pavimentos, ático e dois subsolos para estacionamento. Suas 32 salas para escritórios e 16 lojas ocupariam quase todo o terreno de 6.920 m2 que pertencera aos Klabins. Seriam, no total, 13.838 m² de área construída.

Muitos desses detalhes foram revelados a nós pelos próprios funcionários da Secretaria Municipal de Habitação, revoltados com as negociatas que haviam permitido alterar a lei de zoneamento da cidade. Sim, porque esse foi o segundo detalhe que descobrimos na visita à Prefeitura: a legislação de uso e ocupação do solo havia sido mudada poucos dias antes da aprovação do shopping, na calada da noite.

Em 1937, quando o pai do Marius comprou os dois lotes da Rua Alemanha onde hoje está a nossa casa, anotou à mão num papel com o mapa do loteamento a seguinte frase: "normas para toda a vida". Logo abaixo listou as principais regras do contrato: "não pode subdividir os lotes", "15 x 40 metros = 600 m2" (*área do terreno*), "recuo lados 3,00 metros".

A exemplo do que havia acontecido com o vizinho Jardim América, loteado pela empresa imobiliária City of São Paulo Improvements and Freehold Land Company Limited no início do século 20, o Jardim Europa impunha aos compradores várias restrições de construção já nas escrituras lavradas em cartório. O objetivo era que o loteamento fosse para sempre um bairro estritamente residencial, com muita arborização, semelhante aos bairros-jardins que existiam na Inglaterra.

Para isso, o contrato do Jardim Europa previa diversas regras urbanísticas não só para a ocupação dos lotes, como também sobre o traçado de ruas e praças, desenhado de forma propositalmente curva para inibir o fluxo intenso de veículos, aumentando a qualidade de vida dos moradores. A única diferença para o Jardim América era que havia sido loteado não pela Cia. City, mas sim pela Sociedade Anonyma Jardim Europa, que tinha sede na Rua Florêncio de Abreu e pertencia à Loja do Japão.

Eram no total 135 mil metros quadrados de área. Segundo o memorial do loteamento lançado nos anos 30, mantendo a ortografia e a pontuação da época, as terras do Jardim Europa começavam na

> *"Rua Groenlandia tendo de um lado o córrego Itahim ou 'Bibi' outrora da 'Varzea' até encontrar um valo por onde segue confinando com terrenos dos herdeiros do General Couto de Magalhães ou seus sucessores, e por este valo seguindo até encontrar outro*

valo, onde confina com terrenos de Ulysses Ferreira Guimarães e outros, até encontrar o córrego onde deságua a galeria de águas pluviaes, e continua por este córrego e por um valo, onde confina com terrenos dos herdeiros do Capitão Ferreira da Rosa, e dahi por um valo e por cercas – limita-se com terrenos do Jardim paulistano e outros, até chegar à rua Groenlandia por onde segue até encontrar o córrego "Itahim".

Nos tempos de uma São Paulo com muito menos habitantes, era assim, por valos e córregos, que os bairros eram identificados e separados nos documentos de cartórios. Com um detalhe: numa época em que nem arame farpado ainda existia, os valos eram feitos por escravos para dividir os lotes. Atrás da Rua Polônia, por exemplo, havia um valo tão grande que tinha até passagem para pedestres – e para as bicicletas das crianças.

Nas escrituras cedidas a cada um dos proprietários, era possível ler também que o loteamento e o arruamento do Jardim Europa haviam sido lançados em junho de 1936, atendendo às "necessidades de construcções modernas, com perfeita insolação e facilidade de transito" por "vias de comunicação entregues oficialmente ao transito publico por varios Actos da Prefeitura Municipal".

Havia ainda a relação cronológica dos proprietários da área desde 13 de outubro de 1900. Antes de ser transformada em Jardim Europa, a grande chácara então localizada na freguesia da Consolação pertencera ao casal de José Ferreira Teixeira, que naquela data a vendera a Manoel Garcia da Silva e Augusto Schmidt. Um ano depois, em 1901, Manoel se tornou o único dono da propriedade, mas, em março de 1929, cedeu parte dela como pagamento de dívidas a Horacio Lafer, Hessel Klabin, Jacob Klabin Lafer e Salomão Klabin e doou o restante a seus dois filhos. O loteamento foi aberto nos anos 30 e os folhetos de propaganda o apresentavam como "o mais bello e pittoresco bairro da capital para residencias finas ao fim da rua Augusta – a 4 minutos da Avenida Paulista (Bonde nº 45)". Dizia ainda que o bairro esportivo era o "mais salubre e chique da cidade" e, entre outras determinações, obrigava os compradores a dar aos lotes fim estritamente residencial.

Com o tempo e a valorização da região, a especulação imobiliária voltou-se ao Jardim Europa. O mapa da época do loteamento mostrava, por exemplo, três áreas verdes no bairro: uma na Rua Polônia e outras duas na Groenlândia, até a Rua Portugal. Basta uma volta hoje em dia para descobrir que esses pontos há muito deixaram de ser áreas verdes. E não é possível sequer reclamar: descobrimos mais tarde que o processo com o mapa do loteamento comercializado pela Loja do Japão não existe mais nos arquivos da Prefeitura. Simplesmente desapareceu! Essa falta de cuidado ajuda a entender o motivo de bairros maravilhosos de São Paulo acabarem destruídos pela pressão antropofágica do mercado.

Mas, voltando à ameaça do shopping, a mudança de zoneamento que permitia sua construção havia sido oficializada silenciosamente em 1º de novembro de 1972, quando foi criada a Lei 7.805, com as novas regras de ocupação do solo da cidade. Na prática, era uma lista de itens que atendiam aos interesses do setor imobiliário.

Entre outras alterações, a Lei 7.805 transformava uma antiga área estritamente residencial do Jardim Europa em corredores Z-2, de uso misto, que permitiam atividades de comércio, indústria e serviços. Na Avenida Europa, por exemplo, que tinha um leito carroçável de apenas 11 metros lineares, ficava liberada a construção de prédios de dez andares. Seria um novo Itaim Bibi, com previsão de movimento diário de 20 mil carros. Imagina as conseqüências disso em um bairro de vias estreitas e sinuosas?

As mesmas mudanças e determinações valiam para a Avenida Brasil, a Rua Estados Unidos e a Alameda Gabriel Monteiro da Silva. Na área compreendida entre a Avenida Nove de Julho e o final da Cidade Jardim, ficou estabelecida categoria Z-3, uma distinção ainda mais permissiva em relação ao uso e danosa ao bairro.

O projeto de construção do shopping foi encaminhado à Prefeitura apenas duas semanas após a promulgação dessa nova lei. Para nós, que até então nunca havíamos nos interessado por questões urbanísticas, tudo isso a princípio parecia grego. Mas, com a destruição batendo na porta de casa, fomos obrigados a aprender rapidamente sobre zoneamento, legislação municipal, corredores de serviços. Minha vida começou a se transformar aí.

Marilisa, em foto de Rômulo Fialdini para a revista Vogue, em dezembro de 1988

AMOR PELA ARTE E POR SÃO PAULO

Sou filha de Alfredo Arruda Campos Rodrigues e Aracy Funchal Rodrigues. A história de minha família é interessante. Em 17 de dezembro de 1808, meu antepassado Domingo Antonio de Souza Coutinho recebeu de dom João VI o título de Conde de Funchal. Em junho de 1833, pouco antes de sua morte, foi elevado à condição de marquês por dom Pedro, regente na menoridade de dona Maria II. Seu irmão, Rodrigo, foi o Visconde de Linhares. Também do lado de minha mãe, outra distinção foi dada a José Ferraz de Campos. Em 14 de agosto de 1867, ele recebeu por decreto do governo imperial o título de Barão de Cascalho.

Meus ancestrais sempre foram muito ligados à história de São Paulo. Meu avô Bartholomeu Funchal era um português muito rico, dono de muitas propriedades. Em 1939, ele construiu na Avenida Ipiranga, número 313, o Edifício São Bartholomeu. Foi um dos primeiros prédios residenciais da região e ficava em frente à Vila Normanda. Tinha 11 andares de altura. No último, o equivalente hoje à cobertura, morou minha avó Rosa.

Ele também havia sido dono na antiga Rua Epitácio Pessoa do Palácio Tecendaba, um grande sobrado onde aconteciam frequentes reuniões constitucionalistas. O que pouca gente sabia era que

Marilisa posa para Olney Kruse, que nos anos 80 organizou uma exposição com fotos de mulheres da sociedade paulistana

Foto usada no catálogo da exposição de Marilisa na galeria L'Oeil de Bouef, em Paris

o subsolo do prédio escondia um antigo segredo. Na esperança de um dia lutar para derrubar o presidente Getúlio Vargas, mantinham ali um grande arsenal. Mesmo depois do fim da Revolução de 1932, a maioria dos paulistas continuou contra o governo getulista, que consideravam ditatorial. Com o golpe do Estado Novo, em 1937, os ânimos se exaltaram ainda mais e a esperança era de que as armas ajudariam a mudar aquela situação. Mas vovó morria de medo de descobrirem todo aquele armamento e, pressionado, meu pai um dia procurou o Adhemar de Barros (1901-1969), que foi interventor em São Paulo entre 1938 e 1941, para fazer uma proposta: entregaria as armas em segredo e elas poderiam ser usadas pela Força Pública de São Paulo. O acordo foi feito e nós nunca mais soubemos delas.

Desde menina eu ouvia essas histórias e não por acaso sempre adorei São Paulo e suas lutas. Gostava de observar os capacetes dos meus tios, os uniformes, as medalhas. Meu avô também havia lutado em Cunha, interior paulista, durante a Revolução de 1932 e ficou muito doente do pulmão. Acabou falecendo anos depois, por causas ligadas ao mesmo problema.

Por coincidência, nasci bem no coração da cidade, na casa número 8 da Rua Epitácio Pessoa, que acabou desapropriada e demolida, dando lugar ao número 313 da Avenida Ipiranga, no centro.

Depois que meu bisavô morreu, minha avó herdou muitas terras na cidade. Além do Sítio do Araçá – uma área de 246.897 metros quadrados onde meu pai fez o loteamento do Jardim das Bandeiras –, recebeu grandes áreas em outros bairros. Como, por exemplo, o quarteirão da Avenida Pacaembu entre o Memorial da América Latina e a Avenida São João, onde meus pais construíram pavilhões industriais. Herdou também propriedades muito valiosas na região central da cidade. Elas incluíam o casario localizado na frente da Vila Normanda na Avenida Ipiranga, além das atuais Avenidas Ipiranga e São Luiz e as Ruas Araújo e Sete de Abril.

Meu bisavô sempre dizia que a cidade cresceria em direção à Igreja da Consolação. E, na época em que a cidade terminava na Praça da República, ele vendeu um dos prédios da Rua Sete de Abril para o jornalista e empresário Assis Chateaubriand, que nele instalou os Diários Associados. Foi pago em dinheiro e colocou no cofre sete milhões de contos de réis – uma fortuna na época.

Duas décadas mais tarde, fomos retirar o dinheiro do cofre e o que deu para fazer foi o arruamento do Jardim das Bandeiras. Minha avó, que já havia morado no Jardim América, na Rua México, voltou então para a Praça Califórnia, 27, onde morreria anos mais tarde.

Naquela época, diferentemente de hoje, o Sítio Araçá era considerada uma região bem distante do centro. Nos anos 30, a Companhia City urbanizou o Pacaembu e o Sumaré, bairros vizinhos ao sítio, e a paisagem dessa parte da zona oeste paulistana começou a mudar.

Inspirada, no final da década de 40, minha avó, já viúva, resolveu fazer o mesmo em sua propriedade, com o que havia de melhor do urbanismo da época para bairros residenciais – ruas largas, calçadas ajardinadas, lotes grandes, praças. O nome do bairro e das ruas homenageava os bandeirantes. Foi meu pai, Alfredo Arruda Campos Rodrigues, aliás, que, além de ter papel decisivo na execução do projeto e conclusão da obra, relacionou os desbravadores que seriam homenageados, após pesquisa no Instituto Histórico e Geográfico. Infelizmente, com o tempo esses nomes acabaram sendo mudados. E uma curiosidade: um dos primeiros lotes foi doado para Madalena construir sua casa. Ela era uma antiga escrava, que trabalhou a vida toda para Rosa Funchal, minha avó.

Minha família também sempre gostou muito de arte e viajava com freqüência para a Europa. Todos os anos, meu bisavô passava uma temporada em París e depois ia para a estação de águas de Vichy, na França. Ele adorava mimar minha avó Rosa e, quando ela era ainda bem jovem, aos 16 anos a levou para estudar em Nápoles, cidade italiana que na transição dos séculos 19 e 20 foi um centro cultural importantíssimo, com artistas de renome equivalente aos de Paris. Ela passou três anos tendo aulas lá, tendo aulas de pintura clássica com o artista catalogado, Carmine Toro, e ao voltar, trouxe na bagagem uns móveis lindos – dos quais me lembro até hoje – e muita disposição para a arte.

Pintora numa época em que era difícil a uma moça de família poder exercer seus talentos, ela me ensinou desenho quando eu era ainda uma menina. E foi quem mais me influenciou na paixão pela pintura. Lembro que eu tinha uns oito anos de idade e a ficava observando criar traços e figuras. Uma de suas telas a óleo chegou a ganhar, em 1908, o primeiro prêmio na exposição de comemoração do centenário da abertura dos portos. Um sucesso. Foi logo após seu retorno da Europa.

Capricorniana, eu sempre gostei de explorar a arte em suas diferentes expressões. Dancei balé durante dez anos no Teatro Municipal de São Paulo, tive aulas de piano e canto. Na pintura, comecei um pouco mais tarde, aos 23 anos. Como sou muito perfeccionista, aperfeiçoei o que aprendi com minha avó estudando as diferentes técnicas, teorias e escolas com outros professores, como o romeno Samson Flexor (1907-1971), considerado um dos introdutores da pintura abstrata no Brasil. Com ele, aprendi a teoria da cor e dos neutros e ainda hoje os tons discretos marcam meu

Un Voile d'Infini
Marilisa Rathsam

Capa do catálogo da exposição na galeria parisiense L'Oeil de Bouef

trabalho. Algumas de suas peças podem ser conhecidas no Museu de Arte Contemporânea (MAC). Ainda frequentei aulas de desenho de modelo vivo na famosa academia La Chaumiére, de Paris, e aprendi muito no curso de Museologia que fiz na L'École du Louvre – a escola do museu francês do Louvre – em 1989 e 1990. Era a estudante número 890.754.

Alguns dos meus trabalhos foram parar em exposições pelo mundo. A maioria em galerias de Paris. Na L'Oeil de Bouef, o vernissage fez tanto auê que fechou a Rue Quincampoix, uma rua importante da cidade, que no século 18 equivalia à atual Wall Street de Nova York, na França. Depois, minha mãe encomendou uma placa com o nome da galeria em vermelho, que ficou ótima na fachada de pedra. Outra exposição foi na Galeria Debret, onde as obras ficaram por 23 dias. Gentilíssimo, o então embaixador do Brasil na França, Luis Gonzaga Nascimento e Silva, e sua mulher nos ofereceram um coquetel do qual participou gente do mundo artístico, empresarial e diplomático. Como o crítico Pierre Restany, o jornalista canadense Paul Peladeau, a poeta brasileira Mara Guimarães, Claudine e Paul Berdah, representando o jornal *Le Nouvel Observateur*, a atriz Elexandra Godineau Manet, o escritor Marc Cadlot, Clodle Van Gelder, da revista *Paris Match*, a pintora Poloane, Daniel Gallet, do Ministério da Defesa, o conde Guy de la Rochefoucalt, senhor e senhora Robert Miterrand, Yves Kalchinger, da Bolsa de Nova York, além de Ceres Franco, Baby Toledo Piza, Niomar Moniz Sodré, Maria Luiza Arruda Botelho, embaixador Frank da Costa e esposa, condessa de Paris, marqueses de Castejá, senhor e senhora Joaquim Monteiro de Carvalho, Nina Chaves, conde Jean de Beaumont e senhor Huygues, de L'Academie Française.

Fiz outras exposições também em São Paulo, Buenos Aires, Miami e Salvador – esta última em conjunto com Waldomiro de Deus, um dos melhores artistas 'naif' brasileiros, cujo patrono era o escritor Jorge Amado. Mas acabei expondo antes na França que no Brasil, por diferentes razões. A primeira é que em Paris tudo é lindo – adorava viajar para lá de Concorde com mamãe e caminhar pelas margens do Rio Sena, ir a museus, exposições, igrejas. Ela adorava se hospedar no Plaza Athénée. Além disso, eu tinha muitos amigos vivendo na cidade e recebi deles muito apoio. Dois em especial me ajudaram muito: Robert e Arlette Miterrand. O irmão dele, François, foi presidente da França. Eu passava às vezes quatro meses seguidos na capital francesa e tive a oportunidade de aprender muito visitando não só as galerias da badalada Avenue Matignon, como as que ficam perto do Musée de Beaux Arts, a Rue de Beaux Arts e a Rue de Seine. Muitas dessas galerias também me foram mostradas pelos artistas brasileiros que foram morar na França

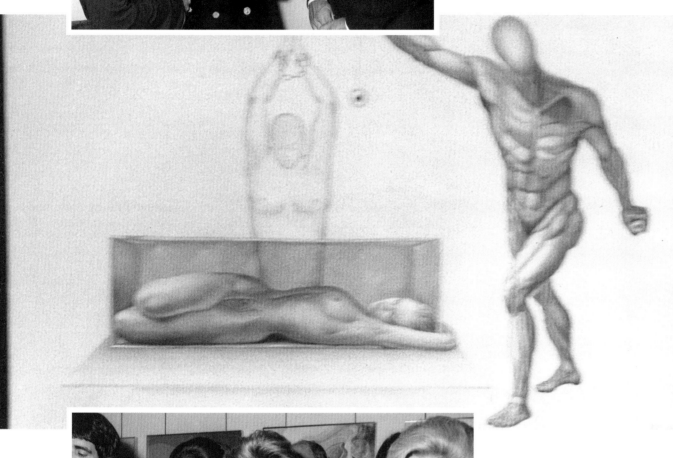

Marius, Marilisa e o embaixador Nascimento Silva (1); Marilisa e Arlette Miterrand (2); Franz Krajcberg, Marilisa e Nascimento Silva (3); vernissage na galeria L'Oeil du Bouef (4); Nascimento Silva e Haydée Lee (5); Evinha Monteiro de Carvalho, Marilisa e Nina Chaves (6); Dana Mendonça e Marilisa (7); Marilisa e Renata Mellão (8); Arlette Miterrand com a filha Catherine e Marilisa (9); Pierre Restany e Marilisa (10); Marilisa com o casal Matilde e Otoniel Galvão (11); Marilisa na L'Oeil du Bouef (12); Lucia Pinto de Souza, Vera Queiroz Matoso, Haydée Lee e Marilisa (13); Clemence Jafet Assad e Maria Luiza Arruda Botelho (14)

Sobreposição de imagens dos folhetos de bordo do Concorde: lembranças das viagens à França

após serem banidos pela ditadura militar instituída pelo golpe de 1964.

Minha primeira exposição na França foi bem sucedida. Os franceses se identificaram com minha pintura surrealista e, além de aparecer em reportagem do canal 1 da televisão francesa, em outubro de 1979 Pierre Restany, que integrava o júri das Bienais de Veneza, fez uma crítica sobre meu trabalho. Traduzida para o português, chamava-se *Um véu de infinito* e dizia em um dos trechos:

"Os quadros de Marilisa são suportes plásticos e atuais de uma meditação que não tem idade, a meditação do ser sobre o abismo de suas profundezas. Nós bem podemos ver neles apenas imagens decorativas, mas, se passamos ao outro lado do espelho desses olhos essencialmente límpidos, então começa a exigente busca da verdade em nosso ser e é preciso ir além do verde da floresta para encontrar a outra face do céu. Da Amazônia à galáxia há apenas um passo, um espaço privilegiado no vazio pleno, uma zona de sensibilidade imaterial. Marilisa sentiu esse frisson, sobressalto do ser para além de todas as nostalgias, esse véu de infinito de uma vez por todas fez arregalar seu olho azul. Ninguém sabe quais trevas podem iluminar e transfigurar essa visão turva".

Fiquei orgulhosa, pois eu sempre o respeitei muito, principalmente após o Manifesto do Rio Negro – o documento escrito por ele em agosto de 1978, na presença do escultor Frans Krajcberg. Décadas antes de a Amazônia virar moda, Restany já abordava a importância fundamental da natureza, sem esquecer da arte. Eis um trecho do Manifesto:

"Amazônia constitui hoje, sobre o nosso planeta, o "último reservatório", refúgio da natureza integral (...) Hoje vivemos dois sentidos da natureza: aquele ancestral, do "concedido" planetário, e aquele moderno, do "adquirido" industrial e urbano. Pode-se optar por um ou outro, negar um em proveito do outro; o importante é que esses dois sentidos da natureza sejam vividos e assumidos na integridade de sua estrutura antológica, dentro da perspectiva de uma universalização da consciência perceptiva – o Eu abraçando o mundo, fazendo dele um uno, dentro de um acordo e

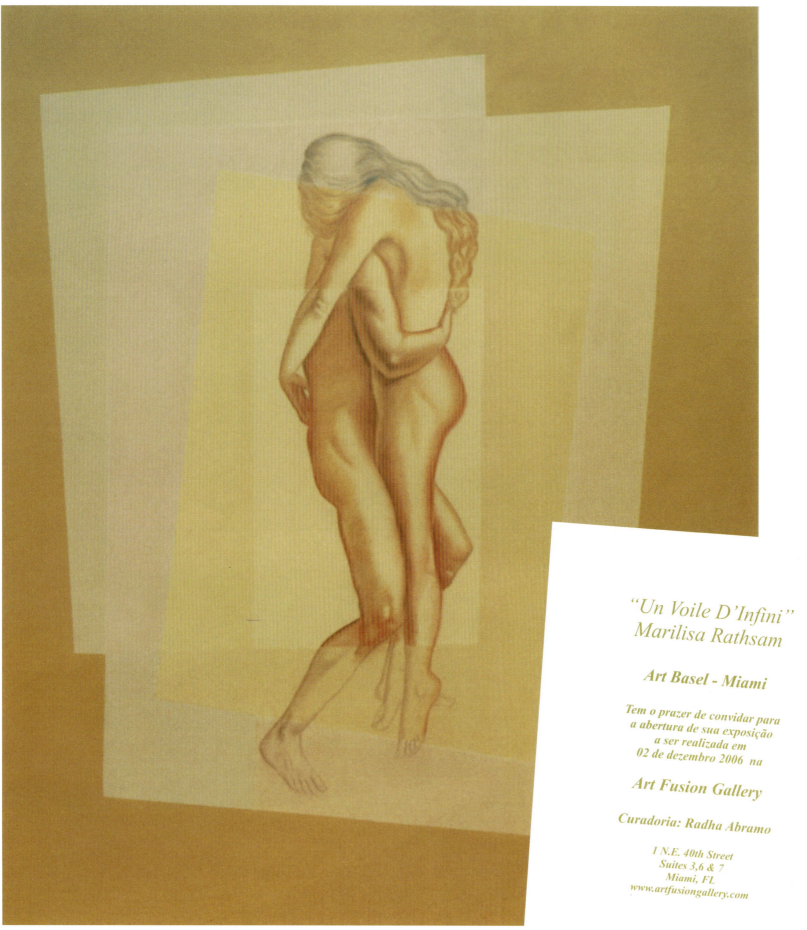

A la recherche du temp perdu, óleo sobre tela de Marilisa Rathsam

"Un Voile D'Infini"
Marilisa Rathsam

Art Basel - Miami

Tem o prazer de convidar para a abertura de sua exposição a ser realizada em 02 de dezembro 2006 na

Art Fusion Gallery

Curadoria: Radha Abramo

1 N.E. 40th Street
Suites 3,6 & 7
Miami, FL
www.artfusiongallery.com

uma harmonia da emoção assumida como a única realidade da linguagem humana".

A notícia de minha exposição de 1979 em Paris saiu também na coluna de Georges Renou e Jean Claude Zana da revista *Paris Match*. Apesar de o artigo ser um pouco fantasioso – dizia que eu era a pintora brasileira predileta de Ursula Andrews, Marisa Berenson e Frank Sinatra –, fiquei muito feliz.

Outro elogio do qual muito me orgulho veio de um brasileiro: o professor Mario Schenberg (1914-1990). Além de ter sido um dos maiores físicos do Brasil, ele foi também um crítico de arte importante, integrante da Associação Internacional dos Críticos. E deixou sua opinião a respeito de meu trabalho impressa no catálogo da exposição da L'Oeil de Bouef e da Panorama Galeria de Arte, de Buenos Aires.

"Marilisa tem uma tendência espontânea para uma pintura afim ao surrealismo e à arte fantástica, independentemente das influências posteriores de seus mestres. O problema mais fascinante da fase atual de Marilisa é a velocidade de seu progresso, que parece provir de uma crise existencial, alguma espécie de metanóia, que lhe abre novos horizontes artísticos e cósmicos (...) Marilisa surge agora como uma personalidade dinâmica e criadora no horizonte artístico paulistano, escapando às classificações fáceis de tendências e movimentos e afirmando-se na sua individualidade autêntica".

Preciso confessar, no entanto, que há outro motivo para eu não ter exposto antes no Brasil: o medo. Sempre fui muito tímida e encontrava dificuldades em ser respeitada como artista e mulher em meu país. Muitas e muitas vezes fui chamada pejorativamente de "grã-fina". Por isso, preferi testar minha arte num lugar onde eu era desconhecida. E, apesar da grande concorrência, fui bem sucedida.

Por anos, mantive a rotina de passar em média 12 horas por dia pintando em minha casa. A cada vez que ia a Paris, já passava na Sennelier, casa tradicional de pintura muito frequentada por artistas famosos no começo do século 20, e fazia um estoque de tubos de tinta Van Gogh. Perdi a conta de quantas telas pintei, sempre utilizando tinta a óleo para retratar santos e temas figurativos e românticos. E criei ainda muitas obras de policromia em madeira.

Nos últimos anos, outras de minhas exposições também ganharam destaque. Como a no castelo francês da revista *Caras* e a realizada na embaixada brasileira em Paris durante o Ano do Brasil na França, em 2005.

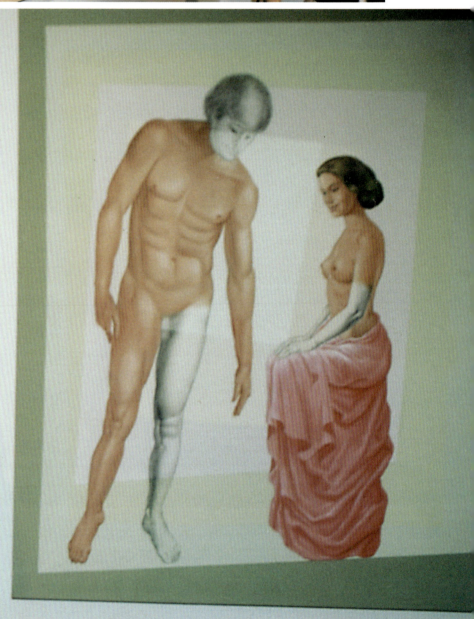

Imagens da exposição Un Voile D' Infini
no castelo da revista Caras, na França
(1), (2), (3) e (4)

48

Trechos da crítica escrita por Pierre Restany (em pé, na foto ao lado) sobre a exposição de Marilisa na França

UN VOILE D'INFINI.

Que de messages, reçus ces derniers temps du Brésil! Depuis le choc amazonien et le manifeste du Rio Negro en 1978, depuis la fixation du concept de naturalisme intégral, je vis en osmose panthéiste avec la Grande Nature chère à Yves Klein.

Poser le problème de la Grande Nature, c'est poser le problème de l'énergie cosmique et donc celui de la sensibilité: la seule chose, toujours selon Yves Klein, qui nous appartienne en dehors de nous-mêmes et qui de ce fait est la monnaie de la Vie, de la Vie qui est à Dieu ou à personne, mais qui ne nous appartient pas et s'identifie à l'art absolu.

Des yeux, des yeux partout, à la place parfois du sexe ou des seins, sur des corps de sylphides ascencionnelles, enveloppées de leur double ou de son illusion, dans les volutes d'un rêve aérien. Volutes du rêve ou fumées de l'initiation, une macumba placée sous le signe de Shiva, des sakti dans l'éternelle attente de leur lingam, l'union spirituelle et charnelle? Des femmes en perpétuelle lévitation, le regard tourné "vers le dedans", et qui semblent projeter leur énergie intérieure sur le cosmos. Elles se projettent hors de leur corps vers d'autres corps, à la manière du siddha, l'initié tantrique: leur pouvoir est le phowa.

Libre à nous, bien sûr, de n'y voir que des belles images décoratives, et de nous en tenir là. Mais si nous passons de l'autre côté du miroir de ces yeux intensément limpides, alors commence l'insondable parcours, l'exigeante recherche de la vérité de notre être. Il faut aller au delà du vert de la forêt pour retrouver l'autre face du ciel. De l'Amazone à la galaxie il n'y a qu'un pas, un espace privilégié, un vide plein, une zone de sensibilité immatérielle. Marilisa a ressenti ce frisson, sursaut de l'être au delà de toutes les nostalgies. Ce voile d'infini, une fois pour toutes, a effaré son oeil bleu. Nul ne sait quelles ténèbres peut éclairer et transfigurer cette vision éblouie.

Pierre RESTANY
Paris, oct. 1979

CARAS CASTELO

A ARTE DE MARILISA RATHSAM
PINTORA MOSTRA TELAS MAIS SENSUAIS

Na França para sua quarta exposição em Paris, batizada de *Un Voile d'Infini*, a pintora paulista **Marilisa Rathsam** (64) mostrou uma nova fase de seu trabalho. "*Os quadros são sexy, mas guardam certo pudor*", disse ela, que já retratou santas e se dedicou aos geométricos.

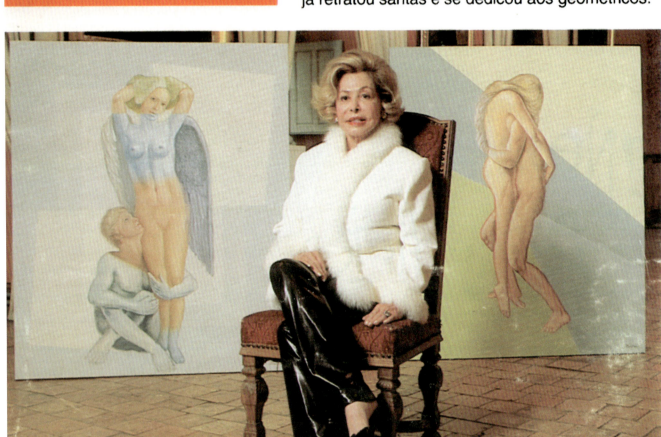

1 ▲

Marilisa na reportagem da revista Caras (1); Dulcita Leão com a filha Daniele (2); Fabio Magalhães e Sonia Guarita (3)

◀ 2   3 ▶

1 ▲ ▲ 2

◀ 3/4

Marilisa com Brigitte Négrier, Nicole Nebauer e Dulcita Leão (1); Marilisa e Seres Franco (2); Karmita Medeiros, Marilisa e Mila Moreira (3); Paulo Uchoa, Constança Teixeira de Freitas e Fernanda Arantes (4); Almirante e Sônia Amaral, Inês e Sérgio Costa e Silva (5); Monique Vallentin (6); Vera Pedrosa, embaixadora do Brasil na França, com Marius e Marilisa (7); Fabio Magalhães, Brigitte Négrier, Marilisa e Pier Paolo Cimatti (8)

◀ 5

6 ▶

7 ▶

▼ 8

51

Tenho outro lado colecionadora. Desde que casei, gosto de guardar obras de arte antigas, com uma preferência enorme pelas coisas brasileiras. Adoro me apaixonar pelas peças, ver o talento dos artistas. Algumas participaram de exposições importantes. Como a *Pietá* feita de um bloco maciço de madeira de cedro policromada e dourada, representando Nossa Senhora da Piedade. Foi entalhada na Bahia no fim do século 17 e pertenceu à coleção de Plácido Gutierrez e Anna Gutierrez Silos. Segundo a expertise do especialista José Claudino da Nóbrega, a peça traz características ou influência direta do grande Manuel Inácio da Costa (1762-1857), que é considerado o maior escultor baiano do século 18. Fiel às formas rococó, ele era especialista em Cristos e nos passos da Paixão. "A referida escultura se insere nesse estilo e traz uma plástica vigorosa de expressividade dramática, assim como a grande suavidade das feições e planejamento sinuoso. A policromia vistosa é realçada de dourados e enriquecida com flores, dando um aspecto geral de preciosismo, que, juntamente com a forma, reforça o caráter de sedução das figuras", explica Claudino.

Essa obra já esteve presente em mostras importantes no Brasil e no mundo. Como a *Body and Soul New York – Bilbao Brasil Connects*, considerada a mais completa exposição do barroco brasileiro em Nova York. Foi realizada de outubro de 2001 a janeiro de 2002 no Guggenheim Museum e, entre 23 de março e 29 de setembro de 2002, no Guggenheim Museum de Bilbao, Espanha. Quando o Centro Cultural Fiesp foi inaugurado em São Paulo, em março de 1998, a *Pietá* também estava lá, em meio a uma importante exposição de arte brasileira – *O Universo Mágico do Barroco Brasileiro*.

Mas talvez a mostra mais elogiada da qual participou tenha sido a *Brésil Baroque entre Ciel et Terre*, aberta em novembro de 1999 no Musée du Petit Palais, em Paris, com pinturas, esculturas, objetos em ouro e prata, desenhos, oratórios e outras peças coletadas em 48 coleções públicas e particulares de oito Estados brasileiros. Foi considerada a maior vitrine já montada sobre a arte barroca produzida nos séculos 17, 18 e início do 19 no Brasil. Uma beleza. Só a festa de inauguração reuniu dois mil convidados. E a *Pietá* fez tanto sucesso entre os visitantes que o diretor do Petit Palais, Gilles Chazal, declarou na ocasião: C'est une merveille!"

Hoje a escultura está guardada em um oratório de quatro metros de altura, feito no final do século 18 em madeira policromada com ornamentos dourados, que também possui uma história interessante. Descrita por Nóbrega como um "altar-armário com estofo de gesso e portas almofadadas", a peça pertenceu à capela de uma fazenda baiana, onde era usado nas missas de domingo, e tem um similar no

Museu de Arte Sacra da Bahia. Eu a descobri em Salvador e decidi trazê-la em pedaços de navio a São Paulo. Quando revelei ao Marius minha intenção de comprá-la, ele disse: "Minha mulher é maluca. Olhe essas tábuas, Marilisa. Uma parte está podre". Mas eu peguei um bom restaurador e um mês depois o oratório estava em pé.

Se fôssemos, porém, fazer uma retrospectiva de minha carreira, ela teria uma interrupção entre os anos 80 e 90. Foi quando deixei a pintura para me dedicar integralmente a outra paixão que me arrebatou completamente: a construção do Museu Brasileiro de Escultura, o MuBE. No começo, até tentei manter as duas atividades, mas, na hora em que eu pensava 'vou pintar', alguém me chamava ou telefonava pedindo alguma coisa para a obra e eu já saía correndo. Vou contar essa história nos capítulos seguintes.

Expertise

Expertise de objeto de arte da coleção da Sra. Marilisa Rodrigues Rathsam

Descrição: Altar-Armário, portas almofadadas com características eruditas, policromia e ouro.

Origem: Bahia

Época: Final do século XVIII

Estilo: Barroco

Matéria e Técnicas
Madeira lavrada e entalhada
Policromia original com ouro sobre estofo de gesso.
Frontispício entalhado e fenestrado com concha e volutas típicas da época.

Medidas: 3,95 X 1,65 X 0,80 m.

Proveniência: adquirida na Casa Moreira – Salvador – Bahia.

Expertise

Expertise de objeto de arte da coleção da Sra. Marilisa Rodrigues Rathsam

Descrição: Escultura em madeira policromada e dourada representando Nsra. da Piedade

Origem: Bahia

Época: (setecentista) Final do século XVIII

Estilo: Barroco

Matéria e Técnicas
Bloco maciço em madeira entalhada, Cedro.
Policromia original com ouro sobre estofo de gesso.
Resplendor original em prata cinzelada e repuxada.

Medidas: 90 X 97 X 43 cm.

Proveniência: Ex-coleção Plácido Gutierrez, Anna Gutierrez Silos

Marilisa com Gilles Chazal, diretor do Petit Palais, de Paris, que classificou a *Pietá* como "maravilhosa"

A *Pietá* no oratório de madeira policromada do século XVIII

Nossa Senhora em Ascenção — pintada a óleo pela artista plástica Marilisa Rathsam. Oratório em policromia também feito por Marilisa. Foto: Luis Paulo Aleixo

MARILISA RATHSAM
GRAND PALAIS – PARIS
SALON DES INDEPÉNDANTS
EXPOSIÇÃO NOVEMBRO / 2008

Jacob Klintowitz. Crítico de arte.

O preparo de uma mostra retrospectiva, propicia olhar e perceber a pintura de Marilisa Rathsam pelo que realmente é, uma proposta estética. Por muitos anos a vida pública de Marilisa Rathsam, como criadora do MuBE e gestora cultural, obscureceu a sua existência de artista e é isto, a iluminação deste elemento fundamental que este momento de introspecção permite.

Existem dois aspectos marcantes nesta pintura. O primeiro é a utilização consciente do meio tom, do cinza neutro, das equivalências cromáticas, de uma calculada neutralidade no uso da cor. O uso sábio de cores quentes e frias, a organização da paleta em escalas sequenciais, nos lembra, em certa medida, do seu professor, Samson Flexor. Poucos mestres terão tido tanta influência quanto Flexor e o seu "Ateliê Abstração".

O segundo elemento desta pintura não decorre do seu fazer, mas da visão cósmica da artista. O crítico francês Pierre Restany já chamara para esta realidade: "... se atravessarmos para o outro lado do espelho... começa então o percurso insondável e uma procura da verdade do nosso ser... ninguém sabe quais trevas podem iluminar e transfigurar esta visão ofuscada." A gênese criativa desta pintura é a percepção do universo estruturado em núcleos de energia em equilíbrio e a de um ser humano em constante processo de superação. E este transcender do humano se dá através do sentimento.

Trata-se de uma postura clássica. Formas em equilíbrio e harmonia de diferentes. Os seres em movimento a partir dos sentimentos do amor e do desejo de ascensão. A superação e o ideal da união dos contrários. Duas constantes nesta pintura: o movimento em direção ao futuro e a harmonia na busca ancestral da forma única, dividida, e o enlace primevo.

Trata-se de uma visão épica do mundo. Superação, amor, unicidade. É evidente o caráter clássico da realização, com o desenho rigoroso e a cor a partir da ciência e da concepção do circulo cromático. E da nobreza das simetrias.

É um mundo próprio, completo, coerente. É surpreendente como restamos diante de um conjunto formal, complexo e completo. Estamos diante de uma visão do mundo. Talvez a pintura de Marilisa Rathsam sonhe com o saudoso Apolo no seu carro luminoso a percorrer os céus da Terra e a iluminar os caminhos e a vida dos homens.

A LUTA PARA SALVAR OS JARDINS

A primeira arma da batalha contra a construção do shopping center na Avenida Europa foi um abaixo-assinado. Íamos de casa em casa explicar o que estava ocorrendo e pedir aos moradores que assinassem o documento em prol da defesa do bairro. Com ajuda do Marius e de vizinhos que colaboravam conosco, fiz uma planta enorme de todas as propriedades do loteamento. A cada assinatura que conseguíamos, pintávamos de verde a área do lote correspondente no mapa.

Nesse mesmo período, o Marius foi à Prefeitura tentar marcar uma reunião com o então prefeito, José Carlos de Figueiredo Ferraz, para discutir a mudança de legislação nos Jardins. Lá descobriu que já existia uma associação de moradores do bairro – a Sociedade Amigos do Jardim Europa e Paulistano (Sajep). No dia seguinte, foi procurá-los e conheceu alguns dos diretores. Mas os achou um pouco desanimados. Eles já sabiam da nova lei que liberara o shopping e achavam que não havia quase mais nada a fazer. Diziam: "Lei é lei, acabou". Marius, porém, pensava diferente. Ao verem sua disposição para lutar, logo o pegaram para diretor da entidade. Mais tarde, ele assumiria a presidência.

A Sajep havia sido criada como uma sociedade sem fins lucrativos em dezembro de 1967. Tinha por missão zelar por uma área de 242 hectares, com oito mil residências. A princípio, teve como sede o Esporte Clube Pinheiros. Depois, precisou retirar-se de lá – o clube ficou com medo de arrumar problemas com a Prefeitura por conta das brigas urbanísticas da entidade. As reuniões passaram então a acontecer principalmente na nossa casa.

Com mais gente engajada no movimento, ficou mais simples conseguir uma audiência com o Figueiredo Ferraz. No dia marcado fomos falar com o prefeito eu, o Marius e outras senhoras do bairro. Ao entrarmos no gabinete, ele sequer levantou os olhos do que estava fazendo para nos saudar. Ficou aquele silêncio constrangedor, até que meu marido disse: "O senhor prefeito está ocupado. Vamos tomar os nossos lugares". Ao escutar, ele levantou a cabeça e tentou corrigir a indelicadeza: "Ah, por favor, sentem-se".

Quando enfim nos deu atenção e entramos no assunto do Jardim Europa, o prefeito a princípio disse que não sabia do que se tratava. Mas depois se entregou no meio da conversa. Citávamos um detalhe do projeto do shopping, quando ele nos corrigiu. Acabamos mais tarde descobrindo que ele não só tinha conhecimento do empreendimento como seu escritório de engenharia havia sido contratado para fazer o projeto estrutural da obra!

Foi nesse momento que percebemos que a luta pela defesa dos Jardins seria longa.

Além de deixarmos claro ao prefeito que éramos contra tudo aquilo que estava ocorrendo na Avenida Europa, procuramos nos mobilizar em outras frentes. Para começar, consultamos especialistas em urbanismo para entender melhor a questão e descobrir quais eram nossas chances de mudar a legislação. Depois, passamos a espalhar faixas pelo bairro. Com dizeres diferentes, do tipo: "Lute pela ecologia", "Vamos salvar o verde", "Não permita que esse bairro se transforme em uma muralha de concreto".

Nós colocávamos, a Prefeitura vinha e tirava. Passamos então a colocá-las dentro das casas. Também lançamos um abaixo-assinado e não perdíamos a oportunidade de mandar cartas ao Figueiredo Ferraz com sugestões relativas à Lei de Zoneamento. E a pedir a pessoas próximas a ele que intercedessem em nosso favor.

Aprendemos ainda a lidar com a imprensa. Percebemos que a notícia saía uma, duas vezes no máximo. A não ser que surgisse um fato novo. Íamos então fazendo barulho para criar os fatos e ter os jornais noticiando nossa luta. Também fomos pessoalmente ao *Estadão* e à *Folha* falar com seus respectivos diretores na época, Julio de Mesquita Neto e Otávio Frias de Oliveira. Os dois prometeram nos ajudar. E, sempre que descobríamos algum descalabro, telefonávamos para as redações.

Nessa época eu e o Marius íamos muito a festas e o pessoal não se conformava com nossa batalha. Diziam: "Marius, você é louco? Quer mudar o zoneamento? Não sabe que isso é impossível?" Toda hora também vinha alguém perguntar por que ele estava perdendo tempo com essa história toda. E a questionar qual era sua finalidade, se pensava em se candidatar a vereador ou a deputado nas próximas eleições. Ele ria e respondia que isso nunca havia passado por sua cabeça. Dizia: "Posso não conseguir, mas não vou me omitir". Mesmo assim, muitos não acreditavam. Achavam que, na verdade, ele queria seguir os passos de seu tio-avô Altino Arantes (1876-1965), que foi presidente do Estado entre 1916 e 1920.

Aconteceram outras passagens muito curiosas nesse tempo. Nos dias em que eu ia de residência em residência pedir que os moradores aderissem ao abaixo-assinado, às vezes encontrava a dona da casa de manhã e ela dizia que precisava falar com o marido antes de decidir. O Marius então voltava à noite para falar com o marido. Uma vez, um dos proprietários não queria assinar de jeito nenhum e o Marius foi procurá-lo. Ao chegar na frente da casa, encontrou um grupo de jovens conversando. "Vocês não são a favor do verde e da preservação do bairro?", ele perguntou aos rapazes e moças. "Somos sim", responderam os jovens. "Então precisam convencer seu pai a assinar". E não é que os garotos foram lá dentro e voltaram com a assinatura do proprietário?

Tínhamos nesse tempo 95% de aprovação dos moradores do bairro e os outros 5% só não participavam das reuniões e abaixo-assinados porque tinham interesses comerciais e achavam que, se o zoneamento liberasse outros usos, poderiam vender suas propriedades por um valor maior. Para eles, preservar era o que menos importava.

Em determinado momento, percebemos que era preciso também levar a luta aos vereadores na Câmara Municipal. E teve um, o advogado e vereador Carlos Alberto Ergas, que nos ajudou muito.

Com tanta mobilização, nossa casa virou um clube. Toda hora vinha vizinho conversar sobre algum detalhe e à noite discutíamos estratégias para conseguir levantar dinheiro para as ações da Sajep. Nessa altura, já tínhamos 1.200 assinaturas contra o shopping.

Passaram-se alguns meses e o que para uns era impossível no começo virou realidade: brigando e fazendo barulho, conseguimos mudar a lei de zoneamento!

Pressionado pela opinião pública, em 30 de março de 1973 o prefeito já deu o primeiro passo:

suspendeu a aprovação de plantas e projetos de construção previstos para os chamados corredores de comércio diversificado – ruas e avenidas que pela lei de zoneamento eram consideradas estritamente residenciais, mas onde poderiam funcionar lojas comerciais selecionadas. Determinou também a suspensão do alvará de construção de um mercado que seria erguido num terreno de 830 metros quadrados na esquina das Ruas Colômbia e Groenlândia. Dias depois, em 17 de abril, foi a vez de o Abreu Sodré abandonar a briga. Nesse dia, em carta ao prefeito, ele informou que mandara ao então presidente da Câmara Municipal, Brasil Vita, uma contestação aos discursos dos vereadores Carlos Ergas e Celso Matsuda, que haviam atribuído a ele e a Alexandre Kliot "intenções preconcebidas" em relação à Lei de Zoneamento.

Sua situação era ainda mais delicada que a de Kliot, pois seu lote – um dos cinco que fariam parte da área do shopping – estava localizado totalmente numa área Z-1, que só admite uma residência por lote. Quando viu o vespeiro em que tinha se metido, Sodré decidiu vender o lote a Kliot e se livrar do ônus político. Antes, porém, escreveu a carta à Câmara. Um dos trechos mostrava bem o seu dissabor:

"Sabe V. Exa. que tenho, com apoio na Lei de Zoneamento, como tantos já o fazem, de dar ao imóvel que há dois anos adquiri, – e V. Exa. não era prefeito e tão pouco se cogitava da Lei de Zoneamento – a destinação requerida. Cumpri a lei, como Governador, e, como cidadão, ser-me-ia fácil, em instância judicial, fazê-la cumprida. Entretanto, se o único poder público competente – o Município – julga de interesse público, e conveniente, a revisão da lei, não seríamos nós, eu e o Sr. Alexandre Kliot, que, a despeito do direito líquido e certo do alvará da planta já requerida, iríamos criar obstáculos aos objetivos da superior administração municipal".

Em 10 de julho de 1973, foi juntada ao Processo 56.969/73, folha 264, a seguinte declaração de Celso Hahne, então coordenador das administrações regionais – o equivalente hoje às subprefeituras: "À vista da desistência expressa dos srs. requerentes, o presente processo poderá ser arquivado".

Nesse dia, comemoramos muito, sem, no entanto, atentar para os riscos implícitos na palavra "poderá". Anos depois, ela nos traria novamente um enorme desgosto, coisa que nessa época nem nos passou pela cabeça.

Em dezembro de 1973, Miguel Colassuono, que sucedeu Figueiredo Ferraz na Prefeitura, promulgou a Lei 8.001, atendendo aos apelos dos moradores e restituindo à Avenida Europa e a outros corredores do bairro a condição de Z8-CR1-II, que permite apenas uso residencial e instalação de casas de prestadores de serviço. Havíamos vencido a batalha. Pelo menos momentaneamente.

SAM: SOCIEDADE DE AMIGOS DOS MUSEUS, A PRIMEIRA DO BRASIL

Na Europa, são muito comuns entidades formadas por empresários, intelectuais e artistas que ajudam a sustentar museus particulares, deficitários no mundo inteiro. As sociedades de amigos dos Museus do Louvre e D'Orsay, na França, por exemplo, são fundamentais para a manutenção de seus respectivos acervos e a realização de exposições. Mas, até o começo dos anos 80, esse tipo de entidade ainda não existia no Brasil.

No fim da década de 70, a Radha Abramo, que era casada com o jornalista Claudio Abramo e trabalhava na Embaixada Brasileira em Paris, sugeriu: "Marilisa, por que você não funda uma sociedade de amigos dos museus? Será a primeira do País e certamente inspirará iniciativas semelhantes. Você vai ver como surgirão outras". Ao ver minha animação, ela me deu cópias de estatutos de museus franceses e prometeu ajudar no que pudesse.

Até por ser pintora, sempre fui uma pessoa inconformada com a falta de cultura. Também me interesso muito em divulgar o trabalho de artistas brasileiros e descobrir talentos. Por isso, a ideia de criar uma entidade dedicada exclusivamente a essas ações me atraiu de imediato. E decidi arregaçar as mangas.

Com ajuda do advogado Paulo Macedo de Souza, que foi ótimo, passei a adequar os artigos dos estatutos de museus franceses à realidade brasileira. Logo, intelectuais, artistas, políticos e pessoas representativas da sociedade paulistana passaram espontaneamente a se juntar à ideia. Além de divulgar a arte nacional, apresentando obras de brasileiros no exterior e de estrangeiros no País, faziam parte de nossos propósitos doações a museus nacionais e promoção de cursos, palestras e intercâmbios com outras instituições culturais. Uma comissão de arte constituída apenas por críticos seria responsável pela seleção dos artistas para as exposições e, por meio de contrato estabelecido previamente, eles teriam direito a uma porcentagem da venda de suas obras durante os eventos patrocinados por nós. Faltava só o nome e a oficialização dos papéis.

Em 28 de junho de 1982, a Sociedade de Amigos dos Museus (SAM) Nacional foi criada oficialmente numa cerimônia realizada em minha casa, que se tornou sede da entidade. Nessa noite, fui eleita presidente da instituição e o maestro João Carlos Martins, também presente ao encontro, tornou-se seu presidente de honra. Maria Amélia Botelho de Souza Aranha e Maria Nazareth Thiollier foram eleitas, respectivamente, 1ª e 2ª vice-presidentes. Renata Cavalcanti de Arruda assumiu o cargo de 1ª secretária. A tesouraria ficou com Maria Aparecida Rocha Gomes de Mattos e Vera Salles do Amaral. Paulo Macedo de Souza tornou-se nosso assessor jurídico. A ata da assembléia foi registrada em cartório no dia 13 de julho e trazia os nomes ainda de Xênia Macedo, Tuly Toledo Piza Motta, Jana Pereira Leite e Hernon Salgado. Todos trabalhavam voluntariamente.

Na primeira reunião, realizada em 5 de agosto, foi definida a Comissão de Arte da SAM. Era composta por Rhada Abramo, Jacob Klintowitz, Alberto Beuttenmüller, Liseta Levi, Sheila Leirner e Olney Kruse. E foram indicados os nomes dos diretores adjuntos, que serviriam, na verdade, como um conselho consultivo. Eram eles: Vera Salles do Amaral, Jana Pereira Leite, Matilde Bueno Galvão, Arcângelo Ianelli, Glauco Pinto de Moraes, Eleonora Mendes Caldeira, Sophia Tassinari, Eliana Dei Roxo, Tuly Toledo Piza Motta, Pierella Dalle Molle, Maria Izabel Alves Lima Salem, Doralice Salem, Cléa Dalva Faria, Ana Maria Morato, Darcy Penteado, Katucha Andrade Melão, Ana Maria Monteiro de Carvalho Domit, Heloisa Maria Ramos Silveira Machado, Lucia Maria de Souza Py, Lucia Porto, Oswaldo Mariano e Maria Silveira Nunes Galvão.

Rhada Abramo

Em seguida, nos filiamos à Federação Mundial de Amigos dos Museus, como uma sociedade apolítica e sem fins lucrativos. No fim de 1983, o artista plástico Gustavo Rosa doou o logotipo da SAM.

Mas é importante dizer que, mesmo antes da oficialização da papelada e do registro dos estatutos em cartórios, já havíamos começado a trabalhar. Em dezembro de 1981, estive com o então embaixador brasileiro na França, Luiz Gonzaga Nascimento e Silva, e a amiga Mara Guimarães na Association Française d'Action Artistique, órgão ligado ao Ministére des Relations Extérieures, cuja sede ficava no Quai d'Orsay, em Paris. Fomos recebidos pelo senhor Yves Mabin, chief des Arts Plastiques, e perguntamos porque havia mais de 20 anos fora suspenso o convênio cultural entre o Brasil e a França. Ele nos respondeu que a cada dois anos aparecia um representante do governo brasileiro para renovar as relações culturais, mas logo o governo mudava e o sucessor desistia dos projetos do antecessor. Ou seja, não havia uma seqüência na proximidade cultural entre os dois países. "Agora vêm vocês, particulares, querendo fazer algo?", perguntou, um pouco incrédulo. "Pois justamente por sermos particulares vamos fazer", garantimos. Expliquei a ele os propósitos da SAM e como pretendíamos levar o trabalho adiante. Ele ficou muito entusiasmado e prometemos manter contato.

Embora reatar o intercâmbio com os franceses fosse uma missão, naquele momento tínhamos uma prioridade urgente: salvar o Museu de Arte Moderna de São Paulo.

Idealizado na Semana de Arte de 1922 e então com 34 anos de história, o MAM paulista estava fechando as portas por não ter como pagar dívidas de água, luz e pessoal. Era inacreditável, mas, em uma das maiores cidades da América Latina, um dos principais centros destinados à memória cultural do País e às manifestações artísticas contemporâneas passava por uma crise tão intensa que seus diretores cogitavam até doar seu acervo de 2.600 peças à Pinacoteca do Estado.

Dispostos a reverter aquele quadro, decidimos organizar um grande evento na boate Regine's, em São Paulo. Batizada de *1ª Festa da Simbiose de Arte Moderna*, ele reuniu mil pessoas, entre artistas, intelectuais e pessoas da alta sociedade, na noite de 5 de abril de 1982.

Passei várias semanas ajudando a organizar a festa e até fiquei doente por causa dela. Quatro dias antes da data marcada, o médico veio em casa e me proibiu de falar ao telefone. Mas, no dia, a festa foi um enorme sucesso. O ingresso custava 7.500 cruzeiros por pessoa e nossa expectativa era arrecadar 6 milhões. Acabamos conseguindo mais de 8 milhões e conseguimos evitar que o MAM fosse fechado. Só eu vendi Cr$ 4.668.500,00

Imagens da 2ª Noite da Simbiose da Arte Moderna, promovida pela SAM no Regine's: na foto maior, Marius e Marilisa posam com Bebel Salem e o então secretário da Cultura João Pacheco e Chaves (1); nas fotos menores, João Scatimburgo e Nazareth Thiollier (2) e Maria Amélia Botelho de Souza Aranha, Luiz Antonio Seraphico de Assis Carvalho e Bebel Salem (3)

Na foto maior, Marius e Marilisa com Carlos Von Schmidt (3); nas fotos menores, Bebel Salem, Sr. e Sra. João Pacheco Chaves, Marilisa e Tina Botti (1) e Darcy Penteado, como Van Gogh, Malvina Geleni, como Jane Avril, e Sotto Maior, como Toulose-Lautrec (2)

Noite de Simbiose da Arte Moderna

A Sociedade de Amigos dos Museus (S.A.M.), promovem e convidam para o "Jantar Beneficiente" da noite de "Simbiose de Arte N.o 2", à realizar-se dia 11 de Abril de 1983, na Boite Regine's, a partir das 21,00 horas.

Traje: Black tie ou fantasia inspirada em temas de obras de arte famosas.

Nossos agradecimentos à M. Chandon do Brasil

AS MESAS NÃO SÃO RESERVADAS

Nº 1243

Regine's 1982

em convites com ajuda das patronesses. Maria Isabel Salem, Maria Amélia Botelho de Souza Aranha e Berenice Vilela Henry também colaboraram muito.

Ainda guardo o vídeo da festa em que Roberto Suplicy apresentava os convidados. Todos de black tie ou fantasiados com motivos que lembravam a arte moderna. As fantasias mais criativas foram premiadas com telas, gravuras e hospedagens em hotéis. Os vencedores foram escolhidos pelo júri composto por Darcy Penteado, Alik Kostakis, Clodovil Hernandes, Eleonora Mendes Caldeira, Emile Eddé, Roberto Camasmie, Silvia Kowarick, Germano Mariutti, Lenita Miranda de Figueiredo e Carlos von Schmidt. O primeiro lugar recebeu uma semana de hospedagem no Club Mediterraneé. Darcy Penteado, que apareceu fantasiado de Van Gogh, com direito até a bandagem de um dos lados da cabeça – para indicar a orelha cortada pelo pintor – e duas telas nas mãos, também foi agraciado. Como era um dos jurados, não pôde ganhar prêmio, mas recebeu distinção especial. Durante toda a noite, foi servida ceia e a festa teve ainda um disputado leilão, cuja renda também foi revertida ao museu.

Os depoimentos do vídeo são bem interessantes. Presidente do MAM na época, Luiz Antonio Seraphico de Assis Carvalho não poupou agradecimentos. "Essa noite assinala o reencontro necessário, possível, desejável e que já existia no passado e lança-se no presente como grande ponte para o futuro daqueles que têm recursos para promover a arte que precisa ser promovida. Essa é a grande virtude de São Paulo: uma democracia racial em que aqueles que, pela sua inteligência e pelo seu valor, se projetam e têm direito não por nome ou sobrenome, mas por seu valor exclusivo, por valor do coração. Hoje repete-se aqui o que a sociedade paulista da arte moderna fazia já em 1932. Hoje repete-se aqui o que dona Olívia Guedes Penteado fazia em 1927. Hoje repete-se aqui o que o senador Freitas Valle fazia desde o início do século. O MAM sente-se honrado de poder oferecer alegria e felicidade junto a representantes da Sociedade de Amigos dos Museus, que, com a tradição bandeirante de nada pedir, fizeram uma festa à altura de todos nós".

Colunistas importantes da época deram suas opiniões. "O que essas moças voluntárias estão fazendo sem dúvida nenhuma é de uma importância capital. Estão mostrando que São Paulo não é só ganhar dinheiro. São Paulo é a expressão da cultura brasileira. Temos de fazer com que o MAM seja a manutenção da expressão paulista", disse o colunista Tavares de Miranda. "A festa está maravilhosa. É um sucesso", resumiu Alik Kostakis.

Fiquei lisonjeada com a comparação que o crítico de arte Carlos von Schmidt fez entre nosso trabalho e o que a poderosa Diana Vreeland, ex-editora da *Harper's Bazaar* e da *Vogue* americana, fazia à frente do Metropolitan Museum de Nova

York. "É essencial que haja esse tipo de trabalho, realmente muito brilhante, muito bonito. Eu já disse que o seu trabalho de certa forma é uma continuação do trabalho de Diana Vreeland no Metropolitan", declarou ele. Nesse tempo, eu estudava em detalhes tudo o que a Diana fazia no Metropolitan para poder repetir por aqui. E me emocionei ao também ser entrevistada e falar da cooperação de todos.

Com o sucesso desse evento pudemos evitar o fechamento do MAM e a SAM recebeu, como reconhecimento, a Folha Dobrada, prêmio que o museu concede a seus beneméritos.

Acabei depois passando 15 anos como conselheira do MAM. Fui eleita pela primeira vez em maio de 1982 e lembro que, nos dias de reunião, ao abrir a porta da sala, eu já sentia um certo pânico ao ver 25 conselheiros homens sentados e só eu de mulher. Eu me sentia meio fora de lugar, porque nessa época o mundo dos museus era muito masculino. Só tempos depois outras mulheres começaram a fazer parte dele.

Nos anos seguintes, em abril de 1983 e maio de 1984, ainda faríamos mais duas festas da simbiose no Regine's. Fundamentais para angariar fundos, elas ajudaram a trazer ao Museu de Arte de São Paulo (Masp) a exposição *Escola de Paris*, da qual falarei adiante. E foram tão badaladas quanto a primeira. Na segunda arrecadamos Cr$ 15.370.000,00 com a venda dos convites – Cr$ 7.670.000,00 por Ana Maria Morato e as diretoras e Cr$ 7.700.000,00 por mim e as patronesses não diretoras. Mais de mil pessoas participaram da festa, regada a champanhe Chandon e que foi parar até numa novela de televisão.

Escrita por Jorge Andrade e dirigida por Roberto Talma, *Sabor de Mel* foi ao ar pela TV Bandeirantes no horário das 20 horas. Na trama, os atores Raul Cortez, Eva Todor e Françoise Furton participavam da festa conosco e Sandra Brea transformava-se em uma das patronesses do evento. Era a ficção entrando na vida real. Dias antes, eu, Marius, Bebel e Carlinhos Salem havíamos participado do coquetel de lançamento da novela na boate Hippopotamus para acertar os detalhes de gravação.

Cogitou-se nessa época também lançar uma campanha para conseguir que pelo menos cem empresas paulistas dessem um "salário mínimo cultural" por mês a um museu da cidade. Em troca, conseguiriam abatimento no imposto de renda. Mas a ideia não vingou.

Uma curiosidade: a inflação era tão grande na época que o ingresso para a segunda festa no Regine's custou 15 mil cruzeiros, o dobro da primeira, e o da terceira, 30 mil, quatro vezes mais que dois anos antes.

Marilisa e outros representantes da SAM se reúnem com o então presidente da República José Sarney para pedir recursos para a cultura

Autorizado o "shopping" na rua Alemanha

A prefeitura concedeu alvará, autorizando a construção de um shopping na esquina da avenida Europa com a rua Alemanha, atendendo a sentença do Supremo Tribunal Federal que determinou fosse o pedido de licença, apresentado por Alexandre Kliot, "apreciado à luz da lei vigente ao tempo em que foi protocolizado". Ou seja, quando ainda não havia restrições para que obras desse tipo fossem erguidas naquele local.

Os esclarecimentos foram dados pelo prefeito Mário Covas e pelo secretário da Habitação e Desenvolvimento Urbano, Arnaldo Madeira, que alegaram não restar ao poder público senão cumprir a lei.

Em relação à denúncia de corte de árvores no local, o administrador regional de Pinheiros, Maurílio Laterza, negou que a prefeitura tenha derrubado mais de cem figueiras, oitenta eucaliptos e outras árvores protegidas pela legislação do meio ambiente. Segundo a regional, após a vistoria no terreno verificou-se que há 39 árvores adultas não tocadas e ainda três troncos de árvores, sem sinal de corte recente.

AGÊNCIA ESTADO

DOZE ANOS DEPOIS, UMA NOVA AMEAÇA

A segunda grande – e desagradável – surpresa sobre a tentativa de erguer um shopping center na Avenida Europa chegou mais de 12 anos depois da destruição do bosque de Luba Klabin por uma pequena matéria no *Estadão*, publicada em 28 de março de 1985.

Sem que soubéssemos, a Prefeitura concedera o alvará para construção do shopping!

Em apenas três parágrafos, a reportagem dizia que a autorização para a construção havia sido dada atendendo a sentença do Supremo Tribunal Federal (STF). Mais adiante, o texto afirmava que o então prefeito Mário Covas e o secretário da Habitação e Desenvolvimento Urbano, Arnaldo Madeira, "alegaram não restar ao poder público senão cumprir a lei". Em relação à denúncia da derrubada de árvores no local, o então administrador regional de Pinheiros, Maurílio Laterza, negava que a Prefeitura tivesse derrubado mais de cem figueiras, 80 eucaliptos e outras árvores protegidas por lei. Segundo ele, após a vistoria do terreno, verificou-se que havia "39 árvores adultas não tocadas e ainda três troncos de árvores, sem sinal de corte recente".

O título da reportagem era: 'Autorizado o "shopping" na rua Alemanha'.

Dias depois, demoliram a bela casa projetada por Gregori Warchavchik e, logo em seguida, homens com equipamentos começaram a mexer no terreno.

Ainda meio atordoados, voltamos a procurar os vizinhos para reunir coragem e recomeçar a briga. Mesmo porque, com uma decisão do STF contra nós, a batalha prometia ser mais dura do que no começo dos anos 70.

Descobrimos olhando o processo que, em setembro de 1975, o então prefeito Olavo Setúbal havia determinado, por meio do Decreto 12.209/75, que todos os processos não aprovados pela Prefeitura fossem imediatamente cancelados. Mas então proprietário, que comprara o terreno de Sodré, reagiu contra essa medida movendo uma ação de perdas e danos de US$ 10 milhões contra a Prefeitura. O argumento era que ele havia perdido muito dinheiro nos dez anos em que o shopping ficou suspenso. Com recursos de um lado e de outro, a ação acabou parando no Supremo, que decretou a nulidade do ato administrativo e ordenou, em 14 de junho de 1983, que a autoridade apreciasse o pedido de licença "à luz da lei vigente ao tempo em que foi protocolizado (sic)". A sentença foi assinada por Soares Muñoz, presidente do STF, e Alfredo Buzaid, relator.

Aqui vale observar como as interpretações da determinação foram distorcidas para atender a interesses.

Em 19 de setembro de 1984, a Divisão Técnica Aprov 4 da Prefeitura listou algumas dúvidas que pesavam sobre o empreendimento em relação ao Código de Obras, ao zoneamento e à segurança. Mas já tratava a decisão do STF como uma "determinação para que o projeto fosse aprovado". Ou seja, a ordem do Supremo para que se "apreciasse" o projeto se transformou em determinação para aprová-lo. Dois dias depois, um assistente jurídico do Aprov dizia em outro ofício que, como o projeto havia sido protocolado em 5 de janeiro de 1973, a lei a ser levada em conta deveria ser a 7.805/72, a mesma que havíamos conseguido derrubar após tanta luta! Considerava ainda que o projeto atendia à disposição do Código de Obras Arthur Saboya, de 1934. Essa era outra grande mentira.

Entre as determinações para a construção de prédios urbanos, o Código Saboya estipulava 40 metros de profundidade máxima para construções no bairro – o shopping avançava 70 metros.

Em relação às outras dúvidas técnicas, o assistente jurídico desqualificava as restrições de zoneamento e se limitava a manter as exigências sobre a segurança, liberando, no entanto, a possibilidade de elas serem atendidas depois da execução do projeto. No fim de seu parecer, sugeria que, "à vista da determinação judicial e do prazo", ele fosse encaminhado com urgência ao

Departamento Judicial. Mais uma vez, parecia que o STF havia ordenado a aprovação do shopping!

Em 12 de novembro de 1984, a 4ª Vara da Fazenda Municipal deu 15 dias para que a Prefeitura expedisse o alvará de construção do shopping e 60 dias para que os proprietários apresentassem projeto de adaptação da segurança. No dia 20, a Diretoria de Divisão Técnica Aprov 4 mandou expedir o alvará.

A nota do *Estadão* caiu como uma bomba em nossa casa. Rapidamente, telefonamos aos colegas da Sajep e, no dia seguinte, 29 de março de 1985, já enviávamos ao prefeito Mario Covas um abaixo assinado pedindo, entre outras coisas, que não deixasse perpetrar o "monstruoso crime ecológico e social contra um dos mais belos bairros paulistanos", pois nem o progresso justificaria tal atrocidade. Lembrávamos sobre as irregularidades do processo e destacávamos que, enquanto o projeto do shopping havia sido amplamente discutido nos governos autoritários que lhe haviam sucedido, no dele, um governo democrático, havia sido aprovado sem que se fossem levados em conta os direitos da população e atendendo apenas aos interesses da especulação imobiliária. Também passamos a mandar cartas ao governador André Franco Montoro falando de nossa surpresa com a concessão do alvará para o shopping e do quanto o empreendimento paralisaria o tráfego na Avenida Europa.

Como o desafio tornou-se eminentemente jurídico, contratamos o advogado Hely Lopes Meirelles, grande autoridade no assunto, para escrever um parecer sobre o caso. Em 15 páginas, o especialista detalhou o histórico do terreno da Rua Alemanha desde 1972 e mostrou que o STF havia reconhecido aos "requerentes do projeto não o direito de executar a obra, como pretendiam, mas o direito de ver seu pedido de licença examinado à luz da lei vigente" no tempo em que foi protocolado. Destacava também que o pedido de indenização só poderia ser julgado após a administração se pronunciar sobre a licença de construção e lembrava que o projeto não deveria ter sido aprovado à luz da Lei 7.805/72, pois 860 dos 6.920 metros ocupavam um lote Z-1 – o que pertencera ao Sodré –, portanto estritamente residencial, que não poderia ser fundido a outro lote nem abrigar um centro de compras. Ou seja, o alvará jamais poderia ter sido concedido. "A administração pública, como instituição destinada a realizar o direito e propiciar o bem comum, não pode agir fora das normas jurídicas e da moral administrativa, nem relegar os fins sociais a que a sua ação se dirige", resumiu.

O advogado afirmava ainda existirem duas formas de invalidar atos administrativos: revogação ou anulação. Devido à "ilegalidade flagrante", esclarecia que a anulação, mais que uma prerrogativa, era um "dever da administração".

Finalizado em 23 de maio de 1985, o documento foi enviado seis dias depois à Prefeitura pelo então presidente da Sajep, Antonio Augusto Bizarro. Passamos a aguardar o que viria a seguir e, ao mesmo tempo, não descuidamos da mobilização. De novo, espalhei mais de 50 faixas pelo bairro contra o shopping e a destruição do verde nos Jardins. Nós inventávamos mais e mais frases, do tipo "Os corredores querem o lucro. Os Jardins querem o verde". Em nossa casa, penduramos outra: "Bairro tombado e intocável. Abaixo o shopping". Eu mandava fazer as faixas no Itaim e saía distribuindo pelo bairro, pendurando nas casas. Uma tarde fui colocar na rua onde morava o ex-governador Paulo Maluf, quando um guarda apareceu: "A senhora quer ser presa, é? Onde já se viu isso? Ele vai abrir a janela de manhã e dar com essa faixa?" Acabei pendurando num terreno baldio ao lado.

Também voltamos a apelar aos vereadores da Câmara Municipal. Moradores de outros bairros residenciais, preocupados com ameaças de verticalização em suas regiões, solidarizaram-se conosco. Lembro de uma senhora do Campo Belo, por exemplo, que ligou oferecendo ajuda e lembrando que os Jardins eram um dos poucos "pulmões verdes" paulistanos, cujo ar puro favorecia toda a cidade. Recebíamos ainda telefonemas de gente de bairros mais periféricos e de pessoas que representavam entidades de outros Estados, pedindo dicas de como agir em prol da preservação. Foi o caso da Madalena Arraes, que defendia a Casa Forte, em Recife, Pernambuco, e de uma entidade do Rio Grande do Sul. Também organizávamos atos públicos "em defesa do pulmão verde de São Paulo" no Museu da Imagem e do Som (MIS), ao lado do terreno, e participávamos de eventos comunitários e encontros com outras sociedades amigos de bairros.

Um tema muito discutido na época eram as ilhas de calor. Trata-se de um fenômeno que, associado à concentração de poluentes, favorece a condensação, contribuindo para a ocorrência frequente de enchentes. Em cidades como São Paulo, essas inundações acabam intensificadas pelo excesso de asfalto e de construções. Bairros como o Jardim Europa favorecem a absorção da água da chuva, mas em áreas totalmente cobertas pelo concreto isso se torna impossível. Esse era um argumento importante nas nossas discussões.

Um dia, época de eleição municipal, um vizinho sugeriu convidar o então candidato a prefeito e ex-presidente da República Jânio da Silva Quadros (1917-1992) para conhecer nossa luta e fazer um comício em frente do MIS, ao lado do terreno onde queriam erguer o shopping. Como não tínhamos vínculo com partido nenhum, todas as ajudas eram bem vindas e aceitamos a sugestão. Feito o convite, arrumamos um carro de som e marcamos a visita do Jânio para as 16 horas. Mas eram já 16h30 e nada de o candidato aparecer. As pessoas foram chegando, o tempo passando e nós cada vez mais preocupados. Até que, enfim, quando já passava das 17 horas, ele chegou.

No momento em que o vimos, chegamos a pensar: 'Ai, meu Deus. Será que foi uma boa ideia? E se esse senhor apronta alguma em vez de nos ajudar?' Mas, com o Jânio lá, não havia como retroceder. Lembro de que foi preciso que uns três homens o empurrassem para cima do caminhão de som. E minha expectativa ia aumentando cada vez mais.

No começo, Jânio não queria falar. "Não, não, só vim prestigiar", disse. Mas o morador que o havia convidado pegou então o microfone e começou a falar de nossa luta pela preservação do Jardim Europa. Em seguida, anunciou que estava entre nós "o senhor presidente da República Jânio da Silva Quadros" e lhe passou a palavra. E não é que Jânio fez um discurso primoroso? Disse que estava do lado da população e prometeu que, caso eleito, não permitiria que uma área verde no centro do bairro desse lugar a um shopping cujo único objetivo era o lucro comercial.

Nessa época, o terreno da Avenida Europa era considerado um dos mais caros do Brasil – falava-se em US$ 12 milhões.

Semanas depois, Jânio foi eleito após derrotar Fernando Henrique Cardoso e, em 1985, assumiu a Prefeitura de São Paulo. Passamos então – eu e as senhoras vizinhas – a cobrá-lo da promessa. Também pedíamos a todos que o conheciam para lembrá-lo do compromisso que havia assumido no Jardim Europa. Ele era muito engraçado e sempre vinha com umas tiradas. Ao nos ver, costumava dizer, por exemplo: "As senhoras pensam que aqui é padaria? Que tem pão quente a toda hora?" Ríamos, mas não desistíamos.

Um dia, ele finalmente mandou nos chamar para avisar que havia requisitado o processo do terreno na Rua Alemanha e pedido a seus técnicos para o analisarem e apresentarem uma solução. E a conclusão era a seguinte: não seria possível cancelar o alvará de construção dado pela Prefeitura, mas era, sim, viável uma outra saída: desapropriar o terreno e declará-lo de utilidade pública. Em *off*, Jânio revelou mais tarde ao Marius que até pensou em revogar o alvará, mas não queria comprar briga logo no início de sua gestão com todo o setor técnico e jurídico da Prefeitura que havia liberado a construção.

A desapropriação desde o início nos pareceu uma opção interessante, mas custaria caro aos cofres municipais e, antes de deixarmos o prédio da

Jânio Quadros, num dos encontros com representantes da SAM

Prefeitura no Parque do Ibirapuera, Jânio nos impôs uma condição. Disse que não poderia desapropriar o terreno para criar um "jardim nos Jardins". "Só desaproprio se vocês conseguirem dar um cunho social a essa área", exigiu o prefeito. Foi então que eu sugeri: "Por que não criamos um museu?"

O Marius na hora me olhou com uma cara como quem pensava: "Ai, meu Deus, que encrenca ela armou!" Mas o Jânio gostou da ideia e concordou: "Isso, um museu!" Em seguida, prometeu que, assim que o anteprojeto fosse entregue, ele desapropriaria a área. E fez um pedido: o museu deveria ter a maior área verde possível e sua construção não poderia demorar muito tempo para começar. Parecia incrível: havíamos vencido mais uma batalha.

O arquiteto Paulo Mendes da Rocha explica seu projeto do MuBE para o então ministro da Cultura Celso Furtado (à direita) e para o sr. Sambiase

MUSEU BRASILEIRO DA ESCULTURA E ECOLOGIA

Saímos com pensamentos contraditórios da reunião em que o prefeito Jânio Quadros sugeriu a desapropriação do terreno. De um lado, estávamos eufóricos e aliviados pela possibilidade de evitar, enfim, a construção do shopping e a destruição do bairro. Por outro, sabíamos que seria preciso muito esforço para conseguir erguer um museu.

Conosco nesse dia estava um arquiteto chamado Sérgio Prado, que ali, no mesmo momento, ofereceu seus serviços para encarar a empreitada. "Pode deixar que faço o projeto e tem de ser já, já, já, antes que o Jânio volte atrás", comentou.

Aí começou uma corrida contra o tempo para apresentar uma boa ideia ao prefeito e garantir a desapropriação. Fizemos uma reunião e estabelecemos que seria criado no terreno o Museu Ecológico e de Escultura. Ecológico por razões óbvias e da escultura pelo que já contei e porque sempre achei que, de todas as artes, essa é a que mais se aproxima da obra divina. Em caso de dúvida, basta ler o livro dos *Gênesis*, na *Bíblia*. Ele nos diz que Deus fez uma imagem de barro e depois a soprou, dando-lhe vida. Desde o tempo do barroco, nossa tradição escultórica é portentosa. Nada mais apropriado, portanto, que ter em São Paulo um museu dedicado a esse tipo de arte.

A

Marilisa Rathsam

a gratidão da Cidade de São Paulo pela sua Câmara Municipal.

Palácio Anchieta, 22 de Agosto de 1986

Marcos Mendonça
Presidente

Antonio Carlos Fernandes
Vereador

A ideia inicial era construir um pequeno espaço de 500 metros quadrados no máximo de área, cercado de plantas representativas da Mata Atlântica e de veredas com esculturas.

Em julho de 1986, apresentamos ao Jânio um projeto de construção do museu. Dias depois, em 23 de julho, a área foi declarada de utilidade pública e automaticamente congelada por cinco anos. Na época, chegou-se a sugerir que os moradores do bairro pagassem pela desapropriação para que fosse ali construído um parque. Mas, ciente de que a Prefeitura estava cumprindo sua obrigação de defender o bairro e evitar a construção de uma obra irregular, Jânio designou no orçamento uma verba de 49 milhões de cruzados para comprá-lo em 1987.

Por meio de ofício solicitamos oficialmente em 30 de julho de 1986 a cessão da área para a Sociedade de Amigos dos Museus - Nacional. Em dezembro, o terreno foi transferido à SAM em regime de comodato pelo prazo de 99 anos, para a construção de empreendimento com interesse social, batizado na época de Centro Cultural Espaço Ecológico e de Escultura.

Afastar o fantasma do shopping rendeu frutos ao Jânio. A atitude do prefeito teve apoio de todos os partidos e ele recebeu elogios até de adversários políticos. O Projeto-lei 10.254, que propunha a cessão do terreno, foi aprovado por unanimidade pela Câmara Municipal. Nós também fomos homenageados pelos vereadores. Em 22 de agosto, fui ao Palácio Anchieta receber um diploma de gratidão da cidade de São Paulo, assinado pelo então presidente da Casa, Marcos Mendonça, e pelo vereador Antonio Carlos Fernandes.

Em 16 de julho de 1987, foi lavrada a escritura de cessão do terreno da esquina da Avenida Europa com a Rua Alemanha. Na hora de assinar a desapropriação, muita gente do bairro foi até a sede da Prefeitura, que nessa época ficava no Parque do Ibirapuera. Eles queriam ver de perto a vitória histórica não só do Jardim Europa como de toda a cidade. Estavam lá Marilena Almeida, Sonia Sacramento e vários outros diretores e conselheiros da SAM.

No discurso feito minutos antes da assinatura da desapropriação, Jânio disse uma frase que acabou se tornando famosa e anos depois ilustrou algumas reportagens. Virando-se em minha direção, resumiu: "Essa senhora foi tão persistente que ainda bem que não me pediu a Praça da Sé".

Acho que ele estava certo. Desde pequena, sempre tive de ter muita força para conquistar o que eu queria. Se sonho com uma coisa, eu persigo esse sonho. Mas, apesar de lutadora, sofro demais quando as pessoas são injustas comigo.

Semanas após a desapropriação, em 10 de novembro, Jânio fez o lançamento da pedra fundamental do centro cultural e realizamos uma

Após anos de luta, a SAM recebe em comodato do prefeito Jânio Quadros o terreno na Avenida Europa

SOCIEDADE DE AMIGOS DOS MUSEUS

Convidamos V. S. e família para participarem da Missa Campal, com Orquestra e Coral Arthur Costa, que será realizada no dia 10 de novembro às 18:30 horas, oficiada pelo Pároco da Igreja Nossa Senhora do Brasil, Nadir José Brun.

Nessa ocasião homenagearemos o Exmo. Sr. Prefeito de São Paulo Dr. Jânio da Silva Quadros, que fará o lançamento da pedra fundamental do Centro Cultural "Espaço Ecológico Escultura". Local: Av. Europa, 218.

missa campal no terreno da Rua Alemanha, celebrada pelo pároco da Igreja Nossa Senhora do Brasil, Nadir José Brun. Dias depois, em dezembro de 1986, a SAM organizou um concurso público para arquitetos com o tema 'Museu Brasileiro da Escultura e Ecologia'.

Depois da reunião de junho, Sergio Prado havia chegado a criar para o novo museu o projeto de uma 'estufa-cultural'. Era um prédio redondo, com uma cúpula de acrílico que abria e fechava e 500 metros quadrados de área, que ocuparia menos de 10% da área do terreno. O resto seria coberto por vegetação. Chegamos até a viajar a Brasília, em agosto de 1986, para apresentar o projeto ao então presidente da República José Sarney, que nos recebeu muito bem. Mas, quando submetemos a ideia de Prado aos moradores do bairro, o desenho acabou não sendo aprovado.

Foi decidido então que faríamos um concurso público para escolher outro projeto para o museu. O arquiteto Roberto Saruê, nosso companheiro de Sajep, organizou e ditou as normas do concurso, lançado em dezembro de 1986 na sede do Instituto dos Arquitetos do Brasil (IAB) – Seção São Paulo. Saruê também se comprometeu a telefonar para os maiores arquitetos brasileiros e convidá-los a participar. Um júri técnico selecionaria o vencedor.

Como tínhamos muita urgência, demos poucos dias de prazo para que os arquitetos entregassem seus trabalhos e, com o intuito de evitar qualquer tipo de problema ou suspeita de favorecimento, os jurados não sabiam ao fazer as análises quem era o autor de cada projeto. Tudo era definido pela ordem de entrega das plantas em nossa casa. Ao deixar o material, o arquiteto ou seu representante recebia uma senha com um número e apenas esses algarismos apareciam no projeto durante a seleção. Se chegassem dois candidatos ao mesmo tempo, o primeiro entrava por um portão, o segundo pelo outro.

Dos 18 arquitetos ou escritórios convidados por Saruê, 12 enviaram projetos:

- Ottoni Arquitetos R/C Ltda.
- Pedro Paulo Saraiva, José Ladovias e Miguel Juliano S. Júnior
- Croce Aflalo & Gasperini
- Siegbert Zanettini
- Ubyrajara Gilioli e Claudio Mattos
- Paulo Bastos
- Cândido Malta Campos e Eduardo de Almeida
- Marcos Acayaba
- Clovis Felippe Olga
- Paulo Mendes da Rocha
- Ruy Ohtake, Walter Makhohl e Cleber Machado
- Newton Massaumi Yamato

Oscar Niemeyer também foi convidado, mas disse que seria impossível fazer algo num prazo tão curto. Já Lina Bo Bardi, autora do projeto do Masp, contou que fez um anteprojeto, não gostou e decidiu não apresentar nada. Sergio Prado foi outro chamado, mas não pôde participar.

Na data de escolha, fomos para a casa do Arthur Vicintin, também morador do bairro, com os cinco arquitetos da comissão julgadora – Fábio Penteado, Décio Tozzi, João Walter Toscano, Jean Maitrejean e Salvador Candia –, mais o Jorge Yunes, secretário municipal de Cultura, e o Fabio Magalhães, que representava o Ministério da Cultura. A reunião começou às 21 horas de um dia e à 1 hora da madrugada do outro ainda estávamos no meio da discussão. Como os filhos do Arthur precisavam dormir, trouxemos todos os projetos para a nossa casa. Por volta das 4 horas da manhã, os jurados enfim chegaram a um veredito. Por unanimidade. E foi curioso o modo como fizeram a escolha. Disseram: vamos tirar os seis inferiores tecnicamente. Sobraram seis. Desses, excluíram outros três e então escolheram o vencedor entre os restantes. Não havia gratificação em dinheiro – o prêmio era a própria obra.

Em 22 de dezembro de 1986, foi anunciado o nome do autor do projeto de rara felicidade, que deixava uma área externa enorme para o museu e aproveitava os quatro metros de desnível do terreno para fazer uma entrada pela Rua Alemanha e a outra pela Avenida Europa. Lajes e paredes eram dispostas de tal forma que permitiam isolar parte da construção do barulho da avenida e do calor do sol abaixo do horizonte dos pedestres. E, no nível da rua, os jardins ficariam a cargo do consagrado paisagista Roberto Burle Marx. Seu autor? Paulo Archias Mendes da Rocha, um arquiteto capixaba que já chamava a atenção pelo talento. Professor licenciado da Faculdade de Arquitetura e Urbanismo (FAU) da Universidade de São Paulo (USP) e então presidente do IAB-SP, ele havia conseguido, entre outros feitos, ser um dos 30 projetos premiados, entre 400 inscritos de todo o mundo, no concurso internacional para escolha do projeto do Centre Beaubourg de Paris. Foi apenas um de uma série de prêmios internacionais, que incluiu também o Mies Van der Rohe para a América Latina, de 2001, pelo projeto de reforma da Pinacoteca do Estado de São Paulo, e o Pritzker de 2006, considerado o Oscar da Arquitetura.

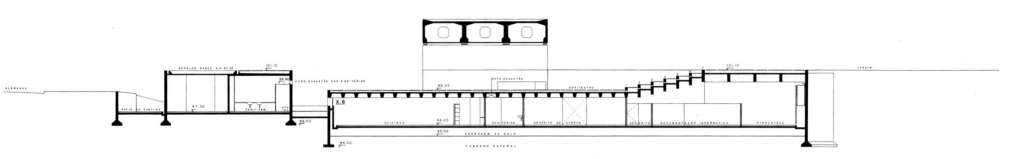

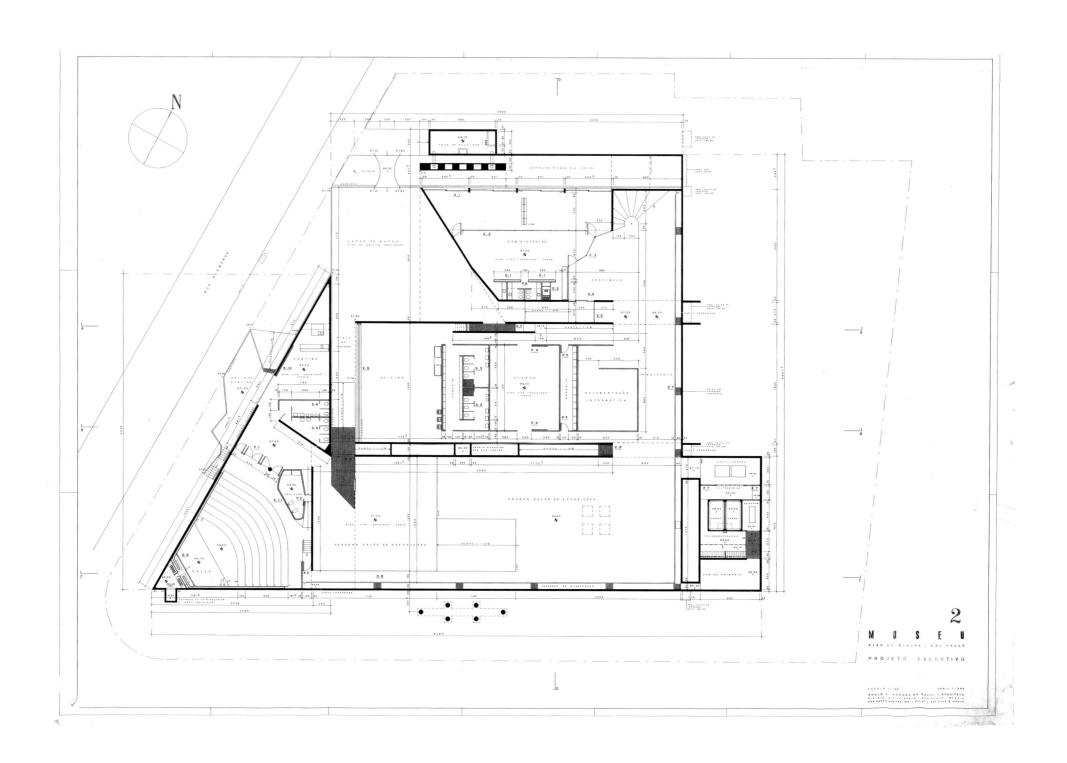

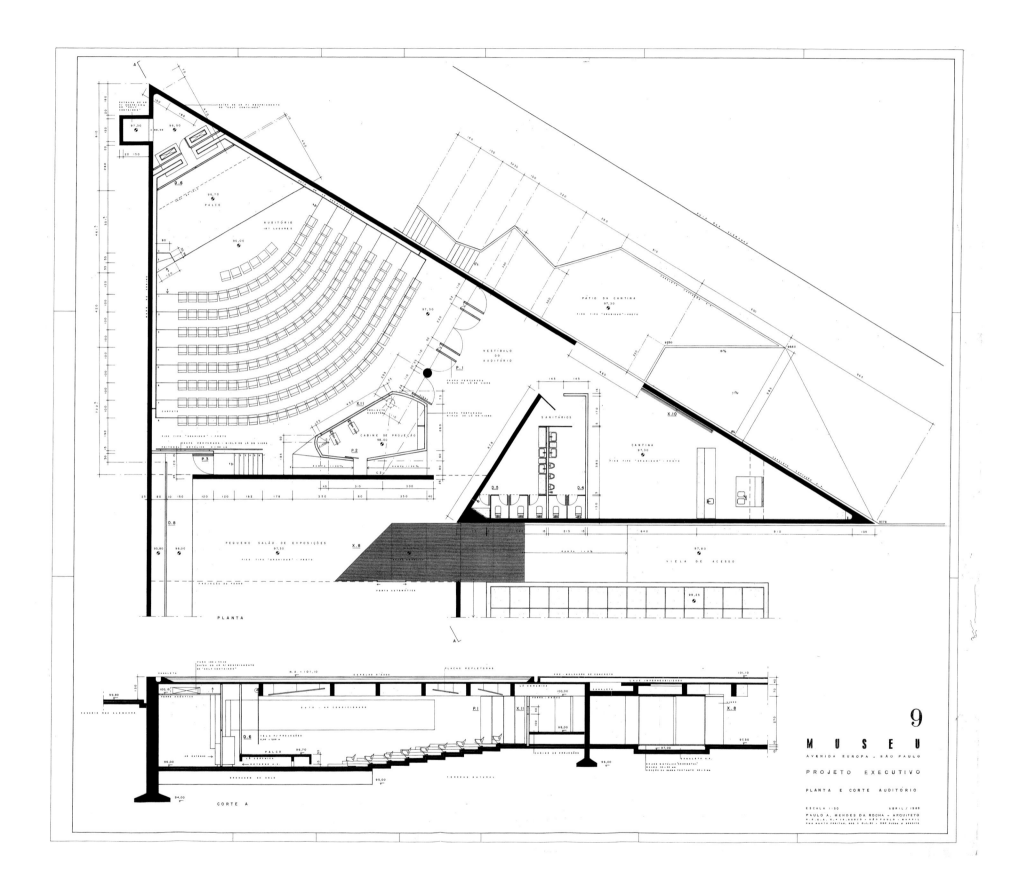

SAM
Cruzeiro colorido das artes reúne amigos

Bebel Salem reuniu em sua casa a diretoria da SAM — Sociedade Amigos dos Museus, membros do conselho, sócios e amigos para acertar detalhes do Cruzeiro Colorido das Artes pelo "Itália", promoção Agaxtur.

Fotos: 1 — Aldo Leone, Marilisa Rathsam, Franco Pellicari, Bebel Salem, Domênico Costa e Otávio Tavares Oliva. 2 — Eleonora Mendes Caldeira entre Ana Maria e Jefferson Domit. 3 — Orestes Arruda Almeida, Vera Salles do Amaral, Darcy Penteado, Nazareth Thiollier e Mariazinha Galvão. 4 — Helena Forbes Alves de Lima, Nelia e Antônio Alves de Lima. 5 — Sr. e sra. Carlos Eduardo Salem, Domênico Costa, Marilisa Rathsam e Cléa Dalva Faria. 6 — Cito Mendes Caldeira e o sr. e sra. Silvano Dalle Molle.

Marilisa com Roberto Camasmie (1); reportagem sobre o Cruzeiro Colorido das Artes publicada em 1982 (2); reunião de Marilisa, Eleonora Mendes Caldeira e Bebel Salem com Aldo Leone e Otávio Tavares Oliva, da Agaxtur, para lançamento do evento artístico no navio Itália (3)

ARTE NA TERRA E NO MAR

Já imaginou embarcar num cruzeiro marítimo cheio de obras de arte em exposição, com os artistas viajando com os passageiros, vernissages nas cidades onde o navio aporta e várias outras atividades culturais a bordo? A SAM promoveu dois eventos desses nos anos 80 em parceria com a Agaxtur Viagens e Turismo.

Batizados de Cruzeiros Coloridos das Artes, eles foram mais uma maneira que encontramos de despertar o interesse pela arte nacional e, ao mesmo tempo, angariar fundos para nossos projetos culturais. As exposições a bordo eram muito, muito interessantes e despertavam o interesse não só dos viajantes como dos cidadãos dos países onde o transatlântico aportava.

Os artistas eram escolhidos pelos críticos da Comissão de Arte da SAM. Liseta Levi, Radha Abramo, Alberto Beuttenmüller, Olney Kruse e Jacob Klintowitz indicavam dez nomes cada e os mais votados eram convidados a participar. Nessa época, Sheila Leirner não estava mais conosco.

O primeiro cruzeiro, apresentado como Arrivederci al Plata, ocorreu em fevereiro de 1983. Meia centena de obras de 16 artistas – Arcângelo Ianelli, Mário Gruber, Aldemir Martins, Claudio Tozzi, Antônio Henrique Amaral, Sophia Tassinari,

Newton Mesquita, Aldir Mendes de Souza, Darcy Penteado, Gregório, Norah Beltran, Gilberto Salvador, Carlos Araújo, Gustavo Rosa e Glauco Pinto de Moraes zarparam do Porto de Santos a bordo do Italia, um transatlântico da Linha C de 12.200 toneladas e 160 metros de comprimento, com cinema-teatro, boate, academia e várias outras atrações. Os destinos eram Rio de Janeiro, Montevidéu e Buenos Aires. As telas eram as estrelas de uma programação que incluía também outras atividades, como um festival de cinema brasileiro e concertos com o pianista Arthur Moreira Lima. Além da oferta dos melhores vinhos, os melhores chocolates, os melhores queijos e as melhores compras.

Oito dos artistas participaram da viagem – Aldir Mendes de Souza, Antonio Henrique Amaral, Arcângelo Ianelli, Carlos Araújo, Claudio Tozzi, Gilberto Salvador, Gustavo Rosa e Sophia Tassinari. E com ajuda da Embaixada do Brasil em Buenos Aires, que promoveu a visitação à exposição a bordo quando o navio aportou, o Cruzeiro Colorido foi um evento tão importante que ganhou repercussão nas imprensas brasileira e argentina e atraiu muita gente da sociedade.

Semanas antes de o Itália zarpar, expusemos as mesmas obras no Clube Samambaia, do Guarujá, e realizamos um vernissage com os artistas. Pelo menos 400 pessoas compareceram e algumas das obras já foram vendidas aí. Outros 400 convidados participaram em Buenos Aires do coquetel servido no navio, num salão decorado com as cores da bandeira brasileira.

No ano seguinte, o Segundo Cruzeiro Colorido das Artes fez ainda mais sucesso. Reuniu 30 obras dos artistas Arcângelo Ianelli, Kazuo Wakabayashi, Tikashi Fukushima, Abelardo Zaluar, Danilo Di Prete, Lothar Charroux e Sérvulo Esmeraldo, escolhidas por Alberto Beutenmüller, Jacob Klintowitz, Liseta Levi e Olney Kruse. Iberê Camargo e Maria Leontina também foram convidados, mas acabaram desistindo na última hora. Sete artistas viajaram com as obras, cujos preços variavam de 2 milhões a 16 milhões de cruzeiros. Houve a bordo ainda um festival de cinema brasileiro, shows com Consuelo Leandro, Nicete Bruno e outros atores e a mostra *Pedras Preciosas Brasileiras*, com obras em joalheria do dinamarquês Kjeld Boesen, do italiano Domenico Calabrone, do espanhol Francisco Guzman Carmona e dos brasileiros Ricardo Mattar, Renato Wagner, Angelica Saito, Renato Camargo, Heraclito Silva e Julio Cesar Andreazza.

Dessa vez, no lugar do Italia, o cruzeiro ocorreu no transatlântico grego Danae, também cedido pela Agaxtur para o evento e considerado na época o mais moderno da Linha C. Novamente em meio a uma grande repercussão na imprensa e após um coquetel de lançamento no hotel Jequitimar, do Guarujá, e outro na casa da vice-presidente da SAM Maria Amélia Botelho de Souza Aranha, em São Paulo, o navio deixou o Porto de Santos às 15 horas do dia 9 de fevereiro de 1984 com destino a Montevidéu e Mar del Plata, onde era esperado no porto por 300 convidados, entre críticos, diretores de museus e colecionadores. O mau tempo acabou frustrando o evento, mas o tour continuou. De lá, seguiu para Buenos Aires, onde permaneceu por alguns dias e abrigou um coquetel a bordo para autoridades e personalidades do meio cultural argentino. Em 10 de abril, reportagem do jornal *O Globo* destacou que, desde os tempos de Francisco Matarazzo Sobrinho, o Ciccilo Matarazzo, criador da Bienal de São Paulo e grande incentivador das artes no Brasil, não se via algo semelhante. No dia 19 de fevereiro, o Danae voltou ao Rio de Janeiro e, em seguida, aportou em Santos. Um documentário gravado durante a viagem levaria nos meses seguintes as imagens e os resultados do cruzeiro ao Brasil todo. Dias depois, a exposição foi repetida na Sociedade Harmonia de Tênis, clube localizado nos Jardins, em São Paulo.

Por ironia, como tenho problema de labirintite e passo mal a bordo, não pude embarcar em nenhum dos dois cruzeiros. Foi uma pena e uma agonia, pois tinha de tentar monitorar de longe tudo o que ocorria a bordo. Meu Deus, eu ficava tão nervosa... Morria de medo de aquelas telas enormes não entrarem no navio, ou por algum motivo saírem danificadas. Lembro que em um dos cruzeiros o navio atravessou uma forte tempestade e fiquei aflitíssima. Tentava contato por rádio com o pessoal que estava a bordo, mas nem sempre conseguia. E ficava me perguntando: "Meu Deus, e se alguma tela cair e estragar? Não temos seguro". Era um tormento.

Mas no final as duas experiências foram um sucesso e um grande aprendizado. Sempre gostei de investir em artistas, me apaixono pelo trabalho deles e eles também me amavam. Tenho uma admiração sagrada por quem tem talento, porque é um dom nato recebido de Deus. Lancei muitos nomes importantes nos cruzeiros coloridos. Com alguns ainda mantenho contato. Outros infelizmente morreram. Também sempre gostei muito de elogiar todo mundo que merecia. Vê-los fazendo sucesso era uma grande alegria. E adoro receber pessoas interessantes, com novidades para contar.

Marilisa aos 27 anos, em foto publicada na coluna de Tavares de Miranda na *Folha de S. Paulo*: Dama da Semana (1); em outra nota na mesma coluna (2); com Marius em festa no Guarujá (3)

BRASILEIROS PELO MUNDO

Por alguns anos, minha vida praticamente se resumiu à SAM. Sempre me dediquei de corpo e alma ao que me propus e minha família ficava até enciumada. Meu marido e meu filho, Marcelo, costumavam se queixar de que nessa época eu acordava SAM, almoçava SAM, jantava SAM e dormia SAM. Era até engraçado.

Acho que eu tenho valor porque saí de um meio que só pensava em roupas e festas. Mamãe só se vestia com madame Rosita e outras costureiras famosas e me incentivava para essa vida. Foi a primeira mulher a guiar automóvel em São Paulo e era a primeira da classe no Colégio Sion.

Entre os 20 e os 30 anos, eu era convidada para três eventos por dia. Era muito fútil. Como meu pai nunca me deixava sair para ir a festas, quando me senti livre, fiquei deslumbrada. Cansei de ser fotografada e sair em colunas sociais, como, por exemplo, a "dama da semana". As festas que dávamos em São Paulo e no Guarujá também eram muito comentadas. Mas depois, quando eu chegava em casa, sentia um imenso vazio.

Aos 30 anos, meu pai faleceu e fiquei com minha mãe à frente dos negócios, construindo pavilhões industriais. Eu era muito afeiçoada à minha mãe e a levei para morar em casa. Essa fase

Os Grandes Mestres do Abstracionismo Brasileiro

Capa do catálogo da exposição *Os Grandes Mestres do Abstracionismo Brasileiro*, e reprodução do convite

sm
Sociedade de Amigos dos Museus

foi interessante, porque me forneceu conhecimentos que foram muito úteis nas décadas seguintes. Mas ainda sentia que faltava alguma coisa.

Essa lacuna só foi preenchida quando voltei à pintura e descobri o trabalho pela arte e pela comunidade. Aí comecei a ficar feliz. E nessa trajetória houve alguns marcos inesquecíveis. A mostra *Grandes Mestres do Abstracionismo Brasileiro* foi um deles.

Organizada e patrocinada pela SAM entre 1984 e 1985, a exposição tinha como objetivo mostrar ao mundo que um país tropical como o Brasil, cuja imagem no exterior costumava ser sempre associada a riquezas naturais, carnaval e música, também tinha obras abstracionistas de qualidade, que misturavam tendências e influências do Ocidente e do Oriente.

Pedimos então aos críticos Liseta Levi, Alberto Beuttenmüller, Olney Kruse e Jacob Klintowitz que selecionassem uma bela amostragem da nossa produção abstracionista para circular pela Europa. Eles escolheram 27 quadros dos artistas Abelardo Zaluar, Alfredo Volpi, Arcângelo Ianelli, Danilo Di Prete, Manabu Mabe, Kazuo Wakabayashi e Tikashi Fukushima, além de duas esculturas de Sérvulo Esmeraldo e dez móbiles de Lothar Charoux.

Por um ano, as peças percorreram galerias, espaços culturais e embaixadas brasileiras na Europa. A exposição tinha apoio do Itamaraty, da Embratur e de empresas privadas. A Varig, por exemplo, transportou as obras; a União Continental de Seguros as segurou em 150 milhões de cruzeiros.

A mostra começou seu tour em 31 de maio de 1984 no Colégio Maior Universitário Casa do Brasil, em Madri. Tenho até hoje cópia do telegrama enviado à SAM pelo então embaixador do Brasil na Espanha, Lauro Escorel, dizendo que havia inaugurado a exposição com um coquetel para 300 pessoas, incluindo diplomatas, críticos de arte, representantes de instituições culturais, artistas plásticos, estudantes e integrantes da sociedade local. Foi um sucesso, com direito a reportagem em jornais locais e programa da Television Española.

De lá, a mostra seguiu para Roma, onde foi inaugurada em 13 de junho do mesmo ano. Em 20 de setembro, já estava na Fundação Gulbenkian, em Lisboa. Depois, em novembro, seguiu a Paris e dali a Haia, Estocolmo, Copenhagen, Londres e outras cidades européias. Nos meses seguintes, ainda seria levada a Washington, onde inaugurou o Centro Cultural da Embaixada do Brasil, e à Brazilian Cultural Foundation, de Nova York. Encerrou sua turnê no Paço das Artes do MIS, hoje vizinho do MuBE. No total, foram editados 12 mil catálogos ilustrados com obras dos artistas brasileiros e confeccionados 16 mil convites em português, inglês e francês. O coquetel de inauguração, realizado no clube Harmonia, reuniu mais de mil pessoas e interrompeu o trânsito na Rua Canadá.

Além de mostrar a arte abstracionista brasileira em locais por onde ela nunca havia passado e reunir personalidades em disputados coquetéis-vernissages, a mostra também deu lucro – 15 quadros foram vendidos em 22 de maio de 1986 num leilão latino-americano da famosa casa de leilões Christie's, de Nova York. Selecionados por Liza Palmers, especialista em artistas sul-americanos, as peças alcançaram altas cotações e tiveram de ser substituídas por outras 15 obras dos mesmos artistas na exposição em São Paulo.

Para aproveitar o sucesso dos Cruzeiros Coloridos das Artes, a SAM ainda criou outro tipo de viagem cultural. Batizado de Terceiro Tour Colorido, ocorreu em setembro de 1985. Em vez de navio, fretamos um avião até a França e lá alugamos um ônibus, que passou semanas percorrendo o sul e o centro do país com um grupo de participantes brasileiros. Eles iam acompanhados do professor de Estética e História da Arte Jacques Douchez, um francês radicado no Brasil, diretor da SAM e também grande tapeceiro, que ia explicando ponto a ponto as características de cada local. O roteiro incluiu, entre outros locais, La Touraine, o palco da Renascença Francesa, Provence, a região mais romana do país, Toulouse e Auvergne, cenários na Idade Média da civilização occitana.

Paralelamente a esses eventos, a SAM também promovia cursos. O de "Impressionismo até os Dias Atuais" e "História da Arte Moderna" foram ministrados por três anos consecutivos pelo crítico Alberto Beutenmüller no Paço das Artes, espaço ligado à Secretaria de Estado da Cultura. Já a crítica de arte e diretora da SAM Liseta Levi, falou em 1985 primeiro sobre Marc Chagal e depois sobre impressionismo. No mesmo mês, Jacques Douchez abordou "Alienor de Aquitânea, Mulher Rainha no Século XII", na Sociedade Harmonia de Tênis. Os temas, como se vê, eram muito variados. E os cursos não ocorriam apenas em São Paulo. Até na Câmara dos Deputados, em Brasília, a SAM ministrou curso de "Introdução à Arte".

O Tombamento dos Jardins

Os Jardins

"Não basta abrir a janela para ver os campos"
Fernando Pessoa

O tombamento dos jardins constitue   da cidade. Têm um papel estético.

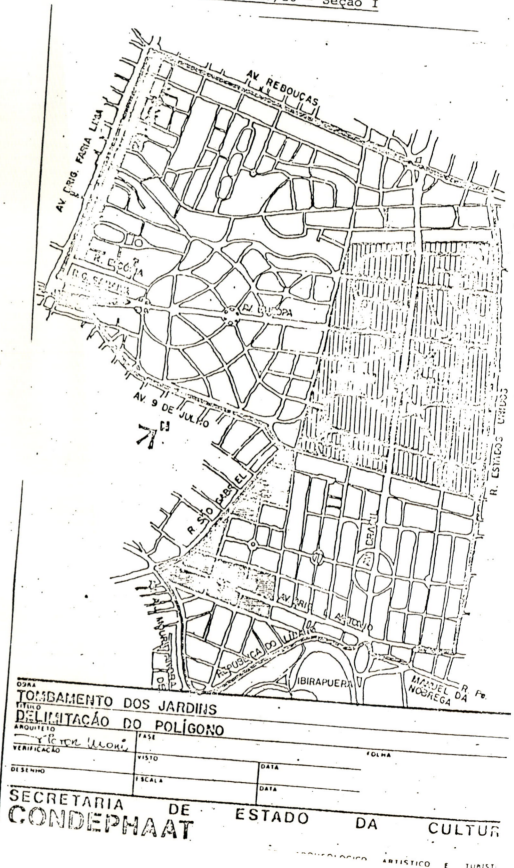

O TOMBAMENTO

A luta pela comunidade está no sangue da gente. Desde o início da briga contra o shopping na Avenida Europa, acreditamos que seria possível vencer. Acho que foi a primeira vez em São Paulo que a população se revoltou e exigiu mudança numa lei de zoneamento que beneficiava apenas um grupo interessado em especulação imobiliária.

Muita gente já se orgulhou dos resultados de nosso trabalho. O empresário Olavo Setúbal, prefeito de São Paulo entre 1975 e 1979, um dia nos contou que, sobrevoando a cidade de helicóptero com o staff do Banco Mundial, foi elogiado quando passou sobre o Jardim Europa. Disseram: "Que beleza todo esse verde". Ele então contou que a preservação do bairro só havia sido possível graças à mobilização de um grupo de moradores que se uniu contra sua destruição.

Mas a desapropriação do terreno não pôs fim à especulação nos Jardins. Anos depois, viriam outras grandes lutas, como quando a Prefeitura transformou a Avenida Europa em corredor de serviços. A Sajep tentou evitar, mas perdeu a batalha na Justiça. Hoje até carro usado se vende na via e o trânsito é muito carregado. Imagine se tivéssemos permitido Z-2 na Avenida Europa e o shopping tivesse sido construído?

Além da pressão imobiliária, as mudanças sociais também foram mudando as características das construções do bairro. E o próprio conceito de moradia se alterou. Não por acaso há tantas casas sendo postas abaixo e, em seguida, reconstruídas num novo padrão. Em geral, são muito bonitas. Antigamente, as residências tinham jardim na frente e as cercas, baixas, permitiam que você conversasse facilmente com os vizinhos. Hoje as casas seguem conceitos mais modernos, com a frente do terreno geralmente tomada por garagens e cozinha. Já a piscina, o jardim e o resto da área privativa ficam nos fundos, longe do barulho do trânsito e da rua. Quanto aos vizinhos, a maioria nem se conhece. E a violência levou à construção de altos muros, que infelizmente escondem boa parte da beleza das casas.

Mas, se o Jardim Europa ainda resiste numa época em que quase todo o resto de São Paulo já se verticalizou, é importante lembrarmos de outro marco na história do bairro: o tombamento de sua vegetação, da volumetria de suas construções e do traçado urbano de suas ruas e praças. Ele ocorreu alguns meses antes da desapropriação do terreno da Avenida Europa e fez dos Jardins a primeira região de São Paulo a ter esse privilégio.

O processo começou com uma reunião que tivemos com o então secretário de Estado da Cultura, Jorge da Cunha Lima, em abril de 1985.

Havíamos ido a uma comissão de 11 moradores pedir providências para impedir a construção do shopping. E ouvimos uma sugestão enfática: tombar toda a área dos Jardins Europa e Paulistano.

Cauteloso, o secretário pediu sigilo sobre sua intenção, pois queria evitar a destruição de imóveis, como havia ocorrido recentemente com casarões da Avenida Paulista, derrubados pelos proprietários antes que o processo para estudo de tombamento os "congelasse". Solicitou também aos moradores que fizessem um abaixo-assinado: "Vamos promover uma reação popular. Enquanto isso, eu vou falar com o prefeito e com o governador para botar fogo nessa coisa", disse, para logo depois acrescentar: "Se vocês mandarem o abaixo-assinado e o pedido, convocamos uma reunião extraordinária do Condephaat para aprovar o tombamento".

Na saída, o secretário disse a uma jornalista que o esperava fora da sala que estava estudando medidas jurídicas que poderiam incluir "até" o tombamento. Já era uma declaração combinada com os moradores.

O que nem ele nem nós sabíamos é que uma outra jornalista havia participado da nossa "reunião secreta". Funcionária do *Estadão*, Noralmi Ferreira de Abreu foi levada sigilosamente por uma vizinha, sem que ninguém desconfiasse. No dia seguinte, qual não foi nossa surpresa ao ver todos os detalhes do encontro registrados no jornal.

A matéria mostrava que Cunha Lima considerava duas possibilidades para evitar a construção do shopping: a desapropriação do terreno – que seria muito onerosa e difícil – e o tombamento do bairro.

A princípio ficamos furiosos. Pareceria ao governo que havíamos levado uma espiã e tudo poderia estar perdido! Mas depois até foi bom, porque o compromisso ficou registrado.

Dias mais tarde, entregamos à Secretaria de Estado da Cultura, à qual o Condephaat está subordinado, um abaixo-assinado com 321 nomes de proprietários de imóveis nos Jardins pedindo o tombamento da região para preservar "não só o caráter residencial da área como o patrimônio urbanístico, o paisagismo, o turismo, a arquitetura e o meio ambiente que o conjunto de vias públicas daqueles bairros representa e significa para a Cidade de São Paulo, cuja identidade está ameaçada por iminentes agressões da especulação imobiliária e da exploração comercial desenfreadas". Chegamos também a "roubar" o governador Franco Montoro de uma festa e trazê-lo aqui em casa para pedir o tombamento.

Em maio de 1985, o Condephaat abriu o Processo nº 23372/85 para estudo de tombamento dos Jardins e aprovou por unanimidade parecer do seu relator, Carlos Lemos. Ele, Augusto Titarelli, Regina Meyer, Paulo Bastos e Salvador Candia formaram uma comissão que, em 15 dias, deveria entregar o regulamento de uso do solo na região, bem como o edital de tombamento. No dia seguinte, o *Estadão* publicou editorial lembrando que a arborização dos Jardins era uma "rara exceção" em São Paulo, porque sua área ainda não havia sido impermeabilizada por asfalto e concreto e chegava a formar um microclima dentro da cidade, demonstrado pela temperatura média sempre quatro graus inferior à do restante dos bairros. "Isso significa que as águas das pesadas chuvas que caem das encostas do espigão da Paulista são absorvidas pelos jardins, praças e canteiros do bairro", dizia o jornal.

O texto trazia ainda uma previsão do então presidente do Condephaat, Modesto de Souza Barros Carvalhosa, para a cidade dali a 50 anos, ou seja, a São Paulo de 2035. Para ele, quando boa parte da população estivesse morando em torres altíssimas, os Jardins se tornariam "uma espécie de Central Park de Nova York".

O proprietário do terreno ainda tentou barrar o processo. Com apoio de outros quatro proprietários, apresentou cinco contestações ao tombamento, que foram rejeitadas em 20 de janeiro de 1986 pelo Condephaat.

Em 25 de janeiro de 1986, dia do aniversário da cidade, foi publicada no *Diário Oficial do Estado* a Resolução 02, destacando o conjunto urbano a ser tombado pelo "inestimável valor

ESTADO DE SÃO PAULO

RESOLUÇÃO Nº 02 DE 23 DE janeiro DE 1986

JORGE DA CUNHA LIMA, SECRETÁRIO DA CULTURA, no uso de suas atribuições legais e nos termos do artigo 1º do Decreto-Lei nº 149, de 15 de agosto de 1969 e do Decreto 13.426, de 16 de março de 1979,

R E S O L V E

Artigo 1º - Ficam tombados na área dos Jardins América, Europa, Paulista e Paulistano, no Município de São Paulo, os seguintes elementos:

I - o atual traçado urbano, representado pelas ruas e praças públicas contidas entre os alinhamentos dos lotes particulares;

II - a vegetação, especialmente a arbórea, que passa a ser considerada como bem aderente;

III - as atuais linhas demarcatórias dos lotes, pois são também históricas estas superfícies, sendo o baixo adensamento populacional delas decorrentes tão importante quanto o traçado urbano.

O conjunto urbano a ser tombado apresenta inestimável valor ambiental, paisagístico, histórico e turístico, ressaltando-se o seu caráter antrópico representado pela implantação do paisagismo ali existente, com denso e contínuo arvoredo. Esta expressiva superfície vegetal com solos expostos, onde é mais intensa a fotossíntese e a evapotranspiração, desempenha importante papel na formação de um clima urbano mais ameno, capaz de atenuar a "ilha de calor" característica das metrópoles compactas.

Artigo 2º - A área de tombamento está contida no polígono obtido a partir da intersecção dos eixos das vias abaixo relacionadas: Rua Estados Unidos (CADLOG 06651-6), Av. Rebouças (CADLOG 16919-6)

ESTADO DE SÃO PAULO
-2-

Av. Brigadeiro Faria Lima (CADLOG 06897-7), Rua Gumercindo Saraiva (CADLOG 08527-8), Av. Cidade Jardim (CADLOG 04933-6), Av. Nove Julho (CADLOG 14804-0), Av. São Gabriel (CADLOG 07671-6), Av. Antônio Joaquim de Moura Andrade (CADLOG 10517-1), Av. República do Líbano (CADLOG 17003-8), Rua Manoel da Nóbrega (CADLOG 12651-9), Rua Paulino Camasmie (CADLOG 15647-7) e Av. Brigadeiro Luís Antônio (CADLOG 12165-7).

Parágrafo Único - Fica excluída do polígono de tombamento a faixa de 50 (cinquenta) metros definida pelo Município como corredor de uso especial Z8-CR3 na Av. Brigadeiro Faria Lima (CADLOG 06897-7) entre a Av. Rebouças (CADLOG 16919-6) e Rua Escócia (CADLOG 06590-0).

Artigo 3º - Tendo em vista conciliar esforços integrados para a preservação da área tombada, fica estabelecido o seguinte conjunto de diretrizes, consideradas indispensáveis para garantir um caráter flexível e adequado à proteção dos bens nela contidos.

§ 1º - Serão as seguintes as diretrizes gerais:

1. Todas as obras de conservação, restauração, construção e reforma serão regidas pelas normas da presente Resolução e pela legislação municipal vigente nesta data, naquilo que não conflitar com a mesma.
2. Todas as intervenções nos lotes pertencentes ao polígono definido no artigo 2º - demolições, construções, reformas, obras de conservação e restauração - serão objeto de prévia deliberação do CONDEPHAAT.
3. O gabarito máximo permitido das novas construções será de 10 (dez) metros a partir do nível mediano da guia na testada do lote, salvo a exceção prevista para a Z18-025.
4. Não serão permitidas alterações no sistema viário, bem como mudanças em guias e largura de calçadas, sem prévia autorização do CONDEPHAAT.

ESTADO DE SÃO PAULO

§ 2º - Serão as seguintes as diretrizes específicas para as quadras que compõem a atual Z18-025:

1. As edificações com coeficientes de aproveitamento menor ou igual a 1 (um) serão regidas pelas normas da legislação municipal vigente no que se refere à taxa de ocupação, aproveitamento, recuos e gabarito.

2. As edificações com coeficientes de aproveitamento maior que 1 (um) e menor ou igual a 2 (dois) serão regidas pelas seguintes diretrizes, além das estipuladas pela legislação municipal vigente:

   a) 60% (sessenta por cento) da área livre, obrigatoriamente, deverá ser destinada a ajardinamento com alta densidade arbórea,

   b) não será computado para efeito de área ajardinada a superfície sobre laje,

   c) nos alinhamentos dos lotes fronteiros à zona Z1, deverá ser obedecido um recuo mínimo de 8 (oito) metros com ocupação predominante destinada a ajardinamento com alta densidade arbórea.

§ 3º - Serão as seguintes as diretrizes específicas para o Jardim América:

1. A volumetria das construções existentes nesta data deverá ser mantida, não sendo tolerado qualquer aumento na taxa de ocupação dos lotes construídos.

2. Nos terrenos hoje ainda desocupados as edificações serão regidas pelas seguintes normas:

   a) taxa de ocupação máxima de 1/3 da área do lote;

   b) recuos de 6 metros de frente,
      3 metros lateral,
      8 metros de fundo,

   c) altura máxima da construção de 10 metros (altura do

ESTADO DE SÃO PAULO

Artigo 4º - A venda de propriedades situadas na área deste tombamento independe da prévia consulta ao CONDEPHAAT.

Artigo 5º - Ficarão isentos de aprovação pelo CONDEPHAAT os projetos em lotes situados na área envoltória externa ao polígono definido no artigo 2º, exceto o setor compreendido entre o Parque Ibirapuera e a Av. República do Líbano.

Artigo 6º - Fica prevista a possibilidade de convênios com órgãos estaduais e municipais envolvidos, para o controle, a definição e organização da manutenção e poda das árvores nas vias e praças públicas.

Artigo 7º - Fica prevista a possibilidade de um convênio com a Prefeitura Municipal de São Paulo para facilitar a aplicação das disposições referentes a este tombamento.

Artigo 8º - Fica o Conselho de Defesa do Patrimônio Histórico, Arqueológico, Artístico e Turístico do Estado-CONDEPHAAT autorizado a inscrever no Livro do Tombo competente o referido bem, para os devidos e legais efeitos.

Artigo 9º - Esta Resolução entrará em vigor na data de sua publicação.

SECRETARIA DA CULTURA, aos 23 de janeiro de 1986

JORGE DA CUNHA LIMA
SECRETÁRIO DA CULTURA

ambiental paisagístico, histórico e turístico" e "o caráter antrópico representado pela implantação do paisagismo ali existente, com denso e contínuo arvoredo". Além disso, explicava que a "expressiva superfície vegetal com solos expostos, onde são mais intensas a fotossíntese e a evaporação, desempenha importante papel na formação de um clima urbano mais ameno".

Dois dias antes, em 23 de janeiro, ocorrera a cerimônia oficial de tombamento dos Jardins Paulista, Paulistano, Europa e América no Museu da Casa Brasileira. A festa teve apresentação da Banda Sinfônica da Polícia Militar e pronunciamento de Antonio Augusto Bizarro, então presidente da Sajep, Modesto Carvalhosa, do Condephaat, Jorge da Cunha Lima, secretário de Cultura, e do governador Franco Montoro. Posteriormente, o bairro foi tombado também pelo Conselho Municipal de Preservação do Patrimônio Histórico, Cultural e Ambiental da Cidade de São Paulo (Conpresp).

Ao terminar seu mandato na Prefeitura, Jânio acabou deixando aos sucessores a dívida da desapropriação. Em julho de 1997, segundo reportagem do *Estadão*, herdeiros do antigo proprietário, que havia morrido em 1986, entraram no TJ com pedido de intervenção estadual no município de São Paulo. O processo tratava de uma indenização de R$ 29 milhões, relativa à área do shopping. O caso correu outros muitos anos na Justiça. Recentemente soubemos que os herdeiros acabaram fazendo um acordo e recebendo a desapropriação em parcelas. Apesar de termos fornecido à Prefeitura o parecer do Hely Lopes Meirelles indicava que o requerente não tinha direito de pleitear indenização porque entre os lotes havia um terreno Z1, que violava frontalmente vários aspectos da lei municipal.

A ESCOLA DE PARIS

ROBERT DELAUNAY – TOUR EIFFEL, 1926/COLEÇÃO DE GERMAINE HENRY ROBERT THOMAS

MUSEU DE ARTE DE SÃO PAULO ASSIS CHATEAUBRIAND

A ESCOLA DE PARIS

Em meados da década de 80, a SAM conseguiu uma dupla proeza: dar ao Brasil uma de suas mais importantes mostras internacionais e reativar seu intercâmbio cultural com a França, interrompido havia 25 anos. E tudo com uma só exposição: *L'Ecole de Paris*, ou *A Escola de Paris*.

Considerada pela crítica européia "um vigoroso painel catalisador da arte moderna e de suas origens", a mostra reunia 80 das 4 mil obras do Museu de Arte de Paris, pintadas entre 1904 e 1980 por 62 artistas franceses e de outras nacionalidades, que, em sua maioria, instalaram-se em Paris após a Primeira Guerra Mundial para fugir de regimes ditatoriais vizinhos e ter liberdade para criar e pensar. Avaliadas em mais de 400 milhões de dólares, as peças traziam assinaturas de mestres da pintura do século 20. Havia um Pablo Picasso de sua famosa fase azul, um Marc Chagall, um Amedeo Modigliani, uma *Odalisca* de Henry Matisse. Georges Braque, Robert Delaunay, Suzanne Valadon, André Derain, Raoul Dufy e Jean Crotti eram outras assinaturas nas telas.

As peças foram selecionadas pela conservadora-chefe do museu parisiense, Bernardett Contensou, em parceria com as também conservadoras Danielle Molinari e Marie-Odile Briot.

O Museu de Arte de São Paulo Assis Chateaubriand, a Sociedade de Amigos dos Museus - Nacional e o Consulado Geral da França, convidam para a inauguração da Exposição "Escola de Paris", do acervo do Museu de Arte Moderna da cidade de Paris, a realizar-se no M.A.S.P., dia 23 de novembro de 1984 às 19:00 horas.

apoio cultural
Banco Francês e Brasileiro S.A.

▲ 1

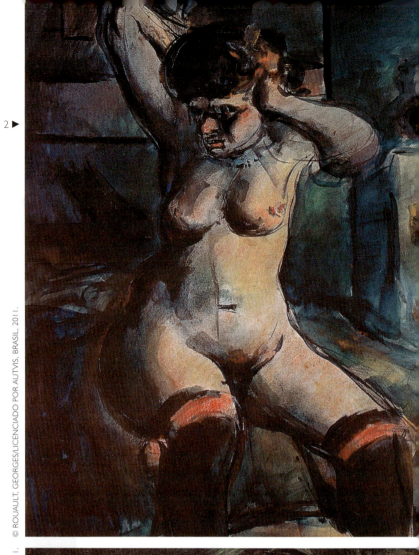

2 ▶

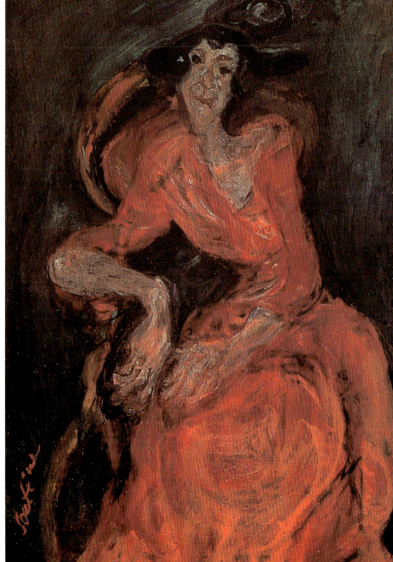

3 ▶

Reprodução do convite para A Escola de Paris no Masp (1); *Nu aux jarretières roses* (1906), de Georges Rouault, uma das obras expostas (2), e *La femme em rouge* (1922), de Chaim Soutine (3)

Obra de *A Escola de Paris*: *Femme a l'eventail* (1919), de Amedeo Modigliani

Batizada oficialmente de *A Pintura Francesa do Século XX nas Coleções do Museu de Arte Moderna da Cidade de Paris*, a mostra foi patrocinada e organizada pela SAM e ganhou destaque em todos os grandes jornais e revistas nacionais.

O que pouca gente soube, no entanto, é que por pouco ela não ficou parada na alfândega. As exigências do seguro determinavam que as telas chegariam ao Aeroporto de Viracopos, em Campinas, e de lá seguiriam a São Paulo com acompanhamento policial. A distância é de cerca de cem quilômetros.

Ao procurarmos a polícia, nos informaram que a escolta do caminhão com as obras teria de ser feita em duas etapas: na primeira, de Viracopos até o limite do município de São Paulo, a segurança das peças ficaria a cargo da Polícia Rodoviária Estadual; a partir daí, da Polícia Militar. Também ficou acertado com a Receita Federal que as caixas seriam abertas apenas no Masp – e não na alfândega – para não atrapalhar o esquema montado. Só esqueceram de avisar aos agentes de plantão no aeroporto. Na hora H, os conferentes disseram: "Não, não, as caixas serão abertas aqui. Nós não vamos até o Masp coisa nenhuma".

Com a responsabilidade de tomar conta das telas até que chegassem ao Masp, Marie Odile Briot foi enfática com os auditores fiscais. "Não largo essas caixas de jeito nenhum. Nem que eu tenha de dormir em cima delas, não sairei daqui", disse. Policiais que esperavam para fazer a escolta começaram a se impacientar.

O que era para ser resolvido de imediato acabou durando várias horas. Ao sabermos do imbróglio, começamos a telefonar para as autoridades que tinham feito o acordo conosco e corremos para Viracopos. Quando os agentes viram que não parava de chegar gente de São Paulo e era um tal de um ligar para o outro, acharam mais prudente cumprir o combinado e seguir até o Masp. Mas imagina? Depois de 25 anos um acervo importantíssimo finalmente desembarcava no Brasil e acontece isso?

Resolvidos os problemas, *A Escola de Paris* foi, enfim, inaugurada às 19 horas do dia 23 de novembro de 1984, uma sexta-feira, no Museu de Arte de São Paulo, diante de muita gente importante. Como a própria Marie Odile de Briot e Pietro Maria Bardi, diretor do Masp, além do então embaixador francês Bernard Dorin, o cônsul René Buco Riboulat, o presidente do Centro Georges Pompidou, Jean Maheu, e toda a diretoria da SAM. Depois, Marius e eu os recebemos com mais alguns amigos em um jantar em nossa casa. Nas semanas seguintes, 80 mil pessoas visitariam a mostra dos mestres franceses.

Possível graças à colaboração do Ministério das Relações Exteriores do Brasil, do Ministère dês

Torre Eiffel, de Robert Delaunay (1926)

A Mulher em Vermelho, de Chaim Soutine (1922)

Georges Rouault

Maurice Utrillo

Amedeo Modigliani

Arte

As luzes de Paris

Com Picasso, Rouault e outros mestres, uma exposição reúne em São Paulo 70 anos de pintura francesa

Naquela época, Paris era realmente o centro de tudo — o lugar onde não só os franceses explodiam em criatividade na busca de novos caminhos como também os estrangeiros iam reciclar suas experiências e fazer aflorar os seus gênios. Foi na Paris do começo do século que o espanhol Pablo Picasso descobriu as máscaras africanas usadas em sua pioneira tela *Les Demoiselles d'Avignon*. Foi na capital francesa que o russo Marc Chagall, saudoso das histórias de sua aldeia, passou a pintar violinistas no telhado. E foi ainda em Paris que o italiano Amedeo Modigliani passou a retratar seus amigos e amigas em inconfundíveis silhuetas de pescoços esguios. Uma amostra desse extraordinário período na história das artes plásticas, durante o qual se lançam os fundamentos da arte moderna, está montada desde a semana passada no Museu de Arte de São Paulo, numa exposição que tem o título de *A Escola de Paris*.

Reunindo uma respeitável coleção de oitenta telas do acervo do Museu de Arte Moderna da Cidade de Paris — uma instituição pertencente à prefeitura da capital francesa —,

Mitologia do Poeta, de Brauner (1947)

EXPOSIÇÃO

Astros em desfile

Em oitenta telas, o melhor da Escola de Paris

É certo que o charme de Paris passou pelo apogeu na *belle époque* e que a capital do mundo hoje em dia se chama Nova York. Mas o simples nome da velha Cidade Luz ainda tem uma atração mágica quase irresistível. Assim, anunciada como sendo da Escola de Paris, a grande exposição que se inaugura esta semana no Museu de Arte de São Paulo (MASP) vai atrair as multidões. E elas ficarão definitivamente deslumbradas com um desfile tão ilustre de artistas. Há de Picasso a Alechinsky, passando por Braque, Matisse, Modigliani, Léger, Delaunay, Dufy, Rouault, Utrillo, Léger, Gleizes, Soulages, Hartung, Van Velde e alguns outros — enfim, toda a turma que fez a história da arte moderna em nosso século. São oitenta obras escolhidas por três curadoras do museu a que pertencem — o de Arte Moderna da Cidade de Paris — e cujo valor mercadológico e estético se torna realmente quase incalculável.

A rigor, o mercadológico é até mais chocante, dada a impossibilidade de reunir e mandar ao Brasil as obras-primas de cada um desses monstros sagrados. Mas eles estão competentemente representados. O panorama geral é diversificado, brilhante e imponente. E o mérito principal pelo evento deve ser creditado à paulista Associação de Amigos de Museus, uma entidade de senhoras elegantes que estão-se sentindo meio injustiçadas pela imprensa. Pouco se mencionou que elas tiveram a iniciativa do contato, organizaram a parte brasileira e estão arcando com despesas. E correto creditar-lhes, portanto, sua cota no sucesso.

Mas, além de esbanjar quadros ilustres, a mostra servirá também para algumas discussões didáticas. A principal será recolocar em pauta a própria definição da Escola de Paris. Como grupo organizado em torno de um estilo, ela nunca existiu. No começo dos anos 20, foi quase um encontro de vizinhos, pintores emigrados que moravam no bairro de Montparnasse: Chagall, Soutine, Kisling, Pascin e Modigliani. Mais tarde, o encanto do rótulo foi-se impondo e ele passou a designar praticamente todo pintor que atuava na Cidade Luz naquela época: Picasso, Juan Gris, Braque, Matisse, Derain, Foujita, Van Dongen, Rouault. Nos anos 40, finalmente, a Escola de Paris virou uma espécie de cidadania estética honorária, destinada aos artistas das mais variadas procedências que elegeram a cidade como seu centro. O

ISTOÉ 21/11/1984

Marilisa com o cirurgião Ivo Pitanguy, presidente do Museu de Arte Moderna (MAM) do Rio de Janeiro na época da exposição *A Escola de Paris*

MUSEU DE ARTE MODERNA DO RIO DE JANEIRO

A ESCOLA DE PARIS

SOCIEDADE DE AMIGOS DOS MUSEUS
ASSOCIATION FRANÇAISE D'ACTION ARTISTIQUE

Raoul Dufy, "L'apéritif", 1908

Affaires Etrangéres, da França, do Musée d'Arte Moderne de la Ville de Paris e do Museu de Arte de São Paulo, a exposição começou a virar realidade em duas viagens que fizemos a Paris. Em julho de 1983 e abril de 1985, diante do embaixador Nascimento e Silva, assinamos contratos em nome da SAM e da Association Française D'Action Artistique.

Nossa, que trabalho deu realizá-la! Mas que orgulho também em poder apresentar ao Brasil algumas das obras mais importantes da Europa. Foram praticamente quatro anos de entrevistas e entendimentos com embaixadas e consulados, na França e no Brasil. Além de longos contatos e troca de correspondência por três anos com autoridades culturais dos dois países. Tenho até hoje várias cartas que troquei com Pietro Maria Bardi e as críticas elogiosas publicadas nos jornais.

Depois do Masp, em 25 de janeiro de 1985, *A Escola de Paris* foi inaugurada no Museu de Arte Moderna do Rio de Janeiro, dirigida na época pelo cirurgião plástico Ivo Pitanguy, presidente, e Gustavo Affonso Capanema, diretor-executivo. Os dois estiveram conosco em casa.

Dias mais tarde, em fevereiro, *A Escola de Paris* recebeu da Associação Paulista de Críticos de Arte (APCA) o prêmio de melhor exposição de 1984. O troféu foi entregue no Centro Cultural São Paulo, na Rua Vergueiro. Nessa época, havíamos acabado de fundar a Federação Brasileira da Sociedade de Amigos dos Museus, filiada à Fédération Mondiale d'Amis des Musées, com sede no Museu do Louvre, em Paris.

Mas o maior resultado da *Escola de Paris* foi, sem dúvida, o reinício do intercâmbio cultural entre o Brasil e a França, chamado posteriormente de Projeto França-Brasil e que até hoje dá frutos. Em 2005, por exemplo, aconteceu o Ano do Brasil na França, do qual participei pessoalmente com uma exposição de quadros. Em 2009, foi a vez do Ano da França no Brasil. Certamente nosso trabalho foi útil para essa proximidade dos dois países.

Em 30 de abril de 1991, ganhei do Ministério da Cultura, Comunicação e Grandes Trabalhos da França um dos prêmios mais importantes de minha vida: a comenda de Chevalier de Lórdre des Arts et des Lettres, a Ordem das Artes e das Letras, uma das principais condecorações da república francesa, assinada pelo ministro de Cultura da França, Jack Lang.

Nos anos seguintes viriam outras distinções. Em novembro de 1998, recebi o título de integrante honorária do Comitê Brasileiro do International Council on Monuments and Sites, ou Conselho Internacional de Monumentos e Sítios, o Icomos, pelos relevantes serviços prestados na área do patrimônio histórico. Quase três anos depois, em 26 de setembro

Ministère de la Culture, de la Communication et des Grands Travaux

3, rue de Valois, 75042 Paris Cedex 01 – Téléphone : 40 15 80 00

Le Ministre

Madame Marilise RODRIGUES RATHSAM
Présidente de la société des Amis
des Musées du Brésil
Rua Alemanha 214
01448 SAO PAULO
(Brésil)

31 MAI 1991

Madame la Présidente,

J'ai le plaisir de vous annoncer votre nomination au grade de Chevalier dans l'Ordre des Arts et des Lettres.

Les "Arts et Lettres" sont l'une des principales décorations de la République Française. Cette distinction est destinée à honorer les personnes qui se sont illustrées par leurs créations dans le domaine artistique ou littéraire ou par la contribution qu'elles ont apportée au rayonnement des arts et des lettres en France et dans le monde.

Veuillez agréer, Madame la Présidente, mes respectueux hommages.

Jack LANG

RÉPUBLIQUE FRANÇAISE

CONSULAT GENERAL DE FRANCE
A
SAO-PAULO

SAO-PAULO, LE 18 Avril 1990

Je soussigné, Yves SAILLARD, Consul Général de France à Sao Paulo, CERTIFIE que Madame Marilisa RATHSAM, Présidente de la Société des Amis des Musées de cette ville, fondatrice du Musée de la Sculpture, a toujours entretenu les meilleures relations avec ce Consulat Général et s'est efforcée depuis de nombreuses années de développer les échanges culturels entre la France et le Brésil. Elle a notamment contribué à la réalisation de l'exposition "Ecole de Paris" au Musée d'Art de Sao Paulo (MASP) et à celle de "Modernidade" au Musée d'Art Moderne de la ville de Paris.

Le dynamisme de Mme RATHSAM et ses excellentes introductions dans les milieux paulistes en font un interlocuteur privilégié de ce poste.

Sao Paulo, le 18 Avril 1990

Yves SAILLARD
Consul Général de France
à Sao Paulo

République Française

LE MINISTRE DE LA CULTURE, DE LA COMMUNICATION
ET DES GRANDS TRAVAUX

Nomme par arrêté de ce jour

Madame Marilise RODRIGUES - RATHSAM

CHEVALIER DE L'ORDRE DES ARTS ET DES LETTRES

Le Ministre de la Culture et de la Communication

Jack Lang

Fait à Paris le 30 AVRIL 1991

de 2001, ganhei da Presidência da República do Brasil, então ocupada por Fernando Henrique Cardoso, outro reconhecimento importante: a Comenda Grão-Mestre da Ordem do Rio Branco, no grau de Oficial, mais uma vez por mérito na área cultural do País. Quem a entregou foi o então ministro das Relações Exteriores, Celso Lafer, e o governador Geraldo Alckmin. Sem dúvida, outro grande orgulho para qualquer pessoa que trabalhe pela arte brasileira.

O presidente Fernando Henrique Cardoso (1), Marilisa com o então ministro das Relações Exteriores, Celso Lafer (2), e com o governador paulista Geraldo Alckmin (3), na solenidade em que recebeu a Comenda Grão-Mestre da Ordem do Rio Branco

O Presidente da República Federativa do Brasil, Grão-Mestre da Ordem de Rio Branco, houve por bem admitir a Senhora Marilisa Rodrigues Rathsan, no grau de Oficial da mesma Ordem, por Decreto de 25 de setembro de 2001.

E para constar, mandou expedir-lhe o presente diploma, que vai por mim assinado e selado com o selo da Ordem.

Brasília, 19 de janeiro de 2009, 188º da Independência e 121º da República.

Secretário do Conselho

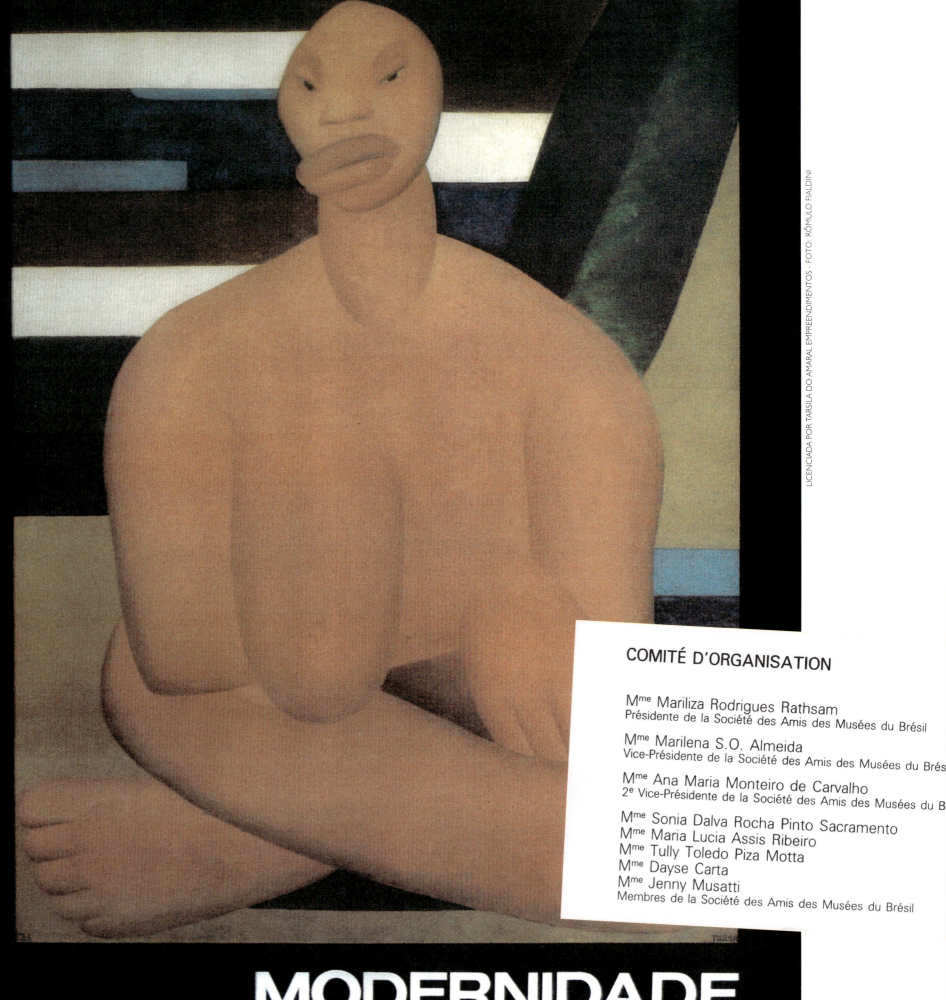

COMITÉ D'ORGANISATION

Mme Mariliza Rodrigues Rathsam
Présidente de la Société des Amis des Musées du Brésil

Mme Marilena S.O. Almeida
Vice-Présidente de la Société des Amis des Musées du Brésil

Mme Ana Maria Monteiro de Carvalho
2e Vice-Présidente de la Société des Amis des Musées du Brésil

Mme Sonia Dalva Rocha Pinto Sacramento
Mme Maria Lucia Assis Ribeiro
Mme Tully Toledo Piza Motta
Mme Dayse Carta
Mme Jenny Musatti
Membres de la Société des Amis des Musées du Brésil

MODERNIDADE
Arte Brasileira do Século XX

MODERNIDADE

Em contrapartida à exposição A Escola de Paris, a SAM obteve do governo francês o compromisso oficial de expor a mostra Modernidade - Arte Brasileira do Século XX no espaço nobre do Museu de Arte Moderna da Cidade de Paris, de novembro de 1987 a março de 1988. Depois ela viria ao Brasil, para ser exposta no Museu de Arte Moderna de São Paulo.

Em março de 1986, realizou-se o primeiro encontro dos curadores franceses e brasileiros. Eram Marie Odile Briot, pelo lado francês, e Roberto Pontual, Aracy Amaral e Frederico de Moraes, pelo brasileiro. A SAM os hospedou em São Paulo e no Guarujá.

A *Modernidade* reuniu 174 obras dos 69 mais destacados artistas brasileiros, da Semana de Arte Moderna aos anos 80. Entre eles, Anita Malfatti, Cícero Dias, Hélio Oiticica, Candido Portinari, Rego Monteiro, Flávio de Carvalho, Guignard, Maria Leontina, Rubens Gerchman, Franz Weissmann, Tarsila do Amaral, Di Cavalcanti, Lasar Segall, Alfredo Volpi e Victor Brecheret. As peças ocuparam três andares inteiros do museu francês e juntas foram consideradas a maior exposição brasileira de artes plásticas já apresentada no exterior.

A introdução do catálogo da mostra, publicado em português e francês, foi escrita pelo jornalista e

Obra apresentada na exposição *Modernidade*: *Vaivem diagonal* (1954), de Samson Flexor

Conjunto de esculturas (1986), de Frans Krajcberg, foi outro destaque da mostra

escritor Olavo Drummond. Para homenagear a SAM, ele lembrou de uma simpática história de Minas Gerais, sua terra natal. Um trecho dizia o seguinte:

> *"Ao contemplar a Sociedade de Amigos dos Museus perseguir um objetivo tão fascinante, retorno às minhas origens, recordando uma história que corria pelas fazendas do Triângulo Mineiro. O personagem era um vendedor ambulante de formação montanhesa, exercitante no seu ofício, em lombo de burro, negociando chitas, rendas, mimos de toda ordem, em peregrinação pelos sítios da região. Em meio aos alforjes, trazia consigo, bem acondicionado, um quadro de um pintor italiano. A pintura não era para venda. Apenas para ser vista e admirada. Desembrulhava a jóia e deixava, por uns dois dias, na sala do coronel fazendeiro. Todos desfilavam admirados diante da obra. Muitos falavam em adquiri-la. Não conseguiam. Era mostrada apenas para a alegria dos olhos e do coração dos campônios. Depois, deixava os solares, plantando a saudade no coração daquela gente simples das Minas Gerais. Marilisa Rathsam, faça-se justiça, como presidente dessa plêiade, é a versão encantadora e moderna do lado artístico daquela "cometa" das serras mineiras. Mobiliza aviões, navios e os abarrota de talentos rodando o mundo a serviço da arte."*

Como rodar o mundo a serviço da arte era justamente o nosso negócio, o sucesso de mais essa exposição foi um grande incentivo. Apesar de um fato que nos causou grande decepção. Desde o início, a SAM participou ativamente da organização da exposição *Modernidade* na França, a ponto de ter no catálogo parisiense o texto de Drummond. No material do Brasil, porém, nosso nome foi simples e vergonhosamente omitido. E a briga foi parar na Justiça. Pegamos toda a documentação e levamos ao Instituto Interamericano de Direito Autoral. Em 5 de abril de 1988, em tempo recorde, o juiz e professor doutor Antonio Chaves nos deu parecer favorável, garantindo à SAM a autoria do projeto. Após exame minucioso da documentação apresentada, ele disse que a Sociedade de Amigos dos Museus - SAM Nacional do Brasil era titular dos direitos autorais do Projeto Modernidade. E foi além: "Estando bem ciente do enorme trabalho desenvolvido por

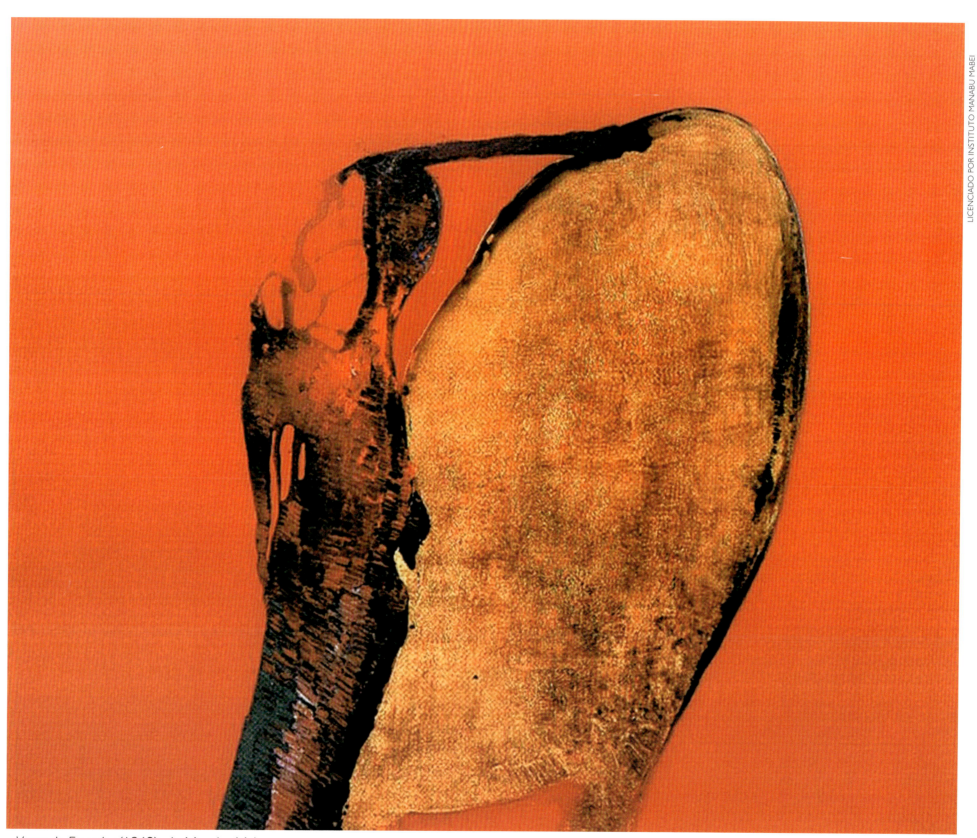

Vento de Equador (1969), de Manabu Mabe

Tocadora de Guitarra
c. 1927 - 1929
Bronze
46,4 x 37,7 x 10,4 cm
Col. particular

Navio de Emigrantes (1939/1941), uma das obras-primas de Lasar Segall, pintura a óleo com areia sobre tela, 230 x 275 cm

LASAR SEGALL, 1891 VILNA - 1957 SÃO PAULO

Café (1935), pintura a óleo sobre tela 130 x 195 cm, uma das obras mais famosas de Cândido Portinari

essa emérita instituição cultural para o bom êxito desse projeto, desde a sua idealização, não consigo entender como se possa perpetrar tamanha injustiça e dar mostras de tão grande falta de consideração". Havíamos vencido mais uma batalha.

No final, com todos os catálogos já prontos, eles foram obrigados a colar na primeira página de cada exemplar uma etiqueta onde se lia: "O projeto e o patrocínio desta exposição são de autoria, organização e execução da Association Française d'Action Artistique do Ministério de Relações Exteriores da França e da Sociedade de Amigos dos Museus Nacional". Se não aceitassem, a exposição poderia ter sido suspensa. Também incluímos no catálogo um encarte com informações sobre a SAM, fixamos uma placa na porta do MAM destacando nossa participação e divulgamos release com agradecimentos aos co-patrocinadores – a Câmara de Comércio e Indústria Franco Brasileira e o Banco Francês e Brasileiro S/A – pelo reconhecimento da autoria, declarando que achávamos "lamentável e incompreensível" que o nome da entidade tivesse sido excluído de toda e qualquer manifestação no Brasil.

Eu não me conformava com tamanho boicote. *Modernidade* era apenas uma parte de um intercâmbio com os franceses, que começara pela exposição *A Escola de Paris*. Não entendia o porquê de omitirem a SAM, uma vez que lutáramos por esse projeto desde o começo.

Durante minha trajetória cultural, essa não foi, porém, a única desilusão. Apesar de ter tido ajuda de pessoas fiéis e maravilhosas, como o Antonio Carlos Baptista, que foi vice-presidente do museu, também tive contato com pessoas terríveis. Em julho de 1984, por exemplo, uma diretora me roubou o cargo de conselheira administrativa da Federação Mundial de Museus. Pagou a taxa de anuidade e, sem que eu soubesse, apresentou-se para ser eleita no meu lugar. Isso me fazia sofrer demais, mas tenho como lema só recordar coisas boas.

Algumas pessoas me criticavam por eu ser presidente da SAM e do museu ao mesmo tempo. E isso me parecia incompreensível. Eu havia devotado parte da minha vida a essa luta. Acho que muitas pessoas, quando criticam, são movidas pela inveja. Querem destruir o que lhes causa esse sentimento negativo. Criticar é fácil. Fazer é mais complicado. Muitos pensam 'Ah, é fácil fazer o que ela faz'. Depois vêem como é difícil. Seria ótimo se todas as senhoras da sociedade pudessem ajudar a cultura. Mas muitas delas gostavam mais da benemerência, de fazer tricô. Hoje preferem jogar cartas, o que eu sempre achei uma grande perda de tempo. Eu preferia fazer algo pela cultura do Brasil, um país que estava alienado pela situação geográfica e econômica.

Depois da *Modernidade*, a SAM tinha alguns projetos na fila. Um deles era criar o Museu de Arte de

Brasília. Embora o projeto do urbanista Lúcio Costa tivesse destinado um terreno para tal fim na Esplanada dos Ministérios, a capital federal do País ainda não tinha um museu. Nós até começamos a tentar, mas o projeto emperrou em protocolos, audiências e trocas de governo, que remetiam tudo à estaca zero.

Com a ameaça de degradação no coração do Jardim Europa e todo o processo que veio a seguir, um novo – e enorme – desafio também passou a concentrar nossas atenções: arrecadar recursos para construir um museu, provisoriamente batizado de Centro Cultural Espaço Ecológico Escultura - Museu Brasileiro da Escultura. Com o tempo, o 'Ecológico' desapareceu do nome. E não sem razão. Antes pretendíamos fazer no terreno uma réplica da Mata Atlântica com um museu pequenininho. Depois, surgiu o projeto de um museu enorme, sem espaço para a Mata Atlântica. O termo acabou ficando sem sentido.

E por que escultura afinal? Por um motivo simples: Paris já tinha seu Museu Rodin, Tóquio o Hakone Open Air Museum, Bélgica o Middlehein. No mundo inteiro havia espaços próprios para expor esculturas. Nada mais justo do que São Paulo ter o seu também. Conseguir recursos para construí-lo, porém, transformou-se numa verdadeira epopeia. Escolhido o projeto de Paulo Mendes da Rocha, começava para nós uma nova batalha.

SEGUNDA LUTA: CONSTRUIR O MUSEU

FOTOS: ROBERTO SARUÊ

E COMEÇAM AS OBRAS

Orçadas a princípio em US$ 4 milhões, as obras do MuBE começaram em 1987, semanas depois da desapropriação do terreno. O dinheiro veio de doações de um grupo de empresas que se beneficiaram dos incentivos concedidos pela Lei 7.505, mais conhecida como Lei Sarney, que permitia isenções fiscais a patrocinadores de cultura.

Nos dez primeiros dias de busca por recursos junto à iniciativa privada, já conseguimos 14 adesões. A primeira foi do Grupo Votorantim, a segunda da Klabin, mas houve também interesse de outras grandes companhias, como Tabacow, Mesbla, Banco Real, Makro, Unibanco, além das gigantes Mercedes-Benz e Volkswagen. Em menor medida, mas muito simbólicas, recebemos ainda doações de pessoas físicas.

Com os recursos garantidos, nossa expectativa nessa época era de que o museu levasse apenas 18 meses para ficar pronto. Na primeira fase, foram 2.500 metros quadrados de construção. Em 11 de maio de 1988, inauguramos a "marquise do museu". Boa parte dos empresários que haviam feito doações participou da festa.

Em dezembro, sete meses após o fim da primeira fase, concluímos a segunda etapa, que previa escavação, instalação de contra-piso e construção de

Marilisa com o arquiteto Paulo Mendes da Rocha

paredes internas e de contenção. Para celebrar o feito, realizamos um almoço de confraternização para os operários da obra e a diretoria da SAM. Começava então a terceira parte – cobertura da laje e aterro.

Impressionante como todas essas etapas despertavam a atenção país afora. Tenho guardadas em casas diversas pastas com recortes de jornais que acompanhavam passo a passo a construção do MuBE. Há exemplares de publicações de bairros de São Paulo e do interior paulista, além de muita coisa de jornais de outras partes do país, incluindo veículos do Sul, Sudeste e Nordeste. Entre eles, *A Notícia*, de Joinville (SC), *O Norte*, de João Pessoa (PB), *O Adamantinense*, de Adamantina (SP), *Jornal Agora*, do Rio Grande (RS), *Correio da Bahia*, de Salvador (BA), *Estado de Minas*, de Belo Horizonte (MG), *Folha de Londrina*, de Londrina (PR), *O Estado*, de Florianópolis (SC). Também saíam publicadas muitas fotos. Teve uma minha com os operários ao fundo no fim da primeira fase de obras que se repetiu em dezenas de jornais. E era divertido porque de minha janela eu observava quando o Paulo Mendes da Rocha chegava à obra e descia para saber como estavam as coisas.

Em 1989, passamos a fazer reuniões semanais toda terça-feira no canteiro de obras com grupos de empresários. Na época, a sede da SAM funcionava em uma casinha branca de madeira montada ao lado da construção. O objetivo era arrecadar recursos para continuar executando o projeto. Pedíamos patrocínio não apenas em dinheiro, mas também em mão-de-obra e materiais de construção. Lembro que a Metalúrgica Garra, por exemplo, fabricou os caixilhos para a instalação dos vidros e o Instituto Cultural Itaú patrocinou a sala de informática. Até o megainvestidor Naji Nahas contribuiu. Doou 50 mil cruzados novos. Em troca, os doadores que desejassem tinham seus nomes expostos em outdoors na parte externa da obra. E, dependendo do valor empregado, o patrocinador também ganhava uma sala com seu nome.

Sempre procuramos formas de agradecer a nossos colaboradores. Além de gravar em bronze sob a marquise nomes de empresários e personalidades que contribuíram, em dezembro de 1988 instalamos um telão de dois metros de altura por seis de altura para mostrar logotipos das empresas doadoras. Seus nomes eram projetados nos fins de tarde, entremeados com slides de esculturas famosas.

Outra de nossas preocupações era a transparência das contas. Em 11 de agosto de 1988, a colunista Alik Kostakis, da *Folha da Tarde*, falou disso em sua coluna. Sob o título "Bom Exemplo", a nota principal dizia que estávamos enviando a todas as empresas doadoras um relatório referente à construção do MuBE no semestre anterior, como já havia sido feito em 1987. O documento continha um balancete aprovado pela Campiglia, Bianchessi

& Cia. Auditores. O fim da nota dizia: "Esse cuidado com as contas que Marilisa revela deveria ser obrigatório em todas as instituições que se beneficiam de incentivos fiscais com a Lei Sarney". Para nós, esse tipo de reconhecimento era muito importante. E acabou virando lei.

Já no primeiro ano de obra, Marius levou as contas auditadas ao então ministro da Cultura, Celso Furtado. No ano seguinte, voltou a Brasília com o segundo balanço, novamente auditado, desta vez pela Price Waterhouse. Soube então que Furtado havia baixado uma portaria determinando que todos os beneficiados pelas leis de incentivo apresentassem balanços auditados. "Nós então nos antecipamos à portaria", comentou Marius. "Não. Vocês não se anteciparam. Vocês a inspiraram", respondeu o ministro.

Em 13 de novembro de 1989, o museu teve sua primeira atividade pública, com a presença de empresários, artistas e intelectuais. Foi o lançamento do livro-álbum *Victor Brecheret*, de Sandra Brecheret Pellegrini, filha do artista. Além de detalhes da vida do escultor, que viveu entre 1894 e 1955, a obra trazia reproduções de suas obras importantes, como o *Monumento às Bandeiras*, no Parque do Ibirapuera.

Vista aérea com o MuBE ao centro e, ao fundo, a muralha de prédios envolvendo os Jardins

O SONHO COMEÇA A SE TORNAR REALIDADE

No térreo, uma laje de concreto de 12 metros de largura que percorria um vão livre de 61 metros de comprimento. No total, 3 mil metros quadrados de área construída, sendo 2.500 no subsolo, com espaços para administração, sala de informática, pinacoteca, oficinas e auditório. Ao lado, uma longa galeria de 60 metros de extensão, um salão de mil metros quadrados e espaços para anfiteatro e cantina ao ar livre, que, integrados ao jardim, lembravam os vastos espaços de museus europeus. Essas eram as principais linhas do projeto do MuBE, criado por Paulo Mendes da Rocha.

Considerado por muitos na época como "o mais arrojado do País", ele rapidamente virou referência arquitetônica não só na cidade como no Brasil e no exterior. Era em boa parte instalado no subsolo, o que, para o arquiteto, tinha a vantagem de proporcionar um ambiente climatizado, livre de ruídos e com iluminação artificial especial. Com seus ambientes conectados por rampas, tornou-se também o primeiro museu brasileiro a facilitar o acesso de portadores de deficiência a todas as suas dependências.

Os jornais diziam que lembrava os Museus de Rodin, em Paris, e Vigeland, em Oslo, assim como a parte superior do Musée d'Esculture Au Plein Air de La Ville de Paris, com a diferença que, em vez do jardim francês de Tino Rossi, ostentava o jardim pensado pelo paisagista Roberto Burle Marx, autor dos jardins da Pampulha, em Belo Horizonte, e do MAM, no Rio, entre vários outros projetos.

Além de manter e misturar as centenárias figueiras já existentes no terreno com árvores brasileiras, como o jacarandá e a palmeira imperial, Burle Marx planejou para o MuBE árvores nativas, plantas exóticas e arbustos, além de espécies aquáticas nos espelhos d'água, que também ganharam carpas – Marius colocou dez, hoje existem cem. A ideia era transformar a área do jardim numa verdadeira escultura de plantas.

Pessoalmente ou por reportagens de jornais, especialistas não cansavam de elogiar o projeto. Em novembro de 1989, o Caderno2 do *Estadão* listou algumas opiniões: "arquitetura fabulosa", segundo Caciporé Torres, "projeto deslumbrante", de acordo com Aparício Basílio da Silva, "grande escultura", para Baravelli.

O projeto despertou o interesse de publicações especializadas em arquitetura e construção e da imprensa em geral no Brasil e no exterior. Logo após o concurso, ele foi exposto junto às outras propostas na sede do IAB-SP, onde fizemos uma mesa-redonda com todos os participantes para discutir os museus de São Paulo.

A maquete do projeto de Paulo Mendes da Rocha foi parar em Bienais de Artes e de Arquitetura de São Paulo, em salas dedicadas ao arquiteto. E nos anos seguintes a construção se tornaria objeto de pesquisas em faculdades brasileiras e estrangeiras. Entre 1988 e 1992, a FAU-USP realizou, com apoio da Fundação de Amparo à Pesquisa do Estado de São Paulo (Fapesp), um extenso trabalho sob coordenação da professora Sheila Walbe Ornstein. Com vídeos, informações técnicas e depoimentos, o projeto se chamava *Avaliação do Processo Produtivo do Edifício do Museu Brasileiro da Escultura (MuBE) SP: do Projeto ao Uso*. Paulo Mendes da Rocha falou sobre a concepção arquitetônica, o engenheiro calculista Mario Franco abordou a concepção estrutural, Burle Marx e Haruo Haruyoshi detalharam o paisagismo. Havia ainda informações técnicas sobre as fundações, a drenagem das águas pluviais, a impermeabilização, os concretos armado e protendido, as instalações hidro-sanitárias e elétricas.

O MuBE também despertou muito interesse quando estudei Museologia na Escola do Louvre. Todos vinham perguntar sobre nossa experiência. Porque é comum na Europa famílias deixarem uma casa para o governo transformar em museu. Mas conseguir a área e realizar todo o projeto, como fizemos, é algo mais raro. Não por acaso minha monografia - *L'Histoire et La Lutte Pour un Nouveau Musee Au Bresil – Le Musee de La Sculpture* – obteve grande reconhecimento.

ARTE
ESTÁTUAS À MOSTRA
A cidade vai ganhar um museu de escultura

Dentro de um ano, quem descer a Avenida Europa em direção à Marginal do Pinheiros vai ver bem mais do que os tapumes coloridos que hoje cercam o terreno ao lado do Museu da Imagem e do Som. Quando eles forem retirados e os 250 homens que estão trabalhando ali forem embora, a cidade ganhará mais um centro cultural, o Espaço Ecológico-Escultura. O espaço pretende ser diferente dos outros museus de arte de São Paulo. Ali, o destaque vão ser esculturas de artistas como Vítor Brecheret ou Vasco Prado relegadas a um segundo plano nas outras salas de exposição e freqüentemente malcuidadas quando estão nas ruas. No entanto, a maior novidade do museu não está no fato de se dedicar à escultura. O seu custo, de 3 milhões de dólares, será totalmente financiado pela iniciativa privada, o que é raro num país em que museus de arte brotam apenas quando o poder público abre as burras. "Vai ser um projeto e tanto", promete Marilisa Rathsam, presidente da Sociedade Amigos dos Museus (SAM), uma entidade que faz intercâmbios de arte entre o Brasil e o exterior. Foi a SAM que promoveu em São Paulo, por exemplo, a exposição Escola de Paris, que trouxe em 1984 para o MASP obras de artistas como Picasso, Matisse e outros. A SAM ainda ajuda a recuperar museus — atualmente, está empenhada na restauração do Museu do Presépio, no Ibirapuera.

Marilisa: Lei Sarney de cor e um museu bancado por empresas

A euforia de Marilisa não é à toa. Há catorze anos ela, ao lado de outros moradores dos Jardins, lutava para que no terreno de 7 000 metros quadrados da Avenida Europa não fosse erguido um shopping center, como pretendiam os proprietários da área. A briga dos moradores com os donos do terreno se arrastou pelos tribunais até o ano passado, quando a prefeitura desapropriou a área para fazer uma praça. "O prefeito Jânio Quadros desistiu da idéia assim que nós lhe apresentamos o projeto de fazer ali um centro cultural", lembra Marilisa. "Este centro estava inicial-

A maquete: 2 500 metros de área no total

mente previsto para Brasília, na Esplanada dos Ministérios. Mas, com a desapropriação do terreno, fazê-lo aqui mesmo passou a ser o ideal."

PROBLEMAS E SOLUÇÕES — Mesmo com o sinal verde do prefeito, restava muito a fazer. O primeiro dos problemas era construir um prédio funcional que não legasse ao bairro um monstrengo de concreto. O problema foi resolvido com um concurso do qual participaram doze arquitetos de primeira linha, entre os quais Lina Bo Bardi, autora do projeto do Masp. O vencedor foi Paulo Mendes da Rocha com um projeto que caía como uma luva no objetivo de não enfear a cidade. Nele, 500 metros quadrados serão subterrâneos. Quem passar em frente ao museu vai perceber apenas uma marquise de 60 metros de comprimento e muito verde. "Como vamos recobrir a [parte] do museu com jardins do paisagista Roberto Burle Marx, a cidade ganha [a] praça que o Jânio queria fazer", diz o arquiteto. Dentro do museu haverá salas para as esculturas, uma passarela de 70 metros que servirá para pendurar quadros, um centro de informática com informações sobre escultura e jardinagem, um auditório para [palestras], oficinas abertas para restaurar esculturas e cursos aos interessados em aprender a esculpir em pedra, metal ou madeira.

[É] evidente que um problema maior [do] que pensar um projeto é pagá-lo. [Mas] no caso do Espaço Ecológico-Escultura, a solução foi bem menos penosa do que se previa. "Não houve mági-

VEJA SP, 18 DE NOVEMBRO, 1987

PERFIL

por Mário Whitaker Vidigal

Marilisa Rathsam
artista plástica

Nobre, elegante, culta, ativa, carismática, perseverante, Marilisa Rathsam é artista plástica internacional, presidente da Sociedade de Amigos dos Museus e a principal responsável pela construção do 1º Museu da Escultura Brasileira, que está sendo erguido na Avenida Europa. Aqui apresentamos um bate-papo que tivemos em sua casa, na véspera de sua viagem a Buenos Aires, onde foi passar este início de inverno do mês de julho.

Marilisa: "Em breve o prefeito Jânio Quadros estará inaugurando o I Museu da Escultura Brasileira"...

Mário Whitaker Vidigal - Como surgiu seu interesse pela arte?

Marilisa Rathsam - Minha avó, Elisa Arruda Campos, era pintora e me ensinou desenho quando tinha oito anos. Eu sempre gostei de arte. Dancei balé durante cinco anos no Municipal e também representei. A pintura começei mais tarde, já com vinte e três anos. E, desde aquela época era muito perfeccionista e passei a estudar demais, aprendendo tudo sobre cores, anatomia e a técnica dos neutros com vários professores, sendo alguns alunos de **Flexor**.

Mário - Você já expôs?

Marilisa - Fiz três exposições em Paris, uma em Salvador e outra em Buenos Aires. Individual em Paris e aqui em São Paulo participei de coletivas.

Mário - Tenho muitos amigos brasileiros que vivem lá, o Guaenais Neto, o Piza, Krajcberg, a jornalista Mara Guimarães, além de outros intelectuais. Tive, também, muito apoio de Robert e Arlete Mitterand, antes de seu irmão ser presidente da França, que me auxiliaram nos contatos com o governo francês. O porquê de eu ter exposto na França é pelo fato de, além de ser tímida, sem querer fazer comparações, mas aconteceu o mesmo com a Anita Malfati e ao Monteiro Lobato, eu fiquei com medo, confesso, e aqui no Brasil encontrava dificuldade de ter meu espaço de mulher e ser respeitada como tal, pois era chamada, pejorativamente, de "grã-fina" e isso me deixou preocupada. E lá, onde a concorrência é muito difícil, e eu não era ninguém, é membro do júri das Bienais de Venza.

Eu passei muito tempo por lá, às vezes 4 meses seguidos, e tive a oportunidade de aprender muito visitando, não aquelas galerias novas da **Avenue Montaigne**, mas sim aquelas que ficam perto do **Musée de Beaux Arts, Rue de Beaux Arts, Rue de Seine**. Alí é que estão as galerias que me foram mostradas pelos artistas brasileiros, que moram por lá por terem sido banidos do Brasil em razão das ditaduras. Em 1981 estive na **Association Française d'Action Artistique**, com a qual nossa sociedade fez um convênio, e naquela ocasião perguntei ao Sr. **Yves Mardin** porque há 20 anos não havia um convênio cultural entre o Brasil e a França. A resposta que obtive foi de que não havia seqüência na manutenção da relação cultural entre os dois países e por causa, também, da ditadura. Expliquei-lhe que a SAM - Sociedade Amigos dos Museus - era de iniciativa privada e que tentaríamos levar este trabalho avante, pois tínhamos o mesmo ideal de desenvolver as relações culturais sem nenhum interesse político. Foi assim que a SAM trouxe "A Escola de Paris" com 80 obras do acervo do Museu de Arte Moderna, que esteve exposta em São Paulo no MASP e no MAM do Rio de Janeiro em 1984/85. E no ano passado levamos os artistas brasileiros para lá, com a exposição "Modernidade", co-associados com o Ministério da Cultura Brasileira. Esta mesma exposição, que é de nossa autoria, foi apresentada aqui em São Paulo no MAM, ASSIM que chegou de Paris.

Mário - Você continua pintando? Quando será sua próxima exposição?

Marilisa - tendo uma vida inteiramente intelectual, com muito trabalho burocrático na organização de tudo. Agora não estou interessada em expôr por dois motivos: não tenho grande quantidade de quadros para uma exposição e também por não ter tempo para pintar. Cada quadro leva um mês para ficar pronto, isso se eu me dedicar 12 horas por dia à pintura.

Mário - Desde quando existe a Sociedade de Amigos dos Museus e qual a sua finalidade?

Marilisa - A SAM é pioneira no Brasil e existe juridicamente desde 1982, mas desde 1981 já existia um grupo de artistas, jornalistas, políticos, intelectuais e empresários, que surgiu em nosso país por terem sentido a necessidade de criar uma sociedade com a finalidade de promover o intercâmbio sócio-cultural ao nível de museus, tendo em vista a divulgação e promoção de obras de artistas brasileiros e estrangeiros, trazer e levar exposições, fundar e gerenciar museus.

Mário - Como surgiu a idéia de se construir um Museu de Escultura em plena Avenida Europa, ao lado do MIS - Museu da Imagem e do Som?

Marilisa - Eu fui inspirada pelo **Musée Rodin** de Paris, porque eu acho uma falta imperdoável na América Latina nós não termos um museu com a finalidade de valorizar a escultura, principalmente porque o Brasil tem e teve grandes escultores como Brecheret, Bruno Giorgi, Vlavianos, Vasco Prado, Krajcberg, Francisco Stockinger, Alejadinho, Calabrone, entre outros.

Shopping Center que seria construído na mesma área.

Mário - Como é o projeto do 1º Museu da Escultura Brasileira?

Marilisa - É muito interessante o projeto desenvolvido pelo arquiteto Paulo Mendes da Rocha e pelo paisagista Roberto Burle Marx. O terreno tem aproximadamente 7.000m², onde será construído o "Jardim do Brasil" que é a parte de ecologia, inspirada na luta que tivemos e, além de esculturas terem um auditório ao ar livre. No sub-solo, em uma área de aproximadamente 1.500m², encontraremos um espaço especialmente destinado a um Museu/Oficina/Escultura, onde peças de pequeno e grande porte poderão ser restauradas e visitadas. Nesta mesma área interna teremos salas de informática com dados sobre todas as plantas do Brasil e, é claro, um arquivo completo onde serão cadastradas informações escultóricas do mundo inteiro. Ainda nesta área haverá um auditório para cursos, conferências e áudio-visuais.

Mário - Qual a repercussão da Lei Sarney? Tem sido aceita e aplicadas para a construção do Museu?

Marilisa - Tem sido uma coisa fantástica. Posso dizer que, com entusiasmo, essa lei chegou na hora certa. Foi um complemento para o terreno e o importante é que o doador se sinta feliz em

ARTE VENCE O CONSUMO

A criação do museu foi mérito da artista plástica Marilisa Rathsan que impediu a construção de um shopping center no lugar do Mube

Museu Brasileiro da Escultura, o primeiro do gênero no Brasil

Olney Krüse

Imagine esta cena surrealista, mas verdadeira. Uma mulher bonita, riquíssima, moradora de uma mansão nos Jardins, área nobre da cidade. Uma manhã ela abre as janelas de seu quarto e fica sabendo que diante dele irá surgir um shopping center. Traindo-a, nas sombras, até aquele momento, estão alguns de seus melhores amigos, responsáveis pelas plantas (já aprovadas) e o projeto arquitetônico. Cena final de uma luta que durará uma década de enorme paciência e inimaginável obstinação: ela cerra os pulsos, chora e grita de dor e desespero, promete a si mesma que não deixará o shopping center acabar com sua paz. Conseguirá.

Esta historinha, que não é da carochinha, será lembrada por alguns jornalistas que conhecem os bastidores de uma festa glamourosa, prometida para março deste ano, quando o Brasil voltar ao normal, depois do Carnaval.

A mulher obstinada, capricorniana, é Marilisa Rathsan, amiga pessoal da família Mitterrand, essa que governa a França hoje. Paulistana nascida em berço de ouro, veio ao mundo numa casa construída pelos seus pais na rua Epitácio Pessoa, hoje avenida Ipiranga, centro da capital. Na rua Alemanha (Jardins), no lugar do indesejado shopping center, será inaugurado o Mube (Museu Brasileiro da Escultura), que leva o nome da sua heroína, por decisão da diretoria.

Projeto do arquiteto Paulo Mendes da Rocha, instalado à rua Alemanha, 221, na esquina com avenida Europa —ao lado do MIS— o Mube tem forte influência do Masp. Em comum com ele, exibe uma gigantesca laje de concreto formando um vão (quase) livre, água com plantas ao redor e vidro nas paredes, além de um auditório em tudo assemelhado ao do projeto de Lina Bo Bardi. O problema é que os criadores tanto do Masp quanto do Mube não pensaram no óbvio: um grande depósito para as obras do acervo.

Já prevenida quanto às críticas, erros e defeitos do "seu" museu, Rathsan ajeita sua maleta Louis Vuitton, retoca o batom vermelho vivo, assume ar blasé, e responde: "Este é o primeiro museu só de esculturas do Brasil. Foi construído com enormes dificuldades, e não só finananceiras".

O Mube custou US$ 5 milhões, sobreviveu a todas as crises e planos econômicos dos últimos dez anos e sua contabilidade diária é controlada pela Price Waterhouse.

Como exemplo da dificuldade financeira, Rathsan lembra que precisou vender um de seus telefones para pagar o 13º salário dos empregados, ainda durante a construção da casa, várias vezes interrompida. Para arrecadar fundos, promoveu jantares e festas.

O Mube tem um grande salão principal com mil metros quadrados de área, onde serão feitas as mostras temporárias; uma Pinacoteca com 60 metros lineares; um auditório para 300 pessoas e uma imensa área ao ar livre (no nível da av. Europa) com um jardim desenhado por Burle Marx onde ficarão aquelas duas belíssimas esculturas de bronze de Brecheret (chamadas "Eva") que durante décadas ficaram expostas na Galeria Prestes Maia —ligação entre a Praça Patriarca e o Vale Anhangabaú. O museu tem ainda bar, lanchonete e uma livraria de arte. Se depender só da vontade de Marilisa Rathsan, será inaugurado no dia 7 de março pelo prefeito Paulo Maluf, "o último e grande generoso amigo do Mube", nas palavras da feliz presidente. "Ele nos deu o US$ 1 milhão e 200 mil que faltavam para seu acabamento".

Rathsan não esquece também a intervenção da prefeita Luiza Erundina, na gestão municipal anterior. "Não devemos nos esquecer que a grandeza de São Paulo é feita pelos operários nordestinos, empregados da construção civil. Se não fosse Luiza Erundina, quando prefeita, o Mube não poderia estar onde chegou. Fui até ela, desesperada, quando faltavam apenas cinco dias para terminar o prazo estabelecido para a construção do museu e ela nos ajudou."

Na diretoria presidida por Marilisa estão Silvio Tini de Araújo (primeiro vice-presidente); Glória Manzon (segundo vice-presidente, viúva do lendário cineasta franco-brasileiro Jean Manzon) e Eduardo de Moraes Dantas (terceiro vice-presidente). O Presidente do Conselho é Pedro Franco Piva e seu vice-presidente, Jorge Landmann, filho do ex-presidente da Bienal de São Paulo, Oscar Landmann. A Comissão de Arte, responsável pela escolha das exposições, é formada por Marilisa Rathsan, Maria Aparecida Brecheret, Sabina de Libman, Nelson Guimarães, Dora Camargo, Glória Manzon e Dominique Appy.

MUBE — Museu Brasileiro da Escultura —rua Alemanha, 221 ☎ 881 8611. Já estão em funcionamento os cursos de História da Arte, desenho, pintura, escultura, gravura e cerâmica.

Museus divulgam programações

Os museus de arte de São Paulo anunciam um ano "culturalmente agitado". Já se preparando para seus 50 anos de fundação, a serem comemorados em 1997, o Masp (Museu de Arte de São Paulo), com nova diretoria presidida por Júlio Neves, apresenta como "grande conquista" a informatização do acervo, através de doação da IBM de um sistema de computação de última geração. Além da criação de bolsas de estudos para estagiários, o museu programou várias exposições e mais uma viagem ao Japão de parte do acervo nobre do Masp para uma exposição no Tokio Fuji Museum Of Art.

O MAC-USP (Museu de Arte contemporânea da USP), dirigido por Lisbeth Rebollo Gonçalves expõe este ano "Modernismo — Paris Anos 20", Brecheret e Rêgo Monteiro e "Arte-Dor". Comemorando 25 anos, o Museu da Imagem e do Som (MIS) inclui em sua programação a mostra "Brasil com Z", com material inédito sobre a televisão que se faz no país. São filmes e documentários das televisões européias e americanas.

Dentro das comemorações que incluem cinema, o ciclo "Cahiers du Cinéma" chega a São Paulo em março com obras de Jean Renoir, Jacques Rivette, Eric Rohmer, Jean-Luc Godard, François Truffaut, Jacques Demy e Claude Chabrol.

(OK)

O INFERNO DA ERA COLLOR:
CRISE, CONFISCO, PARALISAÇÃO

Enquanto o mundo sofria os reflexos da queda do muro de Berlim, o Brasil atravessava um período de muitas crises e trocas de moeda. Ainda conseguíamos tocar as obras do museu, mas a inflação e a desvalorização monetária nos obrigavam a constantemente ter de refazer os orçamentos. Em novembro de 1989, a Sociedade de Amigos dos Museus já havia aplicado na obra os US$ 4 milhões previstos no início, mas ainda faltavam outros US$ 2 milhões para iluminação, climatização, montagem dos jardins, construção do bar e instalação do mobiliário do edifício. Enquanto continuávamos apelando às empresas, passamos a usar o espaço já pronto no museu para cursos de pintura, escultura, cerâmica, gravura e história da arte. Era uma prévia da futura Escola de Arte do MuBE, que depois se transformaria em uma das atividades mais importantes do museu e formaria milhares de alunos. Os professores eram artistas de renome, como Mario Gruber, Caciporé Torres, Carlos Fajardo e Lourdes Cedran. Em pouco tempo, já passavam pelas oficinas 600 alunos por ano – 200 com bolsas.

Nessa época, eu trabalhava de 12 a 14 horas por dia, numa rotina que envolvia de contatos com empresários a soluções de problemas corriqueiros, passando pela formação de um corpo de voluntárias que tivessem tempo e interesse. Tínhamos um núcleo de cerca de 30 pessoas que nos ajudavam, entre artistas, artesãos e profissionais.

Até que Fernando Collor de Mello ganhou as eleições para presidente da República em 1989 e assumiu o cargo em 15 de março de 1990. Um dia depois, confiscou a poupança e outros recursos bancários de milhões de brasileiros. Em seguida, revogou a Lei Sarney de incentivo à cultura. A medida pegou praticamente todas as instituições culturais de surpresa. E as levou à penúria. Conosco não foi diferente. De uma hora para outra, ficamos completamente órfãos. E tivemos de interromper as obras do museu.

Em abril de 1990, convocamos às pressas uma reunião da Comissão de Obras do MuBE para discutir a crise. As últimas doações que havíamos recebido – dez milhões de cruzados novos – tinham sido bloqueadas pelo Banco Central. Enviei várias cartas à então ministra da Economia, Zélia Cardoso de Mello, pedindo liberação de nosso dinheiro, mas não recebi uma resposta sequer. Felizmente, depois acabamos encontrando uma saída para não perder tudo. Graças à iniciativa de, em 1986, ter cadastrado a SAM no Conselho Nacional do Serviço Social, conseguimos transformar esses cruzados novos em cruzeiros, a nova moeda nacional. Valiam o equivalente a US$ 200 mil – muito pouco frente aos US$ 2 milhões que ainda necessitávamos.

A ordem, portanto, era apertar os cintos. E tomar medidas práticas. A primeira foi rescindir o contrato com a JHS. A segunda, responder a uma questão: queremos uma obra inacabada, um elefante branco ou uma solução alternativa?

A solução alternativa, desejada por todos, era a seguinte:

– Reformular o projeto de forma econômica. Em vez de confeccionar as 3 mil placas do piso superior do museu, por exemplo, colocaríamos um piso industrial sobre a impermeabilização;

– Refazer o projeto hidráulico, com muita economia;

– Terminar apenas o acabamento básico, como o fechamento de portas e janelas;

– Dar um "tratamento de emergência" ao projeto paisagístico, respeitando o plano de Burle Marx;

– Descartar o projeto de ar condicionado;

– Abrir concorrência com cinco empresas diferentes para a continuação das obras, da qual a própria JHS poderia participar.

A grande preocupação era fazer o essencial para conseguir o 'habite-se' da Prefeitura e nos livrar do compromisso de ter de devolver o terreno. Depois, quando no futuro conseguíssemos um mecenas, poderíamos acabar propriamente o projeto.

Sim, porque no contrato de comodato assinado com a Prefeitura havia uma cláusula que dizia que, se em cinco anos a contar da cessão do terreno o museu não estivesse pronto, a SAM perderia o direito sobre a área. Depois de tanta luta, isso era o pior que poderia nos acontecer.

Para nossa infelicidade, no entanto, nos dois anos seguintes nenhum mecenas apareceu e, sem a Lei Sarney e as contribuições das empresas, tivemos de interromper as obras do MuBE, apesar de toda a estrutura de concreto do museu já estar pronta. Foi horrível – eu vivia em lágrimas. Lembro que um dia o Olavo Drummond entrou na obra e me viu chorando no meio dos tapumes. "Você é uma louca santa", disse ele, para me consolar.

Em meio a toda essa turbulência, o MuBE abrigou, ainda incompleto, sua primeira exposição. Foi em 20 de março de 1990. Eram 24 enormes esculturas de Caciporé Torres, um dos mais importantes artistas paulistas, então com mais de 70 obras espalhadas por espaços públicos de diversas cidades do Brasil, como a Praça da Sé, o Largo São Bento e o Parque do Ibirapuera, em São Paulo.

Feitas de aço pintado, as peças da mostra tinham entre três a cinco metros de altura. Foram dispostas ao ar livre na laje do museu, de frente para a Avenida Europa. A ideia era proporcionar um "choque visual no vaivém da cidade".

E desde o *vernissage* foi um sucesso. Cerca de 400 pessoas participaram da festa e milhares puderam observá-las depois, de perto. Pela primeira vez, o paulistano não precisava entrar num recinto para ver as obras expostas. Bastava passar na rua e avistar as peças. Patrocinada pelo Banco Francês e Brasileiro, pôde ser vista até 20 de abril daquele ano.

MUBE: OBRAS RETOMADAS.

Com a volta dos incentivos, o Museu da Escultura pode ficar pronto em um ano e meio.

Depois de uma paralisação de dois anos, as obras do Museu Brasileiro de Escultura e Ecologia serão retomadas e deverão estar prontas em um ano e meio. É a promessa de Marilisa Rodrigues Rathsam, presidente da Sociedade Amigos dos Museus, entidade responsável pela idealização do MUBE. Com a aprovação dos projetos de incentivo cultural através das leis Marcos Mendonça e Rouanet, nos dias 1º e 2 de setembro, o museu está apto novamente a captar verbas da iniciativa privada para encerrar a sua construção.

As obras foram interrompidas em 1990, após a extinção da Lei Sarney, principal instrumento de captação das verbas necessárias para a construção. Até então, o projeto do arquiteto Paulo Mendes da Rocha consumira US$ 4 milhões. Para terminá-lo e completar o projeto paisagístico doado por Burle Marx, na parte superior do museu, são necessários US$ 1,2 milhão.

Mube: projeto de Paulo Mendes da Rocha e paisagismo doado por Burle Marx.

Através das leis Marcos Mendonça e Rouanet, Marilisa já conseguiu patrocínio de quatro empresas privadas: Racional Engenharia, Gafisa, Bradesco e Mofarrej. "Juntos, estes patrocinadores nos doaram US$ 300 mil. Para conseguir o restante estamos nos comunicando com outros empresários". A presidente da SAM avisa que o museu não concorre com benemerências — doações a hospitais e entidades de assistência a portadores de deficiências ou doenças. "A doação para o museu vem de impostos devidos. Portanto, se não for para incentivo cultural, irá para os cofres do governo", explica.

Outra importante conquista da SAM foi a prorrogação do prazo de construção no terreno doado por Jânio Quadros, em 87. "A prefeita Erundina nos recebeu e concordou em dar mais três anos para a conclusão das obras", disse Marilisa. O prazo é longo, mas a captação dos recursos através da Lei Rouanet só é valida até dezembro. "Precisamos fazer com que o empresariado saiba dessa iniciativa. Quando tivermos todos os recursos, tenho certeza de que o museu ficará pronto em um ano e meio no máximo".

Enquanto as obras prosseguem e o museu não é inaugurado, Marilisa aproveita para dar continuidade a uma série de cursos que funcionam como piloto da futura Escola de Artes do MUBE. São treze cursos nas áreas de pintura, escultura, cerâmica, gravura e história da arte. Os professores são artistas de renome, como Sophia Tassinari, Carlos Fajardo, Edgardo Arenas, Regina Lara e Vera Salamanca. "Temos condições de abrigar apenas cem alunos no espaço. Quando o museu estiver completo, dobraremos esse número".

APÓS MESES DE DIFICULDADES, ENFIM A RETOMADA

Em janeiro de 1992, estávamos às voltas com toda a sorte de dificuldades. Além de o contrato de cessão do terreno prever sua devolução para dali a algumas semanas, sofríamos com a falta de incentivos legais e precisávamos manter guardas na obra para livrá-la de invasões e pichadores. Embora a então secretária municipal de Cultura, Marilena Chauí, tivesse dito que pessoalmente apoiava nosso projeto de conclusão da obra, a Comissão de Averiguação e Avaliação de Projetos Culturais do Município não havia aprovado os planos que apresentáramos no ano anterior como passíveis de serem beneficiados pela Lei Marcos Mendonça, criada pelo Município de São Paulo em dezembro de 1990 para possibilitar abatimentos de IPTU e ISS a quem colaborasse com a cultura. Por ironia, em abril de 1993 eu seria eleita titular da Comissão, na área de Patrimônio, e receberia a missão de analisar projetos e checar se se enquadravam nos critérios da lei. Uma vez por semana, às quartas-feiras, eu e outros integrantes do grupo nos reuníamos na Casa das Retortas para aprovar propostas que preenchiam os requisitos.

Como tínhamos como meta não pensar em derrota, arregaçamos as mangas mais uma vez. Após pedirmos à Câmara Municipal prorrogação do prazo para podermos concluir a obra, passamos a lutar para que fossem postas em prática as novas leis de incentivo. Além da Marcos Mendonça – municipal –, havia sido promulgada em dezembro de 1991 pela União a Lei Rouanet, que permitia abater do imposto de renda doações à cultura. As duas foram uma luz no fim do túnel. Havíamos acabado de vender dois telefones para pagar contas, mas ficamos novamente entusiasmados. Também passamos a alugar o espaço já pronto do museu para eventos promocionais, como o lançamento do carro Versailles, da Ford, e o desfile de alta costura do estilista Clodovil. Outras duas festas, a da Heublein, produtora do Smirnoff Fashion Awards, desfile internacional de moda, e a da Alpargatas renderam juntas US$ 18 mil. E um desfile realizado pela Daslu deu ao museu seus dois primeiros banheiros.

Na época já começaram a dizer que esses eventos descaracterizavam o propósito do MuBE. Eram críticas de quem não tinha informação. Não viam que essa era uma das únicas soluções para terminarmos a obra. Nem sabiam que os maiores museus do mundo também vinham apelando aos eventos para se manter. O Louvre, por exemplo, recebera US$ 150 mil para alugar seu espaço para a GM lançar um automóvel. O Museu Picasso fora cedido para lançamento de um produto da Nestlé. O Metropolitan, de Nova York, recebia doações para permitir jantares e casamentos. O mesmo ocorria em outras partes do mundo.

Desesperada, um dia procurei o então presidente da TV Gazeta, Constantino Cury, para pedir ajuda. Comecei a contar sobre nossas dificuldades e, no meio da conversa, desandei a chorar. Muito prestativo, ele me disse: "Calma, Marilisa, não chore que vou falar com a prefeita Luisa Erundina". Por intermédio dele, conseguimos que Erundina nos recebesse para falar sobre o prazo de construção do MuBE. Após ouvir nosso drama, ela concordou em nos dar mais três anos para concluirmos as obras. Fez então um projeto de lei e o enviou para o Presidente da Câmara dos Vereadores, o Dr. José Eduardo Martins Cardozo, que foi bárbaro, pois os vereadores aprovaram na sessão de 23 de abril de 1992 a prorrogação do prazo. Dias depois, em 13 de maio, a nova lei foi sancionada pela prefeita.

Qual não foi a nossa surpresa quando o próprio Presidente da Câmara, o Dr. José Eduardo Martins Cardozo, que havia nos ajudado muito, foi pessoalmente ao MuBE levar a Lei nº 10.254 já modificada. Ele foi recebido por mim e por minha amiga e presidente do Ícomos-Brasil, Suzanna Sampaio. O então Presidente da Câmara visitou as obras e ficou encantado com o andamento, além de nos parabenizar pelo que já havia sido realizado até aquele momento. Fiquei muito contente por ele ter sido nomeado Ministro da Justiça do governo Dilma Roussef em 2011.

Na prática, foi mudado apenas um item no artigo 3º da Lei 10.254, que nos cedera o terreno. Em de vez de prazo de cinco anos para terminar o museu, dava oito anos. Essa pequena diferença de redação nos permitiu respirar.

Após muita negociação, também conseguimos que a Prefeitura nos liberasse do pagamento de 29 milhões de cruzeiros em IPTU. As coisas pareciam estar melhorando.

E aqui vale lembrar de um pedido curioso feito pela prefeita Erundina nessa época. Como já estávamos com a estrutura do museu pronta, ela nos perguntou numa tarde se não seria possível realizar ali um baile de carnaval para crianças de escolas públicas. Pegos de surpresa, achamos que a ideia não combinava muito com o propósito do MuBE, mas não poderíamos simplesmente descartá-la, já que a prefeita estava fazendo uma lei para nos ajudar. Pensando rápido, o Marius deu um jeito de contornar a situação. "Estamos de pleno acordo, prefeita, desde que o Contru libere o baile", disse ele. O Contru (Departamento de Controle do Uso de Imóveis da Prefeitura), porém, negou sumariamente o pedido.

Em setembro de 1992, após dois anos parados, pudemos enfim retomar as obras do museu graças às Leis Marcos Mendonça e Rouanet. Mandávamos às empresas por fax as especificações dos incentivos fiscais com explicações de como deduzir as doações do valor do IPTU e do imposto de renda. Assim, conseguimos algumas contribuições. A Lei Marcos Mendonça era extraordinária. Já a Rouanet era mais difícil, complicada e dava medo nos empresários, porque os fiscais do imposto de renda caíam em cima. Como havia muita sonegação no país, muitos preferiam não doar. No fim, não conseguimos fazer quase nada pela Lei Rouanet.

Nessa época ainda não guardávamos nenhum acervo, porque nem portas tínhamos. As de vidro, na verdade, haviam até sido doadas pela empresa Saint Gobain, mas faltavam caixilhos, que custavam US$ 80 mil. Já o auditório – com 200 poltronas – e a sala de aula estavam prontos. O Gruber havia doado suas máquinas gráficas alemãs para ensinarmos os alunos. Eram cem a cada semestre, em aulas de escultura, pintura, gravura e história da arte. O espaço tornou-se ainda um local democrático para palestras e conferências. Além dos curiosos habituais, outras pessoas começaram a descobri-lo. Como o arquiteto italiano Gaetano Pesce, que, de passagem pelo país, passou lá três horas dissertando sobre seu trabalho.

Com a estrutura de concreto do museu pronta, mas o resto da obra a terminar, um dia alguns franceses nos procuraram para realizarmos no MuBE a exposição de peças do escultor Auguste Rodin. Mas precisávamos garantir que a construção estaria finalizada em dois anos. Apresentar as obras primas de Rodin, um dos maiores mestres da tradição escultória francesa, era um grande sonho, mas, com tantas dificuldades financeiras, seria uma irresponsabilidade dizer que tudo estaria pronto. E se o governo inventasse mais um pacote econômico? Dissemos então que infelizmente não poderíamos garantir que em dois anos inauguraríamos o museu. E fizemos certo, porque realmente não daria tempo. No fim de 2001, as peças de Rodin acabaram vindo ao Brasil, mas para uma exposição na Pinacoteca do Estado.

Em setembro de 1992, assinamos com o então diretor-presidente da Racional Engenharia, Newton Simões, um contrato de construção por administração. Na prática, a Racional assumiu a direção técnica do término das obras do MuBE. Com auxílio da empresa e de outras três companhias – Gafisa, Bradesco e Mofarrej –, conseguimos mais US$ 300 mil e pudemos, enfim, retomar as obras. Junto voltaram as reuniões, em que discutíamos sobre tudo: de dutos de ar condicionado às autorizações do Contru, de cabos para instalação da cabine primária à execução do jardim.

Um espaço para bar e restaurante fazia parte da construção, mas nos incomodava o fato de ele não ter nenhuma janela. Um dia, procurei uma firma especializada em cortar concreto e mostrei o lugar onde deveriam abrir um buraco. Eles cortaram a parede como se estivessem cortando um bolo. O Paulo Mendes da Rocha quase enfartou quando viu, ficou muito zangado, reclamou que violava o projeto. Mas depois foi aceitando e acho que fiz bem, porque, se eu não abrisse aquela janela, dificilmente conseguiria alugar um espaço escuro. Ele era assim: às vezes se irritava, mas logo fazia as pazes.

FOTO: ROBERTO SARUÊ

PERSISTÊNCIA

Pensando bem, por oito anos minha vida se resumiu quase que exclusivamente a duas palavras: *fund raising*. Visitei, sem exagero, cerca de mil empresas nessa época. Às vezes ia sem nem mesmo marcar hora, levando apenas um material de apresentação de nossa campanha Seja Mecenas: Viva Melhor, Viva Cultura. Nele, além de incluirmos fotos, plantas e programação do MuBE, mostrávamos reportagens e explicávamos qual a melhor opção para cada tipo de doador. Pessoas físicas, por exemplo, podiam pela Lei Rouanet contribuir até o limite de 6% do imposto de renda, descontando 80% do que tivesse sido doado. Alguém que tivesse que pagar R$ 12 mil poderia abater R$ 720,00 colaborando para o museu.

Cheguei a passar duas, três horas esperando para ser recebida. Às vezes, ficava exausta, mas não saía da cadeira. Na maior parte das vezes era complicado. Muitos brasileiros preferem dar dinheiro à benemerência que à cultura. Acreditam que assim garantirão seu lugar no céu. É uma concepção que vem dos portugueses. Eu não acho errado, porque as pessoas precisam de ajuda, mas muitos olham para a arte de forma equivocada. E, quando mulheres estão à frente dos projetos, a dificuldade aumenta – o Brasil em geral ainda é muito machista.

De qualquer forma, muitas pessoas foram generosas conosco. Do total, 160 empresas fizeram doações, sendo que a maior parte veio de cerca de 40 companhias que se beneficiaram dos incentivos da Lei Sarney. Entre elas, Grupo Votorantin, Klabin, Mercedes-Benz e Volkswagen, além de Makro, Saint-Gobain, Nitroquímica, Pneac, Pirelli, Paranapanema, Banco Noroeste, Banco Safra. Sob a marquise do MuBE, permanece a homenagem a todos os doadores – físicos e jurídicos –, com seus nomes gravados em bronze.

Ao descobrirmos algum evento em que poderíamos conseguir doações, já nos mobilizávamos. Em determinada ocasião soubemos que a Suíça estava prestes a comemorar 700 anos e entramos em contato com a Comissão do Estado Suíço para que as dez maiores empresas suíças representadas no Brasil nos patrocinassem. Acabamos não conseguindo nada, mas serve como exemplo de como era nossa batalha.

Nessa época, eu também apelava muito a jornais, TVs e rádios. Perdi a conta de quantas entrevistas dei. Sempre falando da luta para evitar a destruição do bairro e construir o museu, fui do programa do Jô Soares ao do Ferreira Netto.

Na prática, minha casa era uma extensão do MuBE. Quando precisávamos fazer jantares para angariar recursos ou receber algum convidado, por exemplo, ou eu abria minha própria residência ou levava toda a minha prataria para o museu. Demos muitas festas bonitas. Como a em homenagem ao conde Chandon, dono da champanheria.

Em 1993, após tomar posse como prefeito, Paulo Maluf veio visitar as obras do MuBE e se disse penalizado em ver o museu inacabado, apesar de já termos gasto quase US$ 7 milhões. "Como engenheiro, eu não aguento e não aceito ver obra parada. Obra parada é obra cara", disse. Em seguida, perguntou: "Marius, quanto precisa para terminar?" Demos todos os detalhes e ele enviou à Câmara Municipal um projeto de lei pedindo que fosse concedida verba em reais equivalente a US$ 1 milhão para terminar o museu. A Lei 11.412 foi promulgada em 14 de setembro de 1993 e o primeiro cheque, entregue pontualmente durante solenidade no dia 20 de setembro.

MUSEU BRASILEIRO DA ESCULTURA
MARILISA RATHSAM

CRIADORA E FUNDADORA
MARILISA RATHSAM

QUE REALIZOU ESTA NOTÁVEL OBRA CONTEMPORÂNEA DE SIGNIFICATIVA PRESENÇA URBANA, QUE SERÁ CENÁRIO DE IMPORTANTES MANIFESTAÇÕES CULTURAIS.

PAULO MENDES DA ROCHA
ARQUITETO

DOUTOR PAULO SALIM MALUF
PREFEITO DA CIDADE DE SÃO PAULO

INAUGURADO EM 10 DE MAIO DE 1995

FINALMENTE, A VITÓRIA DA INAUGURAÇÃO

Em 10 de maio de 1995, após oito anos de obras e mais de duas décadas batalhando contra a destruição dos Jardins, pudemos, enfim, inaugurar oficialmente o MuBE. E com a exposição de nosso maior escultor. *Victor Brecheret, Modernista Brasileiro* foi a maior mostra já organizada do artista conhecido por seu estilo monumental e de vanguarda.

Premiado no Brasil e no exterior – em 1934, ele recebeu do governo francês a Cruz da Legião de Honra, no grau Cavaleiro, a maior condecoração do país –, Brecheret foi o único escultor a participar da Semana de Arte Moderna de 1922. Grande admirador do escultor Auguste Rodin e muito amigo do escritor Oswald de Andrade e dos artistas plásticos Tarsila do Amaral e Di Cavalcanti, ele marcou a paisagem de São Paulo não só com o famoso *Monumento às Bandeiras*, como com a estátua do *Duque de Caxias*, no centro da cidade, do *Fauno*, na Avenida Paulista, do *Banho de Sol*, no Arouche, de *Diana, Caçadora*, no Teatro Municipal. Também espalhou obras pelo mundo. A escultura *Grupo*, por exemplo, foi levada à cidade francesa de La Roche-sur-Yon, na região da Bretanha, após fazer parte do acervo da Galerie Nationale du Jeu de Paume, em Paris.

Marilisa e Fabio Magalhães

Incansável, Brecheret começou sua carreira aos 16 anos e trabalhou até os últimos dias de vida. Com curadoria de Jacob Klintowitz, a exposição de suas obras no MuBE apresentou três diferentes fases: marajoara, art nouveau e concretista. Reunia 71 esculturas e 27 desenhos, vindos de coleções públicas e particulares.

Sucesso de crítica e público, a mostra recebeu em dois meses de exibição a visita de aproximadamente 40 mil pessoas, não só de São Paulo, como de outras partes do País. Tivemos caravanas, por exemplo, do Rio Grande do Sul, de Santa Catarina, do Paraná, do Rio de Janeiro e de Minas Gerais. Resumindo, um bom começo para o museu.

Lembro de que eu estava super emocionada ao proclamar o discurso de inauguração. Um dos trechos dizia o seguinte:

"O Museu Brasileiro da Escultura será o presente que nossa geração dará ao Brasil como protagonista da consciência artística de toda a América Latina, aberta num mundo que começa a destruir fronteiras à beira do novo mundo. A Sociedade de Amigos dos Museus - SAM Nacional sente-se profundamente desvanecida por poder propiciar a São Paulo esse magnífico museu, que, além do seu inestimável valor estético, significa a abertura de largas perspectivas à cultura. Hoje realizamos nosso grande sonho com a inauguração do Museu Brasileiro da Escultura, comemorando cem anos de Brecheret".

Sergio Castello Branco - Presidente da MPV - Máquinas Processadoras de Valores, Marilisa Rodrigues Rathsan - Presidente do Museu Brasileiro da Escultura e a Editora Revan convidam

para o coquetel de lançamento do livro-álbum

VICTOR BRECHERET

consagrado à obra do notável escultor brasileiro, a realizar-se no dia 13 de novembro às 21:00 h.

Museu Brasileiro da Escultura
Rua Alemanha, 221
São Paulo

Apoio
Forestier

Pede-se a apresentação deste convite

MuBE
MUSEU BRASILEIRO DA ESCULTURA
Marilisa Rathsam

Victor Brecheret

Modernista Brasileiro

Brazilian Modernist

LICENCIADO POR SANDRA BRECHERET PELLEGRINI

MD - Comunicação e Editora de Arte

Portrait d'un ancêtre (1974)

Na festa de inauguração do MuBE, da esquerda para a direita, o empresário e senador Pedro Piva, o então prefeito Paulo Maluf e o empresário José Ermírio de Moraes

DEUSA DA PRIMAVERA
c. 1938 - 1939
Mármore
200 x 63 x 48 cm
Acervo Pinacoteca de São Paulo

LICENCIADO POR VICTOR BRECHERET FILHO · FOTO: LUIS PAULO ALEIXO

ADOLESCENTE
c. 1929
Mármore
178 x 34 x 31 cm
Col. particular

A FONTE
c. 1917
Mármore
117 x 203 cm
IATE CLUBE DE SANTOS

DIANA CAÇADORA
c. 1929 - 1930
Pedra da França
101 x 176,1 x 57,3 cm
Prefeitura de São Paulo
Teatro Municipal

MORENA
c. 1951
Gesso
246 x 63 x 66 cm
Col. particular

FOTOS: ROBERTO SARUÊ

Na foto maior, autoridades, artistas e amigos na festa de inauguração do MuBE, que teve além da exposição de obras de Victor Brecheret espetáculos de dança e música

Muitos de nossos companheiros de luta compartilharam a comemoração. Eu me sensibilizei muito com o depoimento dado por Paulo Mendes da Rocha:

> *"O surgimento de um museu numa cidade é um fato extraordinário. Considerando as imensas dificuldades com que a cidade é edificada no tempo, a interferência no espaço urbano de uma vontade da população – que rejeita a tendência para que tudo se torne negócio e comércio e promove uma transformação espacial dirigida à invenção e às artes – reanima tudo, as pessoas e as coisas. Foi um ato político, de política urbana, exemplar, a mobilização dos moradores e a construção desse museu. É impossível enumerar as pessoas, tantas que construíram tudo, mas todos sabemos da que chefiou e manteve a fibra energética do empreendimento o tempo todo. Marilisa Rodrigues Rathsam foi também quem garantiu com sua competência o surpreendente amparo que a obra recebeu da Prefeitura de São Paulo nas gestões de Jânio Quadros e Paulo Maluf."*

Para mim o Marius e vários companheiros que estiveram conosco nessa verdadeira cruzada cívica, chegar até esse ponto era uma grande felicidade. Ou, até mais que isso, a concretização da vitória da cultura e da ecologia sobre a especulação imobiliária.

Bem no meio da comemoração, passamos por um grande susto: a luz apagou completamente. No início, chegamos a pensar em sabotagem. Depois, percebemos que metade do bairro também estava às escuras. Começou então um "corre lá, pega os candelabros". Mandei trazer os que tinha em casa e alguém arrumou um gerador. Depois de meia hora, a luz voltou e houve a apresentação do Balé da Cidade, do Quarteto de Cordas, dos maestros Roberto Sion e Nelson Ayres. Foi tudo lindo.

Logo após a inauguração, assumi imediatamente a presidência do museu. O cargo de 1º vice-presidente foi ocupado pelo empresário Silvio Tini de Araújo. Glória Korte Manzon tornou-se 2ª vice-presidente e Eduardo Moraes Dantas, o 3º vice-presidente. No comitê de honra, estavam José Ermírio de Moraes Filho e Pedro Franco Piva, sendo que Piva também assumiu a presidência do Conselho Consultivo, do qual faziam parte 54 nomes de peso, incluindo empresários, juristas, arquitetos, artistas. Já da Comissão de Arte faziam parte, além de mim, Gilberto Salvador, Luiz Antonio Seraphico de Assis Carvalho, Lisetta Levi,

Patrícia Mendes Caldeira, Paulo Mendes da Rocha e Wolfgang Pfeiffer.

O plano era ter uma entidade cultural viva e de vanguarda, com atividades constantes, sem esquecer do resgate de artistas consagrados. Na época, chegaram a perguntar se um museu sem acervo não era o mesmo que uma biblioteca sem livros. Cansei de repetir que havia dois tipos de museu – o estático, conservador, tradicional e o dinâmico, do futuro, com um acervo mínimo e de altíssimo nível. Sendo que os museus estáticos estavam fadados a desaparecer. O plano no MuBE era que, além de visitar exposições, o freqüentador pudesse participar de cursos e outras atividades culturais, como peças de teatro e concertos de música. Como nos museus da Europa e dos Estados Unidos, optamos por cobrar uma tarifa simbólica de ingresso e oferecer entrada gratuita em um dos dias da semana.

Itinerantes, as mostras seriam expostas também em praças e jardins do País, como extensão natural do acervo. O anfiteatro, ao ar livre, seria utilizado para shows, recitais e montagens de peças teatrais.

A tendência, defendida com muito vigor por Paulo Mendes da Rocha durante as reuniões da Comissão de Arte, era rejeitar um grande acervo permanente e ter um pequeno conjunto de obras que abrigasse as verdadeiras manifestações artísticas dos séculos 20 e 21, afastando casuísmos tempestivos e modismos oportunistas. Ele costumava dizer que, com muitas esculturas acumuladas próximas umas das outras, o museu pareceria o Cemitério da Consolação!

Tínhamos muitas reuniões. Embora eu ocupasse a presidência e tivesse estudado Museologia no Louvre e Jornalismo e Literaturas Brasileira e Francesa na Faculdade Sedes Sapientiae, em São Paulo, nunca decidi nada sem apoio dos críticos de arte. Submeter um assunto à opinião pública é muito importante. Nosso curador-geral, Fabio Magalhães, sempre foi muito acatado e ouvido. Experiência era o que não lhe faltava. Então presidente do Memorial da América Latina, ele já havia sido conservador chefe do Masp (1989-1994), diretor da Pinacoteca do Estado (1979-1982), secretário municipal da Cultura durante o governo de Mário Covas e presidente da Embrafilme. Fábio dizia qual artista era importante constar em nosso acervo e eu entrava em ação. Não tinha descanso – e não dava sossego – enquanto não tivesse sucesso.

Até hoje o acervo do museu é reduzido. Mas me orgulho de ter conseguido muitas de suas obras – a maioria cedida pelos próprios artistas ou seus familiares. Entre elas, *São Francisco*, de Victor Brecheret; *Espaço Metamorfose*, de Yutaka Toyota; *Ascensão*, de Roberto Lerner; *Coluna Infinita*, do artista cubano Kcho; *Coluna da Primavera*, de

Marilisa e Arcângelo Ianelli, artista que deu ao MuBE uma de suas mais belas esculturas: Outono Silencioso (ao fundo) (1), na foto ao lado, Marilisa com os artistas Gustavo Rosa, Caciporé Torres e Fernando Durão (2), Marilisa com Cecília Matarazzo, José Roberto Aguilar e Claudio Tozzi (3)

Francisco Brennand; *A Grande Coluna*, de Caciporé Torres; *Outono Silencioso*, de Arcângelo Ianelli; *Arminda*, de Sonia Ebling.

Por outro lado, tivemos também de recusar várias ofertas de obras. Lembro de um artista português, por exemplo, que nos doou uma de suas melhores peças. Eu havia ido a seu ateliê numa chácara e ele comentou que uma praça de Portugal tinha um escultura parecida. Conversa vai, conversa vem, pus a obra em um caminhão e a trouxe ao museu. Foi um trabalhão transportá-la, mas a instalei em um lugar lindo do jardim. Quando viu a peça, no entanto, Fabio Magalhães apenas disse: "A escultura tem de valorizar o museu, não o museu valorizar a escultura. Melhor mandar de volta". E eu mandei, pois obedecia cegamente ao Fabio – para mim, o máximo em cultura no Brasil.

Em 25 de abril de 1994, pouco mais de um ano antes da inauguração, fui agraciada pela SAM com uma grande homenagem: a diretoria decidiu dar o meu nome ao museu, que passou a se chamar Museu Brasileiro da Escultura Marilisa Rathsam. Na ata da assembléia geral extraordinária, presidida pelo empresário Silvio Tini de Araújo, consta como justificativa meu "incansável trabalho em favor do museu". Fiquei comovida e grata com a lembrança, mas pedi a palavra e disse que ela não era necessária: o que importava era que o museu pudesse cumprir sua finalidade de promoção da cultura. Eles insistiram e lavraram a homenagem em cartório. E assim ela permaneceu até pouco tempo atrás, como veremos nas páginas seguintes.

… TERCEIRA LUTA: DESAFIOS

LICENCIADAS POR YUTAKA TOYOTA E KATIA VAZ IANELLI E - FOTO: LUIS PAULO ALEIXO

A LUTA PARA MANTER O MUSEU

Inaugurar o MuBE, porém, não pôs fim à nossa cruzada cívico-cultural. Ao contrário. Manter um museu é difícil. Para começar, as leis de incentivo à cultura que permitem deduções de impostos a quem doa recursos para erguer uma obra não valem para a sua manutenção. E muitas despesas são fixas, como luz, água e funcionários. Nos últimos anos, a situação se complicou porque perdemos a ajuda de quase todos os bancos – a maioria criou seus próprios centros culturais.

Desde que o MuBE foi inaugurado, comecei a alertar autoridades para essa dificuldade. De nada valeria nosso esforço se não voltassem a atenção ao apoio financeiro que as artes plásticas tanto necessitavam. Vivíamos mandando cartas aos responsáveis pela cultura nos três níveis – federal, estadual e municipal. Nessa época, só o auxílio da economia privada nos atendia.

Por meio da criação da Brazilian Arts Foundation, entidade ligada à SAM com sede na 645 Madison Avenue, em Nova York, tentamos trabalhar com os americanos. A ideia era estimular empresas a doarem recursos ao MuBE, utilizando incentivos fiscais da Lei de Incentivo à Cultura da Cidade de Nova York. Até hoje temos uma conta aberta no Bank of New York, mas a parceria rendeu poucos frutos.

Apesar dos problemas, ainda em 1995 realizamos exposições muito interessantes. Como uma mostra com 40 obras do jovem artista italiano Alessandro Giusberti e a exposição fotográfica de Klaus Mitteldorf.

No ano seguinte, o MuBE abrigou logo no início uma exposição de pintura e escultura de modernistas e contemporâneos, que incluía peças de Tarsila do Amaral, Anita Malfatti, Victor Brecheret, Candido Portinari, Djanira, Vicente do Rêgo Monteiro, Claudio Tozzi, Sérgio Ferro e Di Cavalcanti. Logo depois foi a vez da mostra *Cinco Versões da Tridimensionalidade*, com mais 40 obras selecionadas pelo curador Jacob Klintowitz de cinco artistas: Caciporé Torres, Rubens Gerchman, Ivald Granato, Cleber Machado e novamente Claudio Tozzi. Em 11 de julho de 1996, a top model alemã Claudia Schiffer desfilou, entre um enorme burburinho, roupas criadas por estilistas e sandálias da Melissa, enlouquecendo a mídia brasileira. Os jornais contaram na época que, por algumas poucas horas, ela cobrou US$ 500 mil. Em outubro do mesmo ano, a exposição *Off Bienal* reuniu obras de 37 escultores e pintores contemporâneos, com curadoria de Carlos von Schmidt.

Em 1997, o professor, historiador e crítico de arte Fabio Magalhães assumiu o cargo de coordenador geral internacional de Artes Plásticas do MuBE e foi fundamental para o crescimento do museu nessa época. Além de coordenar a programação artística, ele nos proporcionou contatos com algumas das pessoas importantes do mundo cultural europeu. Como estudou na França e sempre freqüentou as melhores exposições, ele nos apresentava os diretores e ajudava a viabilizar a vinda de exposições ao Brasil, contribuindo para que o MuBE se tornasse conhecido no meio cultural francês, suíço, italiano. Além de nossas reuniões em São Paulo, viajávamos juntos à Europa. Entre setembro e outubro de 1997, por exemplo, eu e Marius passamos vários dias com o Fábio na França visitando exposições e conversando com representantes de museus. Além de almoçarmos no Chez Benoit com o presidente do Centre Georges Pompidou, Werner Spies, e com o colecionador Pier Paolo Cimatti, encontramos Jean Louis Prat, da Fundação Maegth, e jantamos com o maravilhoso artista César Baldaccini, que abriu especialmente para nós o Jeu de Paume para visitarmos a grande mostra retrospectiva de sua obra, montada em três andares do museu. Também visitamos várias exposições, como as de Brancusi e Léger no Pompidou, e participamos de vernissages de escultores contemporâneos em galerias parisienses – entre eles, Haiquily, na Galerie Jean Gabriel Miterrand, e o coreano Miniuk, na La Ferronerie. Aproveitávamos ainda para nos reunir com representantes da Association Française d'Action Artistique, da Union Latine, da Embaixada do Brasil na França. Toda a programação era planejada com antecedência, através de correspondências aos museus, embaixadas e galerias.

OS SURREALISTAS INVADEM OS JARDINS

Entre julho e agosto de 1997, já sob a batuta de Fabio Magalhães, o MuBE abrigou uma das mais importantes exposições internacionais de sua história: *Max Ernst – Escultura e Gráfica*. Sucesso de crítica e público, em apenas dois meses a mostra foi vista por mais de 35 mil pessoas. Pudera. Era a primeira vez no Brasil que se apresentavam as criações de um dos mais importantes artistas plásticos alemães do século 20, que viveu entre 1891 e 1976 e foi chamado de "o mais surrealista dos surrealistas".

A exposição reunia 55 obras produzidas por Ernst entre 1909 e 1966, além de outras 95 em papel provenientes de acervos de galerias européias e da coleção de herdeiros do artista. Eram gravuras, desenhos, colagens e *frottages* – técnica criada por ele na qual o lápis ou o giz de cera é usado em papel colocado sobre materiais ásperos e com texturas.

Nascido em Bruhl, Ernst desenvolveu técnicas de fotomontagem, escultura em madeira, desenho e gravura. Fundador do dadaísmo em Colônia, participou em 1917 da primeira mostra da Galeria Dada, de Tzara e Ball, fundadores do movimento dadaísta em Zurique, ao lado de artistas consagrados, como Paul Klee e Kandinsky.

Em 1922, Ernst se mudou para Paris, onde até 1924 produziu uma série de trabalhos surrealistas,

CADERNO 2

SEGUNDA-FEIRA, 23 DE JUNHO DE 19—

VISUAIS

Esculturas de Max Ernst vêm ao Brasil pela primeira vez

São 55 peças, que estarão expostas no Museu Brasileiro da Escultura a partir de 15 de julho

CAMILA VIEGAS
Especial para o Estado

Pela primeira vez, 55 esculturas farão parte de uma exposição de obras do surrealista Max Ernst (1891-1976) no Brasil. O Museu Brasileiro da Escultura (MuBE) mostra, de 15 de julho a 7 de setembro, uma grande exposição que inclui ainda 95 trabalhos em papel. São gravuras de todo tipo, entre elas linóleos, colagens e frottages — técnica inventada pelo artista. "Há obras desde o período romântico de 1915 até a maturidade, passando pelo pós-cubismo dos anos 40", explica Fábio Magalhães, curador-geral do MuBE.

Magalhães convidou Werner Spies, diretor de arte moderna do Centro Georges Pompidou e especialista no assunto, para ser o curador dessa mostra. Spies reuniu as esculturas, que estavam espalhadas por toda a Europa, e contatou o colecionador italiano Pier Paolo Cimatti para organizar as obras em papel. "Grande parte dos trabalhos de Ernst em papel estão nas mãos de colecionadores italianos", conta Magalhães, que foi pessoalmente vê-los em Milão, este ano.

Os materiais empregados nas esculturas do artista, como madeira e objetos variados, e as técnicas usadas para montá-los revelam parte da crítica à ideologia artística da época. Ele criou uma obra que parece ser modelada ou esculpida, mas na realidade é fruto de complicadas técnicas de montagem e fundição de metal.

No texto de apresentação da exposição, Spies relata um encontro que teve com o artista e diz que sua busca estava concentrada nas formas das coisas, em sua massa e na sensação que despertam. Ernst dizia: "Quando chego a um beco sem saída enquanto pinto, a escultura abre-me uma saída, porque ela é muito mais brincadeira do que a pintura. Para o artista, esculpir era como fazer amor, algo que exige as duas mãos. "É como se eu me desse férias para depois voltar a pintar", afirmava.

O curador organizou a retrospectiva de Max Ernst apresentada na Tate Gallery e no Pompidou em 1991. Sobre a invenção da técnica de frottage (esfregamento), nascida exatamente em 10 de agosto de 1925, ele conta que Ernst respondia à exigência surrealista de uma *écriture automatique*, contida no *Manifesto do Surrealismo*, de Breton. O artista decalcou em uma folha de papel os veios de um assoalho de madeira de um quarto de hotel em Pornic, na costa francesa. O fato é narrado em *Au delà de la Peinture*, de Ernst.

"Hoje, quando se observam os frottages de Max Ernst, torna-se evidente quanto na verdade se exagerou em julgar o seu caráter 'automático'", explica Spies. Segundo o curador, o grau de reelaboração e de procedimento a que eram submetidos os frottages não parece estar de acordo com a noção de imagens rapidamente improvisadas pelos mecanismos inconscientes do pensamento. Spies participará de uma conferência sobre a obra do artista organizada pelo MuBE, mas ainda não confirmou a data.

No Brasil, o surrealismo não teve o espaço conquistado pelos movimentos antropofágicos. Para Magalhães, porém, pode-se observar sua influência nas obras de Ismael Nery e Cicero Dias. "Há incursões do cinema e da literatura no surrealismo, mas nada tão forte como no México e na Argentina", diz.

A intenção do MuBE é realizar duas grandes mostras de artes visuais por ano. Mas a exposição das obras do surrealista italiano Giorgio de Chirico foi adiada para o ano que vem. "Infelizmente não conseguimos agendar para este ano, mas a exposição já está fechada com 40 pinturas e 35 esculturas", adianta o curador.

O Instituto Goethe organizou em 1992 uma exposição de Max Ernst com livros e gravuras no Masp e em 1993 no Centro Cultural Banco do Brasil, no Rio. Mesmo assim, segundo Magalhães, a idéia de se fez do surrealismo vem das inúmeras mostras realizadas sobre o espanhol Salvador Dalí. Para Magalhães, a obra de Max Ernst é mais revolucionária por causa de seu espírito dada. "Ele foi mais transgressor que Dali, seus trabalhos têm um humor e uma irreverência que não se vê no artista espanhol."

Pode-se ainda ver pinturas do artista em dois museus da cidade: o Museu de Arte Contemporânea da Universidade de São Paulo (MAC-USP) tem em seu acervo, *Quadro para Jovens* de 1943 e, no Museu de Arte de São Paulo, pode-se ver *Bryce Canyon Translation*, de 1946.

> GRAVURAS ESTAVAM ESPALHADAS PELA EUROPA

'La Più Bella', em bronze e pátina negra: técnicas de montagem e fundição de metal

Max Ernst: "Quando chego a um beco sem saída enquanto pinto, a escultura abre-me uma saída, porque ela é muito mais brincadeira do que a pintura"

'Le Facteur Cheval', colagem e lápis sobre cartão, de 1932: mostra reúne 95 obras em papel

Exemplo de gravura, técnica muito explorada por Ernst: inconsciente era matéria-prima

Escultura de gesso, de 1965: materiais e técnicas utilizados para montar trabalhos revelam crítica à ideologia artística da época

AGÊNCIA ESTADO

Na busca dos iguais, a descoberta do sonho

CARLOS HAAG

Como seus cúmplices e colegas surrealistas e dadaístas, Max Ernst adorava surpreender imagens. Logo, não é tão condenável roubar-se uma frase de Shakespeare para definir sua arte: ela é do mesmo material de que os sonhos são feitos. Nascido em Brühl, em 1891, e morto em Paris, em 1976, esse alemão, racional mesmo na irracionalidade, desceu ao inferno do inconsciente e voltou para mostrar, com método germânico, o que viu.

Estudou psiquiatria e quase virou filósofo pela Universidade de Bonn. Mas nem a figura do pai autoritário, professor de pintura de surdos-mudos, livrou-o da obsessão pela arte. Leitor de *A Interpretação dos Sonhos*, de Freud, dono de sensibilidade neurótica, não freqüentou as tediosas academias alemãs e saiu em busca de iguais. Tendo desenvolvido um horror à ordem prussiana de seu país, achou almas gêmeas num movimento apelidado de Dada, grupo de niilistas anárquicos que pregava a antiarte.

Juntos organizaram, numa cervejaria, uma exposição, cuja entrada se dava pelo banheiro. Críticos e policiais concordaram que a coisa fora longe demais e a galeria improvisada foi fechada. Nessa época, baseando-se nos experimentos cubistas (e ironizando-os) Ernst fez suas primeiras colagens e fotomontagens. Partindo de um princípio de ilógica aparente, reunia imagens de peixes, insetos e desenhos anatômicos. Desconexas, elas sugeriam, com pioneirismo, a identidade múltipla dos objetos.

Servir como soldado na 1ª Guerra e a descoberta de um catálogo de propaganda, numa loja, mudariam sua vida. "Transformei as páginas banais da publicidade em dramas capazes de revelar meus desejos mais secretos; essas modificações registram uma imagem fiel e fixa da minha imaginação", escreveu. Enquanto os dadaístas declaravam, de forma radical, a morte da arte, Ernst passou a buscar uma arte sofisticada que permitisse penetrar no mundo dos sonhos. Irracionalidade, sim. Ruptura, também, mas com disciplina: assim foi o "irracional" Ernst.

A Alemanha ficou pequena para ele e, em 1922, mudou-se para Paris, onde se uniu aos surrealistas. Afinal, como ele, esses franceses também tinham no inconsciente a sua fonte de matéria-prima. Para reproduzir suas visões oníricas, criou novas técnicas, como o frottage. Pondo papéis sobre superfícies com relevo, riscava-as com um lápis e, apreciando o elemento acidental do que revelava, usava-os em desenhos com associações vária. O cinema também o atraía que 1930, colaborou no filme *Un Chien Andalou*, de Buñuel.

Como o *Angelus*, de Klee, analisado por Benjamin, a arte de Ernst volta-se para o presente e o futuro, mostrava o horror da carência de experiência dos sobreviventes da 1ª Guerra e, ao mesmo tempo, acenava o holocausto da era de Hitler. Mesmo tendo gosto artístico duvidoso, os nazistas sabiam reconhecer os "subversivos" quando o viam: em poucos, Ernst expunha o sofrimento da solidão do homem moderno. C cidadania cassada pelos alemães, o artista emigrou para EUA.

Camaleão na modernidade americana, fez experimentações com uma lata de tinta furada, com a qual espicava uma tela, antecipando as ousadias de Pollock. Aliás, não houve técnica nova com que Ernst não tivesse tentado expressar suas ideias. Assim, nos anos 60, já velhinho, ainda fazia artes na pintura e na escultura, à qual imprimia elementos dadá canos. Passou seus últimos dias em Paris, mais preocupado em melhorar suas técnicas que experimentar outras. Após descobrir os sonhos, queria desvendar o segredo do seu materi—

> ELE EXPÔS A SOLIDÃO DO HOMEM MODERNO

Página inteira sobre a exposição de Max Ernst no caderno de cultura do jornal O Estado de S. Paulo

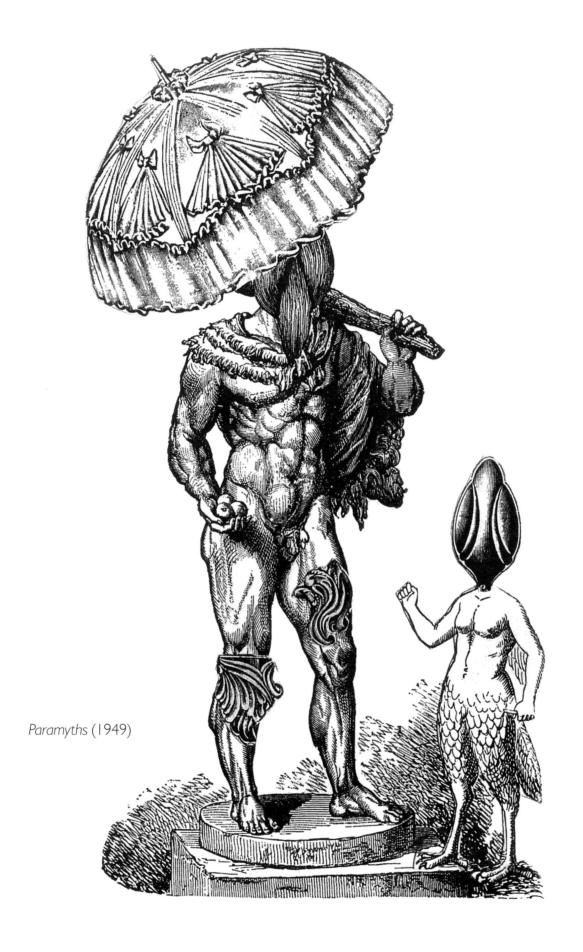

Paramyths (1949)

Portrait d'un ancêtre (1974)

Oiseau - tête (1934-1953)

Apaisement (1961)

Arte

Um coice na lógica

Em São Paulo, as colagens e esculturas de Max Ernst, o mais inquieto dos surrealistas

Angela Pimenta

Foi revirando a lata de lixo da História que o alemão Max Ernst (1891-1976) entrou para a história da arte. Figura de ponta do surrealismo, a vanguarda que no início do século propunha a renovação da arte através da recusa à lógica e à moral da burguesia, Ernst e outros expoentes do movimento, como René Magritte e Giorgio de Chirico, fizeram furor na Europa. Conforme notou o crítico italiano Giulio Carlo Argan, ao contrário da vanguarda cubista, que almejava a revolução, os surrealistas, capitaneados pelo poeta francês André Breton, queriam mais fazer escândalo. Da parte de Ernst, a quem Breton considerava "o mais magnífico cérebro assombrado", escandalizar consistia em montar equações visuais insolúveis para a dona de casa ou o burocrata. Ao longo da vida, Ernst atirou em todas as frentes: foi soldado do Reich, tornou-se anarquista, fez poemas, pinturas, colagens — antecipando assim a arte pop — e até colaborou com cineastas como Luis Buñuel. Envolveu-se também com um poderoso time de mulheres, como a ricaça mecenas Peggy Guggenheim. Agora, uma amostragem razoável da obra do artista está sendo exibida no Museu Brasileiro da Escultura, em São Paulo, até o dia 7 de setembro. São 95 obras em papel, entre desenhos, gravuras e colagens, e 55 esculturas em bronze, que percorrem a produção do artista de 1909 a 1966.

O acervo exibido cobre desde os primeiros trabalhos do artista, quando ele ainda despontava na vertente germânica do movimento dadaísta — aquele que propunha a morte da arte —, até obras da velhice, quando Ernst trocara o poder de fogo juvenil por uma obra amainada pelo caráter ilustrativo. A grande lacuna da mostra é justamente a ausência de pinturas, como a lendária e divertida *O Elefante de Célèbe*, de 1921, na qual ele funde um aspirador de pó com um paquiderme de história em quadrinhos. De acordo com os organizadores da mostra, bancar o seguro da vinda de quadros estouraria em muito o orçamento de 290 000 dólares da exposição. Mesmo assim, este é o melhor repertório do artista já mostrado no país.

Desconforto visual — O filé da coleção exibida concentra-se nas obras em papel realizadas do final dos anos 10 até a década de 30, quando ele era um grande fazedor de imagens, criando composições sempre desconfortáveis para o olho do espectador. E, nisso, até hoje Max Ernst é grande: "Muito depois dos movimentos artísticos para os quais ele contribuiu terem entrado para a História, suas imagens continuam a detonar na mente como minas deixadas ao longo do velho campo de batalha do modernismo", observou o crítico Robert Hughes, da revista *Time*.

Em termos de procedimentos técnicos, à primeira vista, através do "corte e cole", a obra de Ernst aproxima-se das atividades escolares de qualquer escolinha infantil de hoje. Ainda de calças curtas, na escola Ernst já demonstrava sua insatisfação com a disciplina e o método: "Odiei os deveres desde os tempos da escola. Por outro lado, sempre senti uma irresistível atração pelas coisas inúteis, pelos prazeres passageiros, por aqueles momentos que dão vertigem, pelos instantes de luxúria", escreveu. Mas, ao contrário do que possa parecer, foi por obra de seu talento, e não do acaso, que Ernst, que estudou psiquiatria e filosofia antes de optar pela arte, obteve resultados intrigantes, muito superiores, portanto, aos obtidos pela imensa maioria das crianças em suas aulas de ateliê. Por isso, não vale a pena tentar entender seus trabalhos ao pé da letra, pois eles são mesmo um convite ao desvario. Na colagem *Siegfried o Matador de Dragão*, de 1912, por exemplo, a figura nua e chapada de um rapaz efren-

Reportagem sobre a exposição publicada na revista *Veja*

Head y (1948)

A man ray (1935)

Marius Rathsam e Deise Mesquita

sempre experimentando diferentes técnicas, linguagens e materiais. Por causa da Segunda Guerra Mundial, foi para Nova York, onde ajudou a lançar as sementes do expressionismo americano e da pop art. Morreu em 1976 em Paris, já reconhecido como um dos mais importantes artistas do século e naturalizado francês desde 1958.

A produção de sua exposição no MuBE ficou a cargo do crítico alemão Werner Spies, um dos maiores especialistas na obra do artista. Entre outros feitos, ele havia sido o curador de uma grande retrospectiva sobre Ernst no centenário de seu nascimento, que passou pela Tate Galery, de Londres, a Staatgalerie, de Stuttgart, a Kunstsammlung Nordrhein-Westfalen, de Dusseldorf, e o Pompidou, de Paris. E foi um sucesso.

Quando *Max Ernst – Escultura e Gráfica* foi aberta, fazia poucas semanas que havia sido aprovada por unanimidade na Câmara Municipal a última das leis que ajudaram a terminar o MuBE. Foi a 12.342. Sancionada em 28 de maio de 1997 pelo então prefeito Celso Pitta e publicada no *Diário Oficial da Cidade* dois dias depois, ela liberava R$ 550 mil para fazer a climatização do museu, construir um anexo de serviços – zeladoria e refeitório – e substituir as poltronas do auditório.

GIORGIO DE CHIRICO

MUSEU BRASILEIRO DA ESCULTURA
MARILISA RATHSAM

DE CHIRICO NO BRASIL; COM CURADORIA DE FABIO MAGALHÃES

Em 1998, outra exposição internacional montada no MuBE foi vista por 40 mil visitantes em apenas dois meses. Com 67 pinturas, 41 esculturas, 19 múltiplos e 25 jóias, apresentava parte da produção de outro grande nome da pintura mundial: Giorgio de Chirico (1888-1978).

Nascido numa família italiana em Volo, Grécia, esse precursor do surrealismo viveu na Itália e na França e, com sua arte metafísica, influenciou gerações de jovens artistas. Em 1909, começou a pintar seus famosos cenários arquitetônicos e enigmáticos, pontuados por objetos que remetiam ao universo onírico e às perspectivas do Renascimento italiano. Dois anos depois, mudou-se para Paris e foi elogiado por mestres como Pablo Picasso. Durante a Primeira Guerra Mundial, conheceu o pintor futurista Carlos Carrà, com quem fundou a Scuola Metafisica. Nos anos 20, porém, De Chirico passou a se voltar cada vez mais ao classicismo, embora tenha participado da exposição surrealista de Paris em 1925. E foi renegado pelos antigos admiradores. Em 1940, regressou à Itália. Abusando de temas clássicos e mitológicos, voltou-se com mais força ao estilo acadêmico. Morreu aos 90 anos e, nos últimos anos, passou a ser resgatado por artistas de vanguarda.

© DE CHIRICO, GIORGIO/LICENCIADO POR AUTVIS, BRASIL, 2011.

VISUAIS

MuBE exibe extensa retrospectiva do pintor metafísico Giorgio De Chirico

Museu Brasileiro da Escultura traz, com curadoria de Achille Bonito Oliva, 80 pinturas e 43 esculturas do mestre italiano que antecipou o surrealismo e pintou a nostalgia do infinito em cenários desolados

'Il Grande Trovatore', pintura de 1938: De Chirico reuniu filosofia a várias heranças estéticas para fundar um olhar original, algo que ele denominara "nostalgia do infinito"

Self-Portrait (Autoritratto): artista legou a perplexidade humanista

Escultura 'Cavallo e Cavaliere': conjunto trazido para MuBE é soberbo

ANGÉLICA DE MORAES

O Museu Brasileiro da Escultura (MuBE) exibe, a partir de segunda-feira, a primeira grande mostra em solo brasileiro do mestre da arte metafísica, o grego de origem italiana Giorgio De Chirico (1888-1978). Trata-se de um conjunto soberbo, que soma 80 telas, 43 esculturas de bronze, 15 miniaturas e 40 miniesculturas (jóias) de prata ou ouro, trazidas de coleções européias particulares pelo crítico italiano Achille Bonito Oliva, curador da Bienal de Veneza de 1993. O patrocínio exclusivo é do Banco Volkswagen.

A mostra desenha com precisão os contornos do legado desse autor que reuniu a filosofia cheia de mistérios grandiloqüentes de Nietzsche e Schopenhauer à herança estética greco-romana e à perspectiva renascentista para fundar um olhar original. Algo que o próprio artista chegou a denominar de "nostalgia do infinito". Um olhar que está na raiz de dois importantes movimentos estéticos: o surrealismo e o dadaísmo.

De Chirico antecipou uma época e deixou sementes para fecundar várias gerações que o sucederam, não só no chamado contexto hegemônico europeu como na produção brasileira com qualidade de exportação. Iberê Camargo e Regina Silveira são alguns dos exemplos mais evidentes dessa descendência além-mar. Iberê pelo desencanto crispado de suas figuras. Regina pela construção de uma perspectiva distorcida e metafísica.

Museu sem spa — Para chegar à bela mostra de De Chirico, a direção do MuBE não precisou apelar para nenhuma campanha publicitária vexaminosa que confunde museu com spa. Também não precisou promover poluição visual na sua fachada. Para fazer boas mostras de arte, aliás, não há mistério: basta apostar na qualidade e entregar a tarefa aos especialistas do ramo.

Público bem tratado volta sempre, cada vez mais ávido por apreender as coisas que interessam ao enriquecimento de sua percepção do mundo. Público maltratado serve apenas para compor estatísticas a patrocinadores pouco atentos a critérios que avalizam uma boa ação cultural.

Ninguém vai ficar tentado a fazer denúncias ao serviço de defesa do consumidor depois de ver a mostra de Giorgio de Chirico no MuBE. A escolha das peças foi feita de modo certeiro. Contempla a maioria dos principais aspectos da obra do artista em um longo período que vai de 1914 (apogeu de sua primeira fase metafísica, situada entre 1910 a 1918) até dois anos antes de sua morte, quando já tinha deixado de abordar a nostalgia do infinito para sucumbir a ela.

Para entender a importância desse conjunto de obras que chegam a São Paulo, basta lembrar que a maior retrospectiva de De Chirico realizada em continente americano foi no Museu de Arte Moderna (MoMA) de Nova York, em 1982. Naquela ocasião, foram exibidas 75 pinturas e 20 desenhos. Nenhuma escultura.

A mostra nova-iorquina reafirmou o senso comum: deu destaque à primeira fase metafísica do artista, a mais valorizada pela historiografia da arte. Achille Bonito Oliva, que ama a polêmica com a mesma alegria intensa com que seu reflexo no espelho, armou uma provocação: exibe apenas dois quadros dessa época. As demais obras formam conjunto que dá igual peso a todas as décadas da produção do artista.

> **EXPOSIÇÃO EM SÃO PAULO TEM MAIS OBRAS DO QUE A REALIZADA NO MOMA, EM 1982**

Outra conclusão plausível é que esse ângulo da curadoria tenha sido num uma decisão pessoal de generosa partilha da dificuldade de captar obras raras em acervos privados italianos. O MoMA detém bela coleção de telas de De Chirico anteriores a 1918, mas também não costuma emprestá-las. A primeira fase do pintor é raridade mesmo nos museus italianos. Há muito o mercado de arte a expatriou para EUA, Inglaterra, França e Alemanha.

De qualquer modo, Bonito Oliva conseguiu ilustrar com boas obras quase todo o vocabulário de formas e temas do artista. Estão na mostra as praças desertas e silentes, demarcadas por sombras alongadas. Há os manequins sem face, de anatomia hibridizada com a arquitetura, que tanto alimentaram Dalí; os gladiadores, os trovadores, os arqueólogos e as figuras mitológicas. Imagens pintadas que, a partir dos anos 60, o artista transpôs para as esculturas de bronze, sem retirar-lhes o clima de mistério.

Nas últimas décadas de sua existência, De Chirico chegaria quase ao pastiche de si mesmo nos amaneirados cavalos e seus aurigas, nos efebos em cenários arcádicos. Estava longe da metafísica, então. "Metafísica quer dizer para além da física, para fora do que existe em nosso campo visual habitual e de nossa consciência geral", situava ele. "É a imobilidade da matéria e sua beleza não sensorial que me parecem metafísicas."

Giorgio De Chirico, filho de duas nações ensolaradas e abertas (Grécia e Itália), cultivava estranho gosto por essa aparência espectral e fantástica que é a segunda natureza das coisas que nos cercam. Uma aparência que se esconde sob a capa do banal. Algo que lhe permitia ele, com propriedade, assinar em seus quadros Pictor Optimus (em latim, o melhor pintor).

Raios da cobertura — Todos os que sempre ficaram fascinados com a única tela do artista existente em acervo público em São Paulo — o belo *O Enigma de um Dia*, do Museu de Arte Contemporânea (MAC-USP) — vão poder saciar a fome por mais imagens do artista.

Mórbido, irascível e olímpico, De Chirico viveu seus últimos dias num apartamento de cobertura situado na aristocrática Piazza di Spagna, em Roma. Era lá que vociferava contra a arte moderna, desferia raios contra Braque e Matisse, fulminava Cézanne e Picasso. Exilara-se, voluntariamente, do elenco de personalidades modernas que apontaram os rumos da arte contemporânea. A missão estava cumprida e não adiantaria renegá-la em nome da reverência servil ao passado. A herança de De Chirico continua presente, fazendo eco na realidade é a perplexidade humanista, a profundidade do espanto com os abismos que se abrem sob a pele do cotidiano.

SERVIÇO

Giorgio de Chirico. Inauguração às 19 horas de segunda, dia 23. **Museu Brasileiro da Escultura** (R. Alemanha, 221, ☎881-8611). De terças a domingos, das 10 às 19 horas. Ingressos: R$ 5,00 e R$ 3,00 (estudantes); às terças, grátis.

A tela 'La Stanchezza di Orfeo', de 1970: manequins sem sexo, de anatomia hibridizada com a arquitetura mostram que a obra do pintor está na raiz do surrealismo e do dadaísmo

---

Crítico italiano lança livro editado no Brasil

'A Arte até o Ano 2000' trata da produção artística em tempos de globalização

De Chirico é um prato cheio para o pai da transvanguarda, o crítico Achille Bonito Oliva. Afinal, ele batizou a arte de seus meninos pintores, hoje gente grande como Sandro Chia, Enzo Cucchi e Mimmo Paladino. Surgida nos anos 80, a transvanguarda revisita o passado greco-romano e clássico com olhos que muito devem a De Chirico. Embora os jovens capitaneados por Bonito Oliva tenham substituído o registro melancólico e a pintura habilíssima do mestre metafísico pela pilhagem da história e a ironia metalingüística.

Achille Bonito Oliva está lançando seu primeiro livro no Brasil, o bilíngüe português-inglês *A Arte até o Ano 2000* (co-edição MuBE e Torcular, R$ 35,00, 110 páginas, 195 fotos em cores e preto-e-branco), com tradução do original italiano feita pela jornalista Leonor Amarante. Nessa obra, Oliva mostra-se um observador atento não só do mainstream hegemônico (especialmente europeu) como da produção artística contemporânea brasileira, que ele acompanha desde suas primeiras visitas ao Brasil, na metade dos anos 70. Ele comenta a obra de, entre outros, Leonilson, Tunga e Cildo Meireles.

O crítico italiano acompanhou o *Estado* na visita à mostra de De Chirico no MuBE e deu a seguinte entrevista.

*

Estado — Seu livro tem um título profético. Como vê o futuro da arte?
Bonito Oliva — O título foi uma provocação, mas acredito que arte é profecia. O artista pode profetizar o passado. Neste mundo dominado ao mesmo tempo por duas forças antagônicas como a globalização e a tribalização, a arte pode exprimir a raiz cultural do artista e ser internacional. A arte contemporânea tem uma função: produzir imagens com corpo e densidade, que se contrapõem à banalização cosmética e consumista da atualidade. A arte transforma o não-significado, a tautologia contemporânea, em significado complexo e em processo de conhecimento da realidade.

> **OBRA É CO-EDIÇÃO DO MuBE COM A TORCULAR**

Estado — Como vê os rumos da próxima Bienal de São Paulo?
Oliva — Creio que a bienal conseguiu desenvolver uma dialética eficaz entre a dimensão global da arte e a dimensão de identidade antropológica do artista. Está promovendo um trabalho de contextualização, da centralidade à periferia. Falo de periferia não como algo negativo, mas como algo marginal, subversivo. Quanto à idéia de Paulo Herkenhoff de centrar a leitura da arte contemporânea no ponto de vista brasileiro, acho interessante, mas só se der o resultado. O mundo globalizado de hoje é policêntrico. Existem muitos centros e muitas periferias.

Estado — O que mais o fascina na obra de De Chirico?
Oliva — De Chirico recuperou, nos anos 60 e 70, a idéia da memória como citação, como jogo. Os artistas dos anos 80 encontram nessa raiz uma referência para chegar ao princípio da reciclagem, que preside tanto a transvanguarda quanto toda arte pós-moderna. Ele tem teatralidade, artifício. Sua arte tem um mistério e uma beleza imponente como, como a floresta amazônica. (A.M.)

Estado — Qual é sua opinião sobre o atual estágio da produção artística brasileira?
Oliva — O que me chama a atenção na arte produzida no Brasil é a articulação entre rigor e sensório, entre o tropicalismo e o construtivo, o frio e o quente, a geometria e a gestualidade. Hélio Oiticica e Lygia Clark atuaram nesse registro duplo. A vanguarda atual age também nessa articulação, como Antonio Dias, Lygia Clark, Tunga, Carlos Vergara e Cildo Meireles. São brasileiros internacionais, têm raiz brasileira e qualidade global.

Oliva: arte de De Chirico é "imponente como a floresta amazônica"

Folha de S.Paulo — segunda-feira, 23 de março de 1998 — ilustrada 5

FRASES DO ARTISTA

"Eu sou o inventor da pintura metafísica e o descobridor da grande pintura, sepultada e esquecida no mundo há quase um século."

"Eu sou o único contemporâneo que sabe pintar, pois apenas eu mantenho a tradição dos antigos mestres."

"Se eu tivesse morrido aos 30 anos, como Seurat, ou aos 39, como Apollinaire, seria hoje considerado um dos maiores pintores de nosso tempo. Minha história estaria intacta; meu mito, sem manchas; minha obra, única."

"E a beleza tranqüila, sem mancha, da luz, que me parece metafísica, e as coisas me parecem metafísicas quando, através da claridade da cor e precisão de sua medida formam contrastes com cada sombra. Existe um enigma maior na sombra de um homem que caminha na luz do Sol do que em todas as religiões passadas, presentes e futuras."

"A propósito do espírito mediterrâneo, nutro simpatia pelas longas noites, os dias breves durante os quais a névoa é tão densa e as nuvens tão baixas que precisamos ter acesas as lâmpadas ao meio-dia. São coisas que me fazem otimista e aumentam consideravelmente meu bom humor."

"Amo as longas noites de inverno e o sono profundo em que mergulho nessas noites."

"Para que uma obra de arte seja verdadeiramente imortal, é preciso que saia completamente dos limites do humano: o sentido e a lógica deverão se retirar. Dessa maneira se aproximará o sonho e a mentalidade de infantil. A obra profunda será extraída pelo artista das profundezas mais profundas da alma, ali onde não chega nenhum rumor de arroio, nenhum canto de pássaro."

"Os surrealistas? Bem, lá pelos anos 20 cheguei a concordar com o que pensavam. Hoje vejo tudo aquilo com muita reserva. Sabe como é, minha inteligência seguramente cresceu muito nos últimos 50 anos. Eu vivo e trabalho para a eternidade."

"A tortura da vida de Cézanne foi justamente pintar trabalhos que um verdadeiro artista pintor se envergonharia de fazer aos seis anos de idade. Nos seus quadros é evidente e absoluta ignorância do desenho."

"Modigliani! Jamais deveria ter segurado um pincel."

Acima, "O Contemplador", óleo sobre tela de 1976; ao lado, "Cavalos à Beira do Mar" (1932/1933); abaixo, "Orfeo", escultura em bronze de 1970

Artista rompeu com irmão

da Reportagem Local

De Chirico (1888-1978) acreditava ser um Messias das artes, o único capaz de promover a redenção das vanguardas por meio uma pintura original e enigmática, que não precisaria reproduzir o real. Dizia ser o único pintor contemporâneo verdadeiramente capaz de pintar. E que suas mãos brilhavam no escuro.

Criou paisagens desoladas, em que conviviam estátuas gregas, praças vazias, arquiteturas, cavalos, manequins sem rosto, objetos e atmosferas.

As perspectivas, geometrias e cálculos matemáticos de suas composições não serviriam como respostas empíricas ou para criar situações realistas, mas para reiterar mistérios e enigmas, como é possível notar nos títulos de algumas de suas telas mais importantes: "Enigma de uma Tarde de Outono" e "Alegrias e Enigmas de uma Hora Estranha".

Maior expoente da pintura metafísica, escola criada por ele e Carlo Carrà (1881-1966), De Chirico influenciou os surrealistas e dadaístas, como René Magritte, Salvador Dalí e Max Ernst.

A relação com seus contemporâneos, porém, não foi das mais harmoniosas. Afastou-se dos surrealistas, que o negaram quando ele passou a produzir uma arte mais realista e clássica, a partir dos anos 20.

Em 1925, rompeu também com o irmão Savinio. Os dois não se falariam nunca mais e isso deprimiu ambos profundamente.

Também não concordou com a crítica, que considerava sua primeira fase pictórica, entre 1910 e 1917, como a mais importante de sua carreira.

De Chirico negou obras do início de carreira, convencido de que, quanto mais velho, melhor pintava, até chegar ao ponto de assinar — no final de carreira — "pictor optimus".

De Chirico nasceu em Volo, na Grécia, onde viveu até 17 anos e iniciou seus estudos de artes plásticas, convivendo com a antigüidade clássica e a mitologia. Sua outra grande influência veio a partir de 1906, quando se transferiu para Munique, na Alemanha, onde tomou contato com a literatura de Schopenhauer e Nietzsche. (CF)

ARTES PLÁSTICAS

Mostra vê o sonho de De Chirico

CELSO FIORAVANTE
da Reportagem Local

Há 110 anos de seu nascimento e 20 anos de sua morte, o pintor metafísico grego de origem italiana — Giorgio De Chirico (1888-1978) ganha sua maior retrospectiva já realizada no Brasil.

São 80 pinturas, 43 esculturas, 15 múltiplos e 40 jóias-esculturas em ouro, prata e bronze exibidas a partir de hoje no MuBE (Museu Brasileiro da Escultura).

Com um vocabulário de imagens que reúne estátuas e arquiteturas gregas clássicas, praças desabitadas, objetos do cotidiano, animais reais e mitológicos e seres sem rosto sem alma, De Chirico construiu uma obra complexa, um universo único e pessoal.

São espaços estéreis e desolados, povoados por uma atmosfera de sonhos e mistérios, onde toda convivência é enigmática, porém harmoniosa.

O teórico italiano de arte Achille Bonito Oliva, curador-convidado da mostra, acredita que a obra do pintor não se resume a esse seu legado metafísico, mas se manifesta ainda hoje, na obra dos artistas da transvanguarda.

O curador está no Brasil para a abertura da mostra e para divulgar a tradução brasileira de seu livro "A Arte até o Ano 2000" (112 páginas, R$ 35), em que detalha a trajetória da arte contemporânea a partir dos anos 60, se atendo principalmente à transvanguarda.

Segundo Bonito Oliva, esse movimento surgiu nos anos 70 como uma forma de superar o mito das vanguardas, entendidas como experimentação de novas técnicas e materiais, e promoveu a revalorização de técnicas tradicionais como pintura, escultura e desenho.

Em entrevista à Folha, Bonito Oliva falou também sobre as influências de De Chirico e sobre a relação conflituosa com seu irmão Savinio.

Folha - Como a cultura filosófica alemã caminha junto com a cultura clássica grega na obra de De Chirico?

Achille Bonito Oliva - De Chirico vem da grande cultura alemã, de Nietzsche e de Kierkegaard, mas também está ligado ao mito da origem da cultura, à antigüidade clássica grega. Nos anos 10 e 20, a metafísica histórica se nutre do classicismo grego.

Nos anos 60 e 70, De Chirico viveu esse classicismo mais humanamente. Para ele, o classicismo se transforma em arqueologia e ganha uma idéia de tempo, que passa a atravessar toda essa pintura metafísica. De Chirico começa a perceber o classicismo em uma época globalizada, em que os mitos não podem mais sobreviver.

Folha - Apesar dessas suas raízes, De Chirico sempre negou suas influências...

Bonito Oliva - De Chirico aplicou o ensaio de Freud sobre a denegação, que é uma forma de afirmar por meio da negação. Todos os artistas negam. Duchamp sempre negou ter visto os futuristas, mas depois realizou "Nu Descendo a Escada", que é quase uma cópia de um quadro de Balla.

A história da arte sempre foi uma história de canibalismo, sobre a forma como você come, digere e devolve ao artista o passado. O grande canibal foi Picasso, que comeu o passado, o presente e até o futuro. Ele antecipou tudo, mas se nutriu da história.

De Chirico se nutriu do classicismo e depois produziu uma obra original. Ele foi influenciado iconograficamente por Böcklin, esse grande pintor suíço, autor de grandes náiades e grandes ninfas.

Folha - De Chirico se contaminou com os avanços da psicanálise?

Bonito Oliva - A pintura de De Chirico é a encenação de um sonho e, dessa forma, tem a ver com a psicanálise. É o sonho do classicismo, mas algo que o homem não pode mais viver. A metafísica é a reprodução de uma arquitetura evocativa de um classicismo que o homem não pode mais habitar.

Folha - Qual seria o papel de Carlo Carrà na pintura metafísica?

Bonito Oliva - Os dois se encontraram em Ferrara, durante o serviço militar. Ferrara é uma cidade que tem uma estrutura arquitetônica tipicamente renascentista. É uma cidade metafísica. Carrà foi um homem muito culto, mas De Chirico teve uma grandeza maior e torna clássica a poética metafísica.

Carrà foi um artista importante, mas, na minha opinião, De Chirico deu o máximo de originalidade e classicismo à metafísica. Ele foi mais radical. Sua metafísica não remete simplesmente a Piero della Francesca e ao mito do "quattrocento", como aquela de Carrà. Remete à estatuária, à arquitetura e à escultura grega.

Folha - Por que ele sempre negou seus contemporâneos?

Bonito Oliva - Isso é típico das vanguardas, negar qualquer inspiração ou solidariedade, negar a família. Esse é um comportamento edipiano das vanguardas: destruir os movimentos precedentes, destruir os companheiros de estrada, destruir a família.

Folha - A negação da família dele se manifestou na relação conflituosa com seu irmão Savinio?

Bonito Oliva - Savinio sempre sofreu muito com isso. Quando ele encontrava De Chirico na rua, se afastava chorando. Falando a verdade, De Chirico foi um grande pintor, mas Savinio foi um grande artista, completo, que se aproximou da pós-modernidade. Savinio se ocupava de música, literatura, cinema, pintura. Seu talento pode ser medido em muitas linguagens.

Folha - De Chirico tinha ciúmes de Savinio?

Bonito Oliva - Ciúmes acho que não, mas De Chirico tinha esse desejo de ser "pictor maximus". Ele não poderia fazer outra coisa que destruir sua família. Qualquer relação familiar era um forma de fragilidade, de fraqueza existencial.

De Chirico queria viver por meio de sua obra e não por meio de sua vida. Qualquer dependência em relação aos familiares era a admissão da existência de um grupo. Por isso nunca admitiu a metafísica como movimento ou a participação de Carrà.

Ele só pensava em pintar e em dar entrevistas paradoxais. Ele dizia que, no escuro, olhava para as próprias mãos e as via luminosas. Isso porque ele acreditava ser um alquimista, que transformava a matéria em forma, em ouro.

Folha - Como a obra de De Chirico permanece ainda hoje?

Bonito Oliva - De Chirico é um dos pais involuntários da transvanguarda. Na produção pictórica de De Chirico nos anos 60 e 70, a metafísica se tornou citação, memória, ecletismo, reciclagem de linguagens, que são todas características comuns à transvanguarda.

O grande De Chirico não foi apenas aquele dos anos 10 e 20, mas aquele de uma produção contínua, completa e articulada.

O modo como se analisa De Chirico é típico da cultura americana, que resume a história das vanguardas como um tipo de evolução darwinista da linguagem, em que o cubismo vai de 1907 a 1915, a metafísica vai de 1910 a 1920, o futurismo vai de 1909 a 1915.

Mas eu, como crítico europeu e teórico italiano, acredito que De Chirico não é apenas aquele que realiza quadros rigorosamente metafísicos, mas um produtor de imagens de uma metafísica madura nos anos 60 e 70. Isso permite que a transvanguarda trabalhe com citação, memória, ecletismo e contaminação.

Mostra: Giorgio De Chirico (pinturas, esculturas, múltiplos e jóias-esculturas)
Onde: MuBE (Museu Brasileiro da Escultura), r. Alemanha, 221, esquina com av. Europa, tel. (011/881-8611)
Vernissage: hoje, às 19h
Quando: de terça a domingo, das 10h às 19h. Até 26 de abril
Quanto: R$ 5 e R$ 3 (estudantes). Entrada franca às terças e para maiores de 65 anos e menores de 10 anos

La Musa Inquietante (Le Muse)

Le Muse Inquietanti

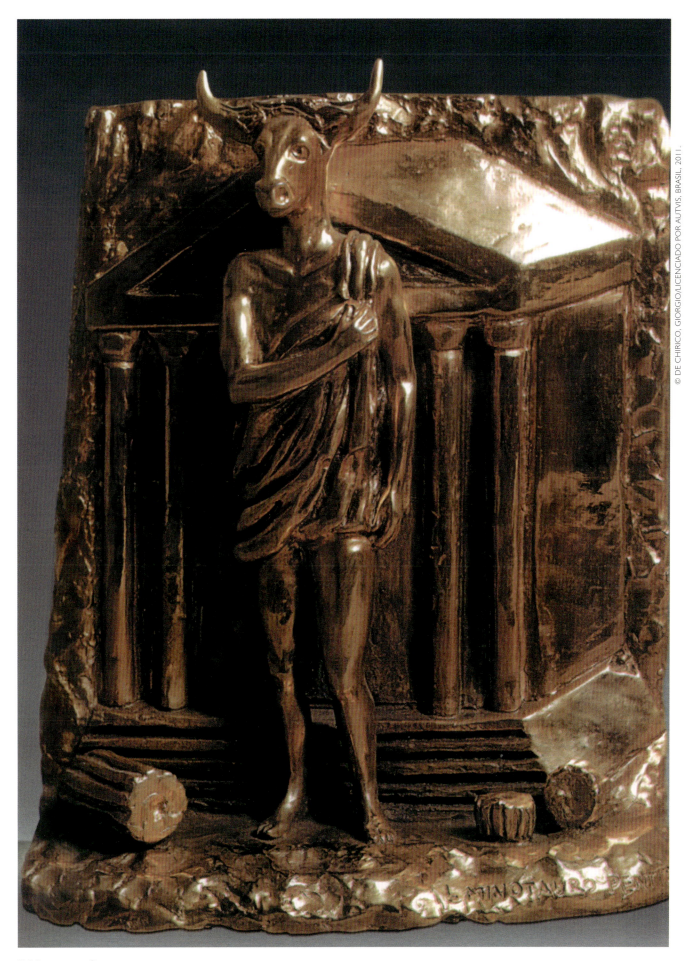

Il Minotauro Pentito

Due cavalli in riva al mare (1964)

Sgombero su piazza Italia (1958)

Com apoio do Ministero Affari Esteri Della Repubblica Italiana, do Ministério da Cultura do Brasil e da Fondazione Giorgio e Isa de Chirico, de Roma, a exposição de De Chirico no MuBE reunia mais obras do que a realizada no Museu de Arte Moderna (MoMA), de Nova York. A curadoria internacional foi de Achille Bonito Oliva; a curadoria geral, de Fabio Magalhães.

Em meu discurso na abertura, lembrei de duas curiosidades. A primeira, que em 1945 De Chirico conheceu na Itália e escritora Clarice Lispector e dela pintou um belo retrato. A segunda, que um dos maiores entusiastas de sua obra no Brasil havia sido Ciccilo Matarazzo, que comprou sua tela *Enigma de um Dia* e a doou ao Museu de Arte Contemporânea da USP. Até hoje a obra é considerada uma das mais significativas do acervo do MAC, que ainda possui quatro outras pinturas do De Chirico. Delas, três estavam presentes na exposição do MuBE.

CÉSAR

MUSEU BRASILEIRO DA ESCULTURA
MARILISA RATHSAM

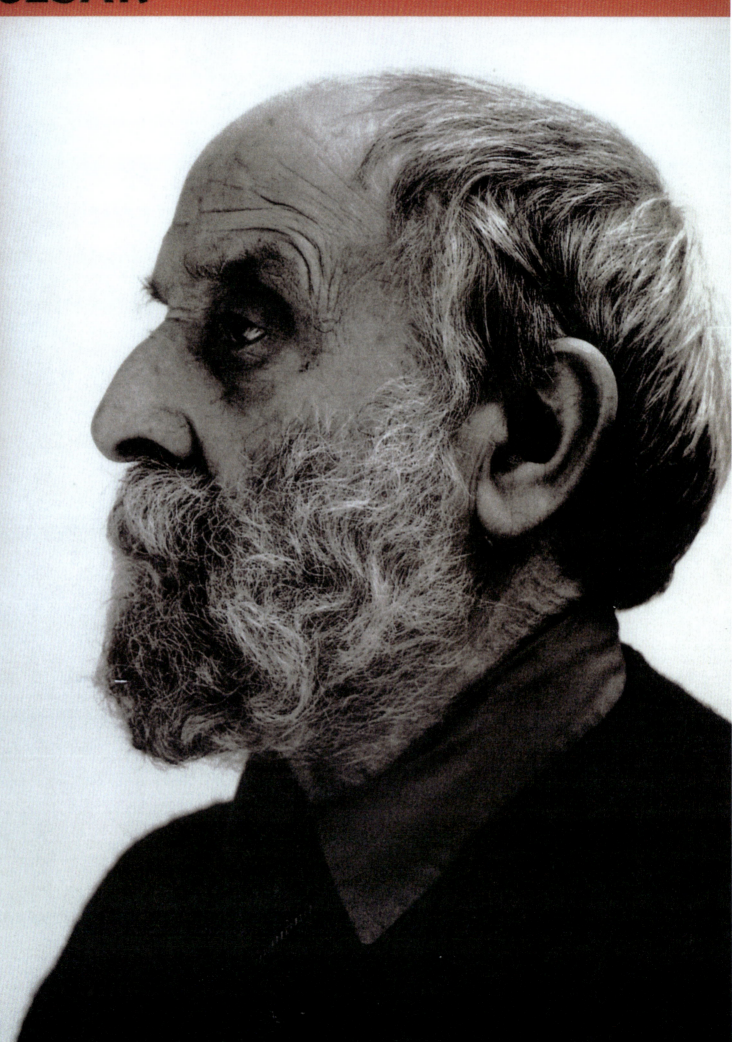

BALDACCINI, CÉSAR/LICENCIADO POR AUTVIS, BRASIL, 2011

A MAGIA DE CÉSAR

O ano de 1999 no MuBE foi de César Baldaccini (1921-1998), um dos mais reconhecidos artistas franceses. Expoente do movimento Nouveau Réalisme, tornou-se também nosso amigo, depois que eu e Marius o conhecemos num *vernissage* em Paris. Nos anos seguintes, por várias vezes nós o visitamos em seu ateliê na 10 Rue Berger. Esse convívio era muito enriquecedor, não apenas pelo extraordinário caráter de César, que o transformou em uma das pessoas mais queridas da França – tanto por personalidades quanto por pessoas simples –, como pelo seu gênio criativo e sua capacidade de contaminar a todos com uma intensa alegria de viver.

César já havia estado no Brasil. Expôs pela primeira vez por aqui na IX Bienal de Arte de São Paulo, em 1967. Sua sala provocou impacto. Organizada por Michel Ragon, era composta por 17 obras, incluindo as primeiras esculturas de ferro e suas famosas *Compressões* (feitas com uma máquina hidráulica a partir de peças de automóveis, plásticos, metais e produtos reciclados) e *Expansões* (esculturas de espuma de poliuretano). Polêmico, nessa época César já era considerado pela crítica um dos artistas mais transgressores e criativos de sua geração. Sua presença marcante agitou o meio cultural de São Paulo. Apaixonado pelo Brasil, César permaneceu meses no país e deixou inúmeros amigos.

Stéphanie Busutill, a segunda mulher de César, em três momentos: diante de uma obra do artista (ao lado), com ele em uma reportagem francesa (detalhe) e conversando com o arquiteto Paulo Mendes da Rocha (página ao lado)

Stéphanie Busutill e o secretário da cultura Jorge da Cunha Lima

Por muito tempo, planejamos como seria sua exposição no MuBE. Concretizá-la levou cerca de cinco anos. As 108 obras que recebemos haviam sido produzidas pelo artista entre 1954 e 1992 e foram selecionadas por Daniel Abadie, diretor da Jeu de Paume, sob curadoria geral de Fabio Magalhães. Juntas, compunham a mais abrangente mostra já apresentada sobre o artista.

Um ano antes de sua exposição no MuBE, em 1998, Daniel Abadie veio conhecer o MuBE e ficou tão entusiasmado com o espaço projetado por Paulo Mendes da Rocha que pediu privacidade para avaliá-lo. Logo começou a gesticular e a se movimentar como um dançarino, certamente inebriado pela expectativa da exposição.

César também estava animado com a possibilidade de voltar a São Paulo e se ofereceu até para fazer uma de suas famosas *Expansões* ao lado de um dos pilotis da marquise. Sua intenção era mostrar a integração da obra com o público e depois doá-la ao museu, o que muito nos animou.

Um dia, porém, em dezembro de 1998, quando estava já quase tudo organizado, ele me telefonou.

"Marilisa, estou me sentindo mal. Queria muito ir à exposição no MuBE, mas temo que minha saúde não permita."

"Não diga isso, César – respondi – Você tem de vir. Se alimente bem, se trate, pois estamos todos esperando por você aqui."

Essa conversa nos deixou ao mesmo tempo tristes e preocupados. E, passados alguns dias, nossos piores temores se concretizaram: no dia 7 de dezembro, aos 77 anos de idade, César faleceu em Paris.

Brigitte Négrier, uma amiga francesa muito querida, dona da Galerie La Ferronnerie, me representou no funeral de César na igreja Saint Germain-des-Prés, em Paris, como diretora-adjunta do MuBE. E disse que foi uma experiência inesquecível e emocionante. Participaram desde a ministra da Cultura, Catherine Trautman, e Bernadette Chirac, mulher do então presidente da República francesa Jacques Chirac, até artistas como o ator Alain Delon e o estilista Paco Rabanne e centenas de pessoas do povo. Como resumiu o famoso crítico de arte Pierre Restany: *"César était à la fois célèbre et populaire"*.

Até como uma homenagem a ele, mantivemos a belíssima exposição de suas obras no MuBE. E aproveitei o discurso para lembrar de nossa amizade e seu enorme talento. Stéphanie Busutill, a jovem francesa que se tornara mulher de César, veio da França para a inauguração. Mas infelizmente, o museu deixou de ter uma obra do artista. Acabamos ganhando dela apenas uma caneta de recordação.

Poule (1962), uma das obras de César expostas no MuBE

Compression (1975): outra obra que foi destaque da mostra

Compression (1975)

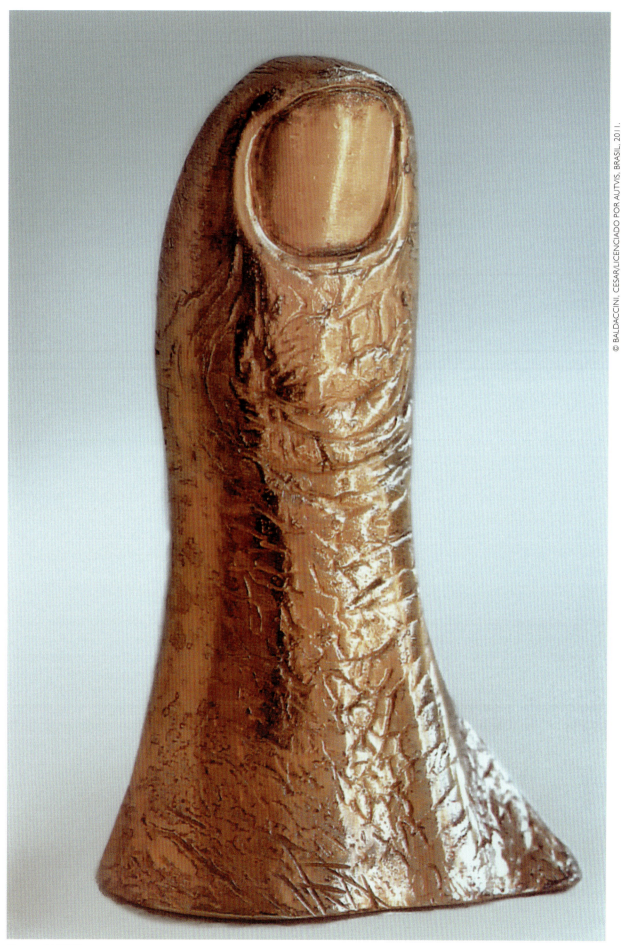

Pouce (1982)

Compression Plastique Murale (1971)

A exposição, no entanto, foi sucesso de crítica e público. Nas oito semanas entre abril e maio de 1999 em que ficou aberta, foi visitada por 36 mil pessoas.

No mesmo ano de 1999, o Auditório do MuBE abrigou 87 eventos próprios, mas sofremos dois problemas sérios. Um foi a crise econômica, refletida na alta cotação do dólar, que nos obrigou a cancelar a mostra de 42 esculturas e 27 desenhos do pintor catalão Joan Miró. O segundo foi ainda mais dramático. No dia 2 de junho de 1999, logo após a privatização da Eletropaulo, a energia elétrica do museu foi cortada e nossas aulas e visitas tiveram de ser suspensas. Não era um problema só do MuBE. A TV Cultura e a Fundação Bienal também ficaram às escuras.

O caso é que até aquele ano nunca havíamos pago pela energia elétrica. A exemplo de outros museus, mantínhamos um convênio com a Eletropaulo – eles nos forneciam a luz e nós lhes dávamos crédito em catálogos e prospectos. Quando privatizaram a estatal, o convênio foi cancelado e, de uma hora para outra, quiseram nos cobrar R$ 156 mil – uma quantia astronômica – de atrasados. Ao ver o valor, comecei a chorar de desespero. E passei a mandar cartas pedindo ajuda a todos os políticos que podia, do prefeito Celso Pitta ao então presidente do Senado, Antonio Carlos Magalhães.

Nenhum ajudou. O jeito foi fazer um acordo com a Eletropaulo. Até hoje o museu gasta R$ 3 mil por mês de luz, mas, com impostos e taxas, a conta não sai por menos de R$ 12 mil. Um absurdo.

Marilisa ao lado da diretora do MuBE Lia Carraro

CONCERTOS, VESPERAIS E RECITAIS

Oferecer boa música sempre foi uma das marcas do MuBE. Desde o início das atividades do museu, fechamos acordos com músicos e entidades para ter uma programação musical de alto nível. A primeira parceria foi fechada com a Fundação Magda Tagliaferro. Era o projeto Música no MuBE.

Todos os domingos, às 11 horas, recitais com Bach, Chopin, Beethoven, Schubert, Brahms, Strauss e outros mestres da música clássica no programa eram seguidos por palestras, conferências ou aulas públicas sobre temas relacionados à obra e à vida dos compositores. Essa técnica havia sido criada pela própria pianista Magdalena Maria Yvone Tagliaferro, ou simplesmente Magda Tagliaferro (1893-1986), para educar a platéia e, ao mesmo tempo, possibilitar aos alunos músicos contato com o público.

Apaixonada por música, Magda nasceu em Petrópolis (RJ), mas passou a maior parte de sua vida na França. Na Europa, conviveu com alguns dos compositores mais ilustres do século. Costumava, por exemplo, fazer passeios com Ravel por Paris e foi homenageada por uma criação de Heitor Villa-Lobos. Tornou-se também grande divulgadora da música brasileira no exterior e, sempre que voltava ao Brasil, era recepcionada no aeroporto por seus alunos. Muitos conseguiram, por meio dela, bolsas para estudar fora do Brasil e, hoje, além de preservar a memória e os ideais da ilustre pianista, a fundação que leva seu nome funciona como escola de música e oferece bolsas de estudo. Um trabalho muito interessante, que nos recitais do MuBE alcançou grande sucesso.

Em 2003, depois do fim da parceria com a Fundação Magda Tagliaferro, convidei a pianista e concertista Dulce Cupolo para organizar os recitais. Ela aceitou e tornou-se diretora musical do MuBE, cargo que ocupa até hoje.

Foi ótimo. Os recitais passaram a ocorrer aos domingos, às 16 horas, no auditório do museu. E eram muito agradáveis. Apresentavam-se de jovens talentos a pianistas renomados, não só do Brasil como dos Estados Unidos, do Japão, da China, Rússia, Argentina, Polônia, Itália. Eram cerca de 90 minutos de boa música e, no intervalo, oferecemos por um tempo canapés e uma taça de vinho a cada participante. Entre outros músicos, passaram por lá Olga Kopylova, Maria José Carrasqueira, Pablo Rossi, Fabio Martino, Maria Eudóxia de Barros e Álvaro Sivieiro, escolhido para homenagear o papa Bento XVI em sua passagem pelo Brasil. No total, a programação anual contava com cerca de 90 apresentações de música solo ou grupos de câmara, incluindo obras contemporâneas e líricas.

Também mantivemos por vários anos as Vesperais Líricas. Realizada em parceria com a Secretaria Municipal de Cultura, oferecia uma série de apresentações de música instrumental e jazz desenvolvidas pelo Teatro Municipal e o Departamento de Teatros.

A excelente acústica de nosso auditório, sempre muito elogiada por especialistas, era uma grande vantagem. Eu me lembro como se fosse ontem, por exemplo, do dia em que recebemos a visita de quatro cantores líricos do Teatro Municipal de São Paulo pedindo para ensaiar no MuBE. "No Municipal, a gente não ouve o que canta. Será que podemos praticar aqui?", perguntaram.

Por curiosidade, Marius perguntou como seria o acompanhamento do canto. Eles então propuseram: "Se vocês concordarem, podemos trazer para cá um piano de cauda Bosendörfer, de grande qualidade. No Municipal há outros pianos, não vai fazer falta".

Esse piano era uma beleza, todo vermelho, laqueado. Entusiasmados com a ideia, sugerimos que eles apresentassem uma hora de recital lírico para o público do MuBE aos domingos. Eles aceitaram e o evento se tornou um grande sucesso. Acontecia sempre a partir das 11 horas e era concorridíssimo – o auditório vivia lotado. Durante a semana, os cantores ensaiavam em média três vezes no museu, sempre acompanhados pelo som do piano que trouxeram do

Municipal. No fim de semana, tocavam e cantavam para o público.

Os eventos aconteceram até 2001, quando Marta Suplicy nos mandou devolver o piano ao Municipal e o público do MuBE ficou órfão dos recitais dos músicos do teatro. Até hoje o museu precisa de um piano de cauda inteira. O que tem é bom, mas o Bosendörfer deixou saudades.

Além dos concertos, o Auditório do MuBE abrigava ainda palestras, seminários e cursos – outro pilar das atividades do museu desde o início. Na noite de 5 de janeiro de 2001, o rebatizamos como Auditório Senador Pedro Piva. Foi a maneira que encontramos de homenagear um de nossos maiores patronos, uma pessoa que ajudou o museu desde o início. Ou, como resumi em meu discurso, "paulista de bom chão, político de dignas pelejas, amigo querido de todos nós".

Nessa mesma noite, o então vice-presidente do MuBE, Luiz Antonio Seraphico de Assis Carvalho, lançou um livro muito interessante: *Washington Luiz e seus Argumentos* (Editora JMJ). Nele mostrava a versão do último presidente da República Velha sobre sua deposição, em 1930, pelo movimento liderado por Getúlio Vargas. Lembrei-me das histórias do Palácio Tecendaba. Na mesma noite, o pianista Massayuki Carvalho apresentou um belíssimo concerto.

Solenidade de inauguração do Auditório Senador Pedro Piva (à esquerda na foto): concerto de piano marcou a homenagem

À esquerda, o então presidente do Museu de Arte de São Paulo (Masp), Julio Neves, com Marilisa e o empresário e senador Pedro Piva

Uma das imensas obras instaladas por Bernar Venet no MuBE

BERNAR VENET, ANTIGUIDADES E O COQUETEL INTERROMPIDO

Trabalhar com esculturas é complicado. Para começar, é uma arte cara, pois requer em geral que se faça o molde em gesso e só depois a peça em bronze, mármore ou o material que for. Isso faz os custos aumentarem. Vender as obras também costuma ser mais difícil, pois é raro alguém comprar uma grande escultura para pôr dentro de casa e o espaço em praça pública é limitado. Não por acaso poucos artistas conseguem viver exclusivamente de escultura.

Quando um museu vai montar uma exposição de quadros, recebe três ou quatro caixas com as telas, organiza tudo e está resolvido. Em uma mostra de esculturas, cada caixa já tem de ser quase uma obra de arte.

O manuseio desse tipo de obra geralmente também pede mais cuidados e o transporte pode ser um desafio. Em outubro de 2000, na exposição do artista francês radicado nos Estados Unidos Bernar Venet, por exemplo, um conjunto de oito monumentais obras de madeira e aço, em forma de linhas, arcos e espirais, pesava nada menos que 20 toneladas. Elas chegaram ao MuBE na madrugada e foi preciso usar um guindaste para içá-las do caminhão. Na hora em que os carregadores enfim conseguiram retirá-las, descobriram que o excesso de peso havia afundado

Bernar Venet, Marilisa e o embaixador da França, na abertura da exposição

A escultura rigorosa e aleatória de Bernar Venet

O Estado de S. Paulo — Caderno 2 — Visuais — Terça-feira, 31 de outubro de 2000

Venet multiplica paisagens matemáticas

Folha de S. Paulo — Acontece — segunda-feira, 30 de outubro de 2000 — Especial 3

ARTES PLÁSTICAS — *Francês expõe painéis com reproduções de fórmulas, teoremas e equações a partir de amanhã, no MuBe*

Marilisa entre Tereza Matarazzo e o cônsul da França, Jean Marc Laforêt

o passeio da rua. Depois, com jeito, conseguimos resolver tudo e a exposição foi uma beleza. Para o museu era muito importante poder exibir as curvas e arcos de Venet, um artista que tem peças espalhadas pelas cidades mais importantes do mundo. Mas até ter tudo montado, deu um trabalhão.

Por problemas burocráticos de alfândega, houve muitos casos ainda de atraso na chegada das obras. Em 2004, na exposição *Contraluz*, do artista italiano Marco Lodola, por exemplo, já estávamos na data da inauguração e as peças não chegavam ao MuBE. O pior é que o evento fazia parte das comemorações dos 450 anos de São Paulo, tinha apoio da Embaixada da Itália no Brasil e do Istituto Italiano di Cultura e já havíamos distribuído os convites para o coquetel. Na hora marcada, apesar da situação desagradável, o jeito foi receber os convidados mesmo sem as obras. A cada pessoa que chegava e estranhava a sala vazia, informávamos sobre o contratempo. O discurso era quase sempre o mesmo: "Lamentamos muito, mas a alfândega reteve as obras e não poderemos conhecê-las nesta noite".

Pois vocês acreditam que por volta das 21 horas, quase no meio do coquetel, um caminhão encostou na frente do museu e passou a descarregar as caixas com as obras de Lodola vindas da Europa? Eram umas peças coloridas de plástico e acrílico, que chamavam muita atenção. No total, 39 esculturas luminosas, além de pinturas e desenhos. A situação inusitada acabou causando furor. Até abrimos algumas caixas e conseguimos acender parte das peças para mostrar aos convidados. No final foi até engraçado. As pessoas ficaram muito entusiasmadas. Mas, para nós, essas situações eram muito estressantes.

Paralelamente aos contratempos, no dia a dia as despesas não paravam de crescer. Com o tempo, foi ficando claro que seriam necessários pelo menos R$ 50 mil mensais para a manutenção do museu. Eu continuava firme na minha campanha para conseguir doações das empresas, mas passamos a buscar outras formas de obter recursos.

Foi Pietro Maria Bardi, então diretor do Masp, quem me falou pela primeira vez de uma experiência que fez grande sucesso na Europa: a Feira do Museu Uffizi. Inaugurada após a Segunda Guerra Mundial em Florença, Itália, foi a primeira feira de antiguidades realizada no interior de um museu. O Bardi já havia adaptado a ideia e criado uma feirinha no vão livre do Masp na Paulista. Decidimos fazer o mesmo e criar outra dentro dos nossos portões.

A Feira de Antiguidades e Design do MuBE foi inaugurada às 11 horas do dia 3 de setembro de 2000, um domingo, com 72 expositores selecionados entre os melhores antiquários de São Paulo, Minas Gerais, Rio de Janeiro, Paraná, Pernambuco e Bahia.

Marilisa e o embaixador da Itália, Vincenzo Petrone, na abertura da exposição *Abitare Itália 2000*

Mais obras de Marco Lodola expostas no MuBE: luz e cores

Marilisa Rathsam (1); com o então secretário da Cultura Marcos Mendonça (2); entre o publicitário Alex Periscinoto e a neta Paula (3).

Para evitar que malandros participassem, criamos uma comissão organizadora. Pelo acordo, cedíamos o local, com cobertura e estrutura, e os comerciantes pagavam uma taxa para expor seus produtos, que incluíam luminárias de época, tapetes persas, relógios, arte sacra, oratórios, além de quadros, mobiliário francês e brasileiro, porcelanas francesas e arte pré-colombiana.

Voltada a colecionadores, compradores e amantes da arte, a primeira feira teve apresentação do pianista Miguel Proença e recebeu a visita de 3.500 pessoas durante todo o dia. Depois, passou a ser realizada todos os domingos sob a marquise do museu. Desde então, rende R$ 30 mil ao mês para o MuBE e tem até hoje grande prestígio e merecida fama.

Marilisa durante os preparativos da primeira Feira de Antiguidades e Design do MuBE

AS GRAÇAS, DE BRECHERET

Ainda no ano 2000, poucas semanas depois da inauguração da feira, recebemos uma informação que nos deixou muito decepcionados. A Prefeitura pedia de volta as *Graças* – as duas belíssimas esculturas de Victor Brecheret que compunham o acervo do MuBE desde que as tirei quebradas de um banheiro da Galeria Prestes Maia, no centro da cidade, e mandei restaurá-las.

Feitas de bronze em 1940, as *Graças I e II* mediam 2,2 metros de altura e pesavam 200 quilos cada. Foram produzidas por Brecheret especialmente para decorar a entrada da galeria e lá permaneceram por 55 anos, uma de cada lado do hall, em cima de pedestais de granito.

Em novembro de 1993, a imprensa denunciou que, após sofrerem tentativa de roubo, elas estavam abandonadas dentro de um banheiro. A ideia dos ladrões era derretê-las para vender o bronze. Preocupada, pedi oficialmente à Prefeitura, dirigida na época por Paulo Maluf, para restaurar as esculturas e colocá-las em exposição no MuBE. Fizeram uma lei e me deram permissão para manter as obras. Consegui então que a Fundição Rebelato as restaurasse e inaugurei o museu já com as duas esculturas expostas ao público no pátio do museu. Instaladas uma de cada lado da entrada, elas faziam muito sucesso e davam grande prestígio ao MuBE.

Cinco anos depois, em 25 de novembro de 2000, bem perto do fim de seu governo, o então prefeito Celso Pitta mandou funcionários da Prefeitura retirarem as *Graças* do MuBE para devolvê-las à Galeria Prestes Maia, então cedida em comodato ao Museu de Arte de São Paulo para ser o Masp Centro. Do primeiro pedido, feito pelo então secretário municipal de Culura, Rodolfo Konder, à retirada foi apenas uma semana. De completa agonia. Eu só desisti de brigar pelas peças depois que ameaçaram chamar a polícia. Mas não pude conter as lágrimas ao vê-las sendo levadas.

FOTO: LUIS PAULO ALEIXO

LIVROS: A ARTE DOCUMENTADA

Além do talento e da inspiração, o intercâmbio de ideias, técnicas e informações é muito importante para um artista. E uma de nossas preocupações durante o tempo em que presidi o MuBE, com apoio de Antonio Carlos Baptista, Eduardo Levy Júnior e Suzanna Cruz Sampaio como vice-presidentes, foi a de documentar, com livros de alta qualidade, as exposições que realizávamos. Mais do que falar sobre a vida de grandes pintores e escultores, essas obras traziam referências e imagens de suas principais obras, artigos de especialistas nacionais e internacionais e entrevistas exclusivas.

Alguns livros foram editados pela maravilhosa Torcular, de Milão, especializada em catálogos e livros de arte. Seu dono, o italiano Pier Paolo Cimatti, formou um extenso acervo, enriquecido por obras de grandes nomes, como o surrealista Max Ernst e o metafísico Giorgio De Chirico.

Ainda hoje esses livros são uma fonte de informação riquíssima. Não só para estudantes e público em geral, como, sobretudo, para o artista de menor condição financeira, que não tem chance de viajar ao exterior e visitar exposições internacionais. Eles são uma forma de se obter conhecimento, de saber o que os grandes mestres fizeram.

No livro sobre César Baldaccini, por exemplo, Daniel Abadie, o então diretor da Galerie Nationale du Jeu de Paume de Paris, fez uma entrevista sensacional com o artista francês que ajudou a consolidar vanguardas da segunda metade do século 20. Ele começa falando de como se tornou amigo do espanhol Pablo Picasso.

Daniel Abadie: Em 1995, modificando dois queimadores de fogão a gás, para que eles fossem lidos como duas personagens, você fez uma homenagem a Picasso e, quase 30 anos depois, em 1983, fez uma das esculturas mais importantes de sua obra, Le Centaure (Centauro), pondo nela a cabeça de Picasso. Por que existe num artista tamanha fascinação por outro artista?

César: Não é complicado. Primeiro, é a amizade: eu o havia visto várias vezes no Lipp, no Flore, na rua... Quando expus pela primeira vez na galeria Lucien Durand, ele passou por lá com Oscar Dominguez e parou. Viu Le Poisson (O Peixe) e disse: "Esse garoto é bom". Pablo sempre estava de olho. Mais tarde, depois de ir à tourada de Nîmes com ele, Dominguez, Cocteau, Lucien Clergue..., criou-se uma verdadeira amizade: estive na praia com ele, jantei com ele. (...) Pablo era de uma simplicidade total.

Abadie: O que era mais fascinante para um jovem artista: o homem, o pintor, o escultor?

César: Tudo. Tudo. Não dá para dissociar... Pablo é um todo. Grande escultor, grande gravador. Enfim, Pablo era Pablo, era Picasso... Um dia, fui convidado para um almoço na casa dele. Lá estavam Gary Cooper, o grande colecionador Joseph Hirshhorn e o ex-diretor da Académie de France em Roma, Jean Leymarie, que queria fazer uma exposição – a primeira – de esculturas de Picasso. É verdade que quando se está à mesa com um homem como Picasso é o mesmo que Jesus e seus discípulos. Estávamos todos lá em volta dele, de boca aberta. Gostávamos muito dele, não há dúvida. Leymarie, que não conseguia convencer Picasso a fazer aquela exposição de esculturas, me disse: "Fale com ele! Fale com ele!" Então eu disse a Pablo: "Não está certo: afinal você é o maior escultor do mundo". Aí ele me olhou e disse a Leymarie: "Bom, se o César está dizendo, graças a ele você pode ir ver as esculturas no porão".

O material da entrevista feita por Abadie é tão rico que o próprio César confessou na última resposta que nunca tinha se aberto tanto:

"Nunca falei como esta noite. É a primeira vez na minha vida. De uns tempos pra cá, não sei o que me acontece, estou olhando pra mim mesmo. E digo: assim não dá, meu amigo. Pare, acalme-se, volte para o chão. Estou voando. E quem voa pode cair das alturas."

O livro ainda traz textos importantes dos especialistas Andrea Franske, Pierre Sterkx, David Boudon e Renato Barilli.

Abadie havia organizado em 1997 no Jeu de Paume a mais abrangente exposição feita sobre César.

E foi justamente essa mostra de cerca de 100 obras que oferecemos ao público brasileiro no MuBE entre 6 de abril e 30 de maio de 1999, com apoio da da Lei de Incentivo à Cultura e da Volkswagen do Brasil, que foi parceira do museu por vários anos.

Os livros eram lançados juntamente com as exposições. Desde a época da SAM, em que eu trabalhava dez horas por dia para arrecadar recursos para a arte. O primeiro deles foi *A Escola de Paris*. Como já falamos no capítulo homônimo, essa exposição foi fundamental para reatar o intercâmbio cultural entre França e Brasil, por meio do apoio decisivo do ministro francês Jack Lang e do embaixador brasileiro Luiz Gonzaga Nascimento e Silva.

Na apresentação do livro, Pietro Maria Bardi, então diretor do Museu de Arte de São Paulo, mencionou uma "mudança sintomática" na visitação do Masp. Segundo ele, o museu vinha recebendo um público sempre mais numeroso de jovens, mais interessados em mostras contemporâneas que obras clássicas. "Deve-se notar que o máximo, improvisado ou descontrolado que seja, das preferências assim ditas artísticas de São Paulo se concentra na arte moderna, aliás pós-moderna, para indicar as tendências mais avançadas", escreveu. Isso ajuda explicar o sucesso que as 80 obras de *A Escola de Paris* fizeram no Brasil.

Na introdução do livro, Bernadette Contensou, diretora do Museu de Arte Moderna da Cidade de Paris, fala sobre a seleção das obras. "Nos pareceu útil trazer algumas informação para melhor situar nosso museu no espírito de nossos amigos de São Paulo. Estes, quando nos visitarem, se encontrarão em uma paisagem mais familiar."

E não demorou muito para que artistas de São Paulo e outras cidades brasileiras realmente os visitassem na França. Em contrapartida à *Escola de Paris*, conseguimos o direito de realizar uma exposição de pintores e escultores brasileiros na França. Dois grandes volumes registraram em detalhes *Modernidade – Arte Brasileira do Século 20*. Um está todo em francês e fala justamente da mostra no Musée D'Art Moderne de La Ville de Paris entre 10 de dezembro de 1987 e 14 de fevereiro de 1988. O outro abordou a exposição da volta, realizada de 6 de abril a 8 de maio de 1988 no Museu de Arte Moderna de São Paulo. Nesta época, o MuBE ainda não existia.

A professora de História da Arte da USP Aracy Amaral, os curadores e críticos de arte Roberto Pontual e Frederico Morais e a curadora francesa Marie-Odile Briot assinaram os textos críticos nas duas versões, que apresentaram também - nos dois volumes e idiomas – explicações sobre o movimento modernista e seus artistas, dados das obras e muitas fotos.

Com mais de 430 páginas, a versão em francês tinha ainda prefácios de Olavo Drummond, representando a SAM, do então ministro da Cultura

Celso Furtado, do então ministro das Relações Exteriores Roberto de Abreu Sodré e do comissário geral da França-Brasil Robert Richard, além de texto sobre o modernismo assinado por Affonso Romano de Sant'Ana.

Em maio de 1995, a exposição de inauguração do MuBE – *Victor Brecheret, Modernista Brasileiro* – também foi documentada em 160 páginas, em português e inglês, que traziam informações e imagens maravilhosas da *Pietá*, da *Deusa da Primavera*, do *Banho de Sol* e de outras obras de Brecheret. O prefácio, assinado por Olavo Drummond e com o sugestivo nome de *A Magia dos Encontros*, começava com três perguntas: "Como nasce uma árvore? Como nasce uma igreja? Como nasce um museu?" Na minha introdução, registrei a emoção daquele momento: "O Museu Brasileiro da Escultura será o presente que nossa geração dará ao Brasil como protagonista da consciência artística em toda América Latina aberta num mundo que começa a destruir fronteiras." Já Paulo Mendes da Rocha falou da cidade ideal e do que chamou de "intrigante circunstância" da criação do MuBE ao ter associado, desde a origem, escultura e ecologia.

O livro sobre a mostra do artista alemão Max Ernst foi o primeiro feito para o MuBE pela Torcular. Trazia mais de 200 páginas de imagens e referências das obras selecionadas, incluindo esculturas, obras gráficas e colagens. A exposição de 55 esculturas e cem obras sobre papel, realizada entre 15 de julho e 7 de setembro de 1997, abriu o ciclo de exposições internacionais no museu.

A apresentação do livro ficou a cargo de Werner Spies, então diretor do Museu de Arte Moderna Georges Pompidou, de Paris, um dos mais respeitados especialistas em Max Ernst. Um dos parágrafos resume a produção do artista: "A escultura teve um papel de destaque de Max Ernst. Não apenas fez regularmente esculturas, além dos quadros, das colagens e dos desenhos, como se rodeou delas em toda casa ou apartamento onde morou. Seria difícil citar um outro artista do século 20 que tenha conseguido alicerçar sua fama assim "além da pintura" como, ao contrário, Max Ernst conseguiu."

A Torcular também produziu o livro sobre o artista italiano Giorgio De Chirico, cujas obras conseguimos expor no MuBE após dois anos de intenso trabalho internacional de captação em coleções particulares e museus. Foi entre 16 de março e 28 de abril de 1998. No dia da inauguração, lançamos também o livro de 223 páginas, que contou com um importante texto do crítico Achille Bonito Oliva, chamado *Superfícies Replicantes. A repetição irrepetível*. Nele, o especialista revela alguns pensamentos do artista. Do tipo: *"O escultor é criador por excelência. O escultor ignora a linha. Na linha, encontra-se o princípio do infinito. No infinito, o princípio do vazio; a natureza tem horror ao vazio; a arte e a natureza têm medo do vazio; a linha pode se estender até o infinito; portanto, no desenho e na pintura, ela é extremamente nefasta e deletéria; por isso aqueles que intuem os mistérios da arte e encerram nas duas extremidades; caso não se feche uma linha no começo e no fim, ela mergulhará como um dardo mortífero na obra, levará o mal aos órgãos vitais do desenho e da pintura" (Brevis pro Plastica Gratio, em Aria d'Italia, 1940).*

Achille Bonito Oliva também emprestou seu conhecimento a outro de nossos livros: *A Arte até o ano 2000*. Nele, abordou as linguagens e movimentos que orientaram a pesquisa artística do pós-Segunda Guerra Mundial ao fim do século 20, em diferentes partes do mundo, da América à Europa. Arte Conceitual, Processual, Ambiental, Hiper-realismo, Pintura Descritiva, Pós-Moderno, Transvanguarda: o mapa dos diferentes movimentos foi traduzido em imagens e informações – em português e inglês.

Pela Torcular, ainda fizemos os livros da exposição de Massimo Sansavini – que ficou aberta ao público entre 5 e 29 de agosto de 1999 e abriu um promissor diálogo do museu com a arte contemporânea da Itália – e da mostra *Controluce*, do também italiano Marco Lodola, realizada de 16 de fevereiro a 10 de março de 2004.

Dois anos antes, a exposição *El Huracán*, do cubano Kcho, foi outra que ganhou uma bela edição, com imagens das obras que tinham os barcos como temática e textos em português, inglês e espanhol.

Outra obra indispensável para qualquer artista, independentemente da idade, da informação e das técnicas que utilize.

Outro livro falou sobre Bernar Venet, que teve suas obras exibidas no MuBE de 31 de outubro a 10 de dezembro de 2000. Editadas pelas empresas Arte 21 e Conexão, as 148 páginas ricamente ilustradas detalharam os conceitos da trajetória do artista francês. Delas, mais de 80 eram de imagens. No final, há também dados sobre exposições individuais e coletivas, conferências, monografias, artigos e mostras.

Essa riqueza de detalhes, que se repete em todos os livros que fizemos, à custa de muitos esforços e recursos, torna essas obras indispensáveis para qualquer um que goste de arte – de estudantes a professores, de público em geral a profissionais. Até as mostras organizadas após os nossos ateliês, em que artistas consagrados davam aulas a alunos no museu, eram cuidadosamente documentadas em catálogos e livros. E continuam essenciais.

Guardo todos eles com grande carinho em casa, em locais sempre à mão para o caso de precisar conferir alguma informação, ver a opinião de especialistas nacionais e internacionais ou simplesmente lembrar em detalhes das maravilhosas exposições que fizemos no MuBE.

Bruno Giorgi *1905–1993*

Capa do catálogo da exposição de Bruno Giorgi e duas das peças da mostras

IMAGEM DA OBRA LICENCIADA POR LEONTINA RIBEIRO RODRIGUES GIORGI E DA CAPA DO CATÁLOGO POR METALIVROS

DE BRUNO GIORGI AOS ONZE, SEIS ANOS NOTÁVEIS

Apesar dos dissabores e dificuldades, conseguimos realizar nessa época belas exposições no MuBE. Em novembro de 2000, inauguramos uma mostra com 40 desenhos de Bruno Giorgi (1905-1993), um dos maiores escultores brasileiros, pertencentes à coleção de sua viúva, Leontina Ribeiro.

Autor de obras públicas famosas, como *Os Candangos* (1960), instalada na Praça dos Três Poderes, em Brasília, Bruno nasceu em Mococa, interior de São Paulo, mas, com apenas seis anos de idade, mudou-se com o pai para a Itália. Começou a estudar desenho e escultura já na década de 1920 e, após uma passagem pela França, envolveu-se em movimentos antifascistas e foi condenado à prisão. Em 1935, conseguiu ser extraditado para o Brasil, onde continuou muito ligado às artes. Muitas dessas passagens foram contadas no livro de Piedade Grinberg, lançado durante a inauguração da mostra de seus desenhos no MuBE.

Um mês depois, foi a vez de recebermos a *Arte Autônoma de Marcos Coelho Benjamin, Fernando Lucchesi e José Bento*, com obras dos três artistas mineiros que souberam fundir suas raízes com o rigor contemporâneo. Também foi lançado um livro da crítica e historiadora Aracy Amaral, com as biografias de cada um dos artistas.

Marilisa com Edla Van Steen

Arnaldo Carraro

Em 2001, o grande destaque foi a exposição individual de um dos mais relevantes nomes da arte contemporânea: o francês radicado americano Claude Viallat, que tem obras espalhadas pelos principais museus do mundo, como o MoMa de Nova York, o Museu de Belas Artes de Montreal, o Museu Nacional de Arte de Osaka, o Museu de Arte Moderna de Estrasburgo e o Museu de Arte Contemporânea de Paris.

Realizada em setembro, a mostra fazia parte do projeto *França Contemporânea - Um Panorama Atual da Criação Artística Francesa*, promovido com apoio da Association Française d'Action Artistique e do Consulado Geral da França em São Paulo. Apresentada com 50 trabalhos de grandes dimensões realizados entre 1996 e 2001, ela reafirmava os conceitos do Supports/ Surfaces, movimento internacional que Viallat ajudou a criar nos anos 60. A ideia era libertar a pintura das "gaiolas" tradicionais, utilizando apenas telas e eliminando suportes e molduras, além de repetir formas e cores.

Nesse mesmo ano, outra mostra que fez muito sucesso e atraiu mais de dez mil pessoas foi a retrospectiva *Heads*, de Ivald Granato. Trazia 80 obras, entre esculturas, instalações e pinturas. Uma das esculturas foi doada ao museu no ano seguinte.

Em 2002, vale a pena destacar a exposição do artista cubano Kcho. Foi ele quem doou ao MuBE uma de suas primeiras esculturas: *Coluna Infinita David*. Com uma trajetória meteórica, Kcho foi considerado um dos nomes mais atuantes de sua geração. Em 1995, com apenas 24 anos, entrou para a fechada coleção do Museu de Arte Moderna (MoMA), de Nova York. Em apenas três anos, expôs em seis países – Espanha, Estados Unidos, Canadá, Suíça, Itália e França. No Brasil, apresentou suas obras pela primeira vez no MuBE. Batizada de *El Huracán*, a mostra incluía, além de instalações monumentais (duas inéditas), 30 desenhos feitos em papel com carvão, ceras, sépia e canetas. E uma mesma inspiração: barcos, canoas e outros objetos que flutuam.

Em 12 de novembro de 2003, recebemos o então presidente de Portugal, Jorge Sampaio, na abertura de outra bela exposição: *Portugal de Relance - A Viagem: Encontro de Dois Povos*. Com obras de acervos do Museu Nacional de Soares dos Reis, Museu Municipal Amadeo de Souza-Cardoso e Fundação Calouste Gulbenkian, entre outros, além de peças de colecionadores particulares, a mostra retratava a sociedade, a cultura, os costumes, a economia e o desenvolvimento dos portugueses em três épocas distintas – a segunda metade do século 19, as últimas décadas do século 20 e o período que se seguiu à adesão de Portugal à União Européia. Também apresentava peças de vestuário, utensílios, objetos de arte sacra, imagens de obras arquitetônicas.

Claude Viallat em ação em uma de suas obras

TERÇA-FEIRA, 4 DE SETEMBRO DE 2001 — CADERNO 2 — O ESTADO DE S. PAULO - D7

VISUAIS

MuBE traz a pintura sedutora de Claude Viallat

Artista francês foi um dos fundadores do movimento Supports/Surfaces

MARIA HIRSZMAN

Claude Viallat, um dos maiores representantes da pintura francesa contemporânea, inaugura esta noite uma ampla exposição no Museu Brasileiro de Escultura (MuBE) mostrando, por meio de uma seleção de quase 50 trabalhos realizados nos últimos cinco anos, que continua fiel aos princípios do movimento Supports/Surfaces, que ajudou a criar no fim da década de 60. Reafirmando a importância da pintura numa época em que vigorava a idéia de que ela estava morta, ou no mínimo agonizante, Viallat e seus companheiros ousaram desafiar a hegemonia do minimalismo, e sobretudo do conceitualismo, contrapondo a exploração sensual de elementos como a forma, a cor e a matéria ao racionalismo dominante.

A íntima relação da pintura com a história e sua função narrativa não têm espaço na obra de Viallat. Seu abstracionismo também não tem nada de rigoroso, de geométrico. Partindo de uma mesma e repetitiva forma, que há muito se tornou um elemento central de seu trabalho, Viallat busca trazer à tona o que há de mais primitivo, o que há de mais essencial na pintura.

"Não há nada premeditado no meu trabalho", diz ele, afirmando que essa figura que repete quase que como uma assinatura, explorando tanto a forma quanto a contraforma (espaços entre as figuras, que funcionam como um campo negativo da imagem) é um elemento qualquer. "Ele não tem nenhum interesse em si, a não ser que não é figurativo, não é geométrico, não é simbólico ou decorativo."

Com relação a esse último adjetivo, pode-se alertar para o lado extremamente sedutor da pintura de Viallat, que apesar – ou talvez por causa – da ausência de outras referências, se impõe ao olhar de maneira agradável e um tanto quanto lúdica. Mas segundo o artista, o que lhe interessa não são padrões de decoração e regras sobre como atrair e encantar o espectador, mas sim a própria sensualidade da matéria, criada de maneira cotidiana e descompromissada.

O tecido, que na maioria das vezes traz consigo informações das quais ele se apropria como uma determinada cor ou motivo impresso, é seu ponto de partida. A técnica surge em função do material. "Todos os acasos são bons", brinca o pintor, que já teve sua obra exposta no Brasil em três outras ocasiões: na 16.ª Bienal de São Paulo, numa exposição coletiva sobre o Supports/Surfaces realizada ano passado no Museu de Arte Moderna de São Paulo e, mais recentemente, numa mostra realizada no Paço Imperial, no Rio.

Segundo Viallat, essa busca da essência da pintura decorre de uma tentativa de repensar a história dessa técnica e da constatação de que esse passado não começava na renascença ou nas tradições ocidentais, mas remontava à pré-história. "Decidimos reinvestir na pintura e reaprendê-la", conta. Dentre os companheiros de jornada do Supports/Surfaces apenas Daniel Dezeuze e Patrick Saytour parecem continuar trilhando o mesmo caminho, mas muitos deles acabaram voltando à figuração.

Uma das imagens que mais encantam o pintor que se recusa "a contar uma história" em seu trabalho é a do homem das cavernas que deixa suas mãos e impressões registradas nas paredes das cavernas, estabelecendo assim uma determinada partição do espaço físico. "Foi a partir desse momento que a pintura pôde existir", afirma.

Mas nem só de pintura e bidimensionalidade é construída a obra de Viallat. Ele também tem suas experiências com a escultura e muitas vezes parece dar um corpo mais sólido e concreto à cor, que se transforma em malhas vazadas ou em sedutores rolos de corda que parecem puro pigmento. Infelizmente, a mostra do MuBE não deverá reunir nenhuma dessas obras, já que o artista preferiu explorar a amplidão do espaço para mostrar suas pinturas em grandes dimensões.

Outras vezes, mesmo quando ainda se mantém na superfície chapada, ele sai da pura bidimensionalidade, explorando os dois lados da tela. Alguns dos trabalhos que expõe em São Paulo fazem esse jogo, tirando a obra da visão monocêntrica da parede e jogando-a na integralidade do espaço. Dessa forma, ele também provoca o espectador, que jamais é capaz de ver a obra em sua integralidade, já que sempre haverá um lado oculto, um registro que só está presente em nossa memória.

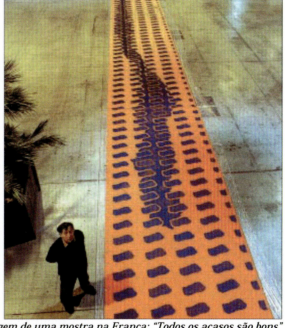

Uma das pinturas de Viallat e o artista, durante a montagem de uma mostra na França: "Todos os acasos são bons"

Experiência no espaço: é a sensualidade que interessa

A cor, a forma e a matéria são os elementos essenciais de sua arte, construída a partir de uma única forma básica, que não é nem figurativa nem geométrica

SERVIÇO

Claude Viallat. De terça a domingo, das 10 às 17 horas. **MuBE**. Avenida Europa, 218, tel. 3081-8611. **Até 30/9. Abertura hoje, às 20 horas**

Na obra de Viallat a cor e a forma são usadas para combater o racionalismo.

Marilisa na abertura da exposição de Claude Viallat, entre a neta Paula e o cônsul francês Jean Marc Laforêt

"VARAL" (1990) de Claudio Tozzi, tinta acrílica sobre tela de madeira, dimensões variáveis.

Claudio Tozzi e uma das obras que expôs no MuBE

Marilisa e o presidente de Portugal, Jorge Sampaio

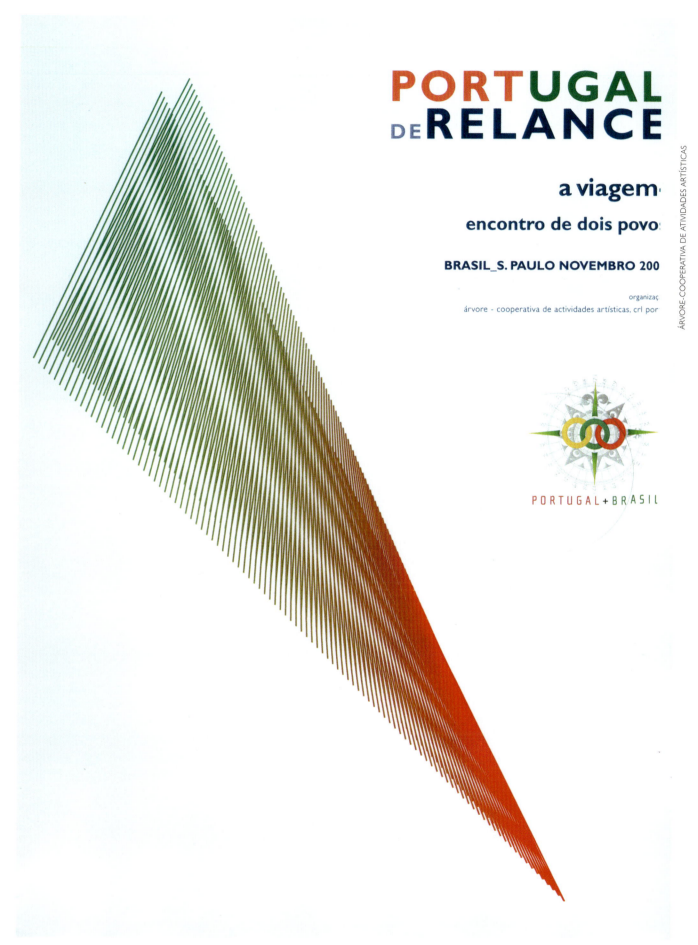

Capa do catálogo da exposição *Portugal de relance - A viagem: encontro de dois povos*

Em 2005, celebramos os dez anos do museu com um magnífico concerto do maestro João Carlos Martins. E, entre novembro e dezembro do mesmo ano, o museu foi totalmente tomado pela retrospectiva do cinquentenário da obra do artista e publicitário José Zaragoza. Além da exposição de 140 pinturas e esculturas, foi lançado o livro *Zaragoza – Meio Século – Revisão*. Zaragoza, aliás, foi um dos artistas que participaram em 2006 de um dos grupos que mais deram o que falar no ano: Os Onze.

Com o País tomado pelo clima da Copa do Mundo de Futebol na Alemanha, Ivald Granato decidiu fazer uma exposição que tivesse o futebol como tema e convidou outros dez artistas: Antonio Peticov, Claudio Tozzi, Jô Soares, José Roberto Aguilar, Maria Bonomi, Roberto Magalhães, Rubens Gerchman, Tomoshige Kusuno, Zélio Alves Pinto e Zaragoza. O número tinha uma explicação: a quantidade de jogadores de um time.

Com grande repercussão internacional, a exposição *Os Onze - Futebol e Arte* foi vista por mais de 30 mil visitantes na Embaixada do Brasil em Berlim, durante a campeonato mundial de futebol. A mostra fazia parte da Copa da Cultura, o projeto oficial do Ministério da Cultura, com apoio do Ministério das Relações Exteriores do Brasil e do governo da Alemanha, que incluía uma extensa programação não só de artes plásticas como de música popular, cinema, teatro, dança, shows ao ar livre, conferências e debates. O programa de intercâmbio cultural havia sido lançado em Berlim meses antes pelo então ministro da Cultura brasileiro, Gilberto Gil, e pelo maior jogador de futebol de todos os tempos – Edson Arantes do Nascimento, o Pelé.

Eu fui para a inauguração da exposição na Alemanha com vários dos pintores e me diverti muito. Além de a mostra ter sido um sucesso, as companhias eram muito agradáveis.

Após permanecer entre 22 de maio e 14 de julho de 2006 na capital alemã, a mostra foi exposta entre 31 de outubro e 8 de dezembro no MuBE. Depois, ainda seguiu a outros países, como o Chile. Sempre com grande sucesso.

Ainda em 2006 também fizemos uma exposição para homenagear o arquiteto Paulo Mendes da Rocha, relembrar a construção do MuBE e apresentar o projeto de um anexo do museu para abrigar carpintaria, depósito e caixotaria. Foi logo depois que ele ganhou o importantíssimo prêmio Pritzker, almejado por todos os profissionais de sua área. E não poder concretizar o projeto do anexo nos deixou muito tristes.

É importante lembrar, no entanto, que além dessas exposições, o MuBE ainda abrigou dezenas de outras, devidamente listadas na parte final deste livro. Infelizmente é impossível detalhar cada uma

Capa do catálogo da exposição de Zaragoza

José Zaragoza e Marius Rathsam

Gerais da exposição *Zaragoza Meio Século Revisão* (1); com Luis Sales (2) e Nizam Guanaes (3); posando diante das peças (4)

Antônio Peticov, Monique e José Zaragoza

Marius, Marilisa e o publicitário Roberto Duailibi

Da esquerda para a direita, Rubens Gerchman, Zélio Alves Pinto, José Zaragoza, Roberto Magalhães (ao fundo), Ivald Granato, José Roberto Aguilar, Tomoshige Kusuno e Claudio Tozzi.

Sete dos artistas dos Onze posam ao lado de Marilisa, do então ministro da Cultura, Gilberto Gil, e do embaixador e da embaixatriz do Brasil na Alemanha

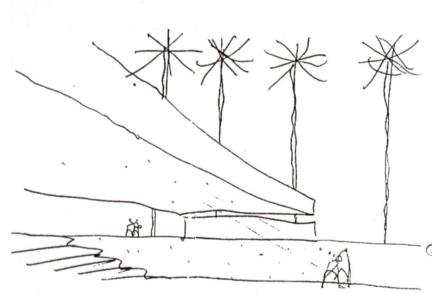

Paulo Mendes da Rocha
Prêmio Pritzker de Arquitetura 2006
e
Museu Brasileiro da Escultura
Marilisa Rathsam

tem o prazer de convidar para o coquetel de abertura da exposição de projetos e fotografias de obras do arquiteto. Na ocasião, será apresentada a futura torre do MuBE dia 02 de agosto de 2006, às vinte horas, à Avenida Europa, 218.

Apoio institucional:

R.S.V.P. 3081-8611   Manobrista no local

Convite para a exposição em homenagem ao arquiteto Paulo Mendes da Rocha

Marilisa e o ministro da Cultura, Gilberto Gil (1); da esquerda para a direita, Ivald Granato, Marius, Marilisa, o embaixador brasileiro na Alemanha, Dulcita Leão e Monique Zaragoza (2)

▲1

▲2

Lia Carraro (1); Paulo Mendes da Rocha, Marilisa, Guiomar Milan Sartori e Cecilia Matarazzo (2)

SÁBADO, 26 DE AGOSTO DE 2000

CADERNO 2
POESIA E TÉCNICA

A arquitetura humanista de Mendes da Rocha

Editora Cosac & Naify lança hoje na Pinacoteca do Estado uma monografia na qual estão reunidos os principais projetos realizados em mais de quatro décadas pelo renomado arquiteto brasileiro

MARIA HIRSZMAN

Paulo Mendes da Rocha não é apenas um dos maiores da arquitetura nacional. Como mostra o livro *Paulo Mendes da Rocha*, que será lançado nesta manhã na Pinacoteca do Estado, ele é também um dos poucos arquitetos brasileiros preocupados com o aspecto humano e poético de sua profissão. Como escreve Edemar Cid Ferreira no prefácio da publicação, "quando desenha uma casa, Paulo Mendes da Rocha é um urbanista; quando restaura um edifício, é crítico de arte; quando discute os problemas da cidade, revela-se um agudo cientista social".

A obra, organizada por Rosa Artigas e editada pela Cosac & Naify, apresenta um dos projetos mais relevantes de sua carreira. Mas os organiza de forma bastante particular. Em vez de adotar apenas o critério cronológico ou a separação entre projetos não realizados e obras concluídas (o que poderia facilitar a leitura para os leigos), eles foram organizados em três grandes capítulos, que resumem em linhas mestras o pensamento arquitetônico de Mendes da Rocha.

No primeiro deles, intitulado *América, Arquitetura e Natureza*, estão suas concepções mais ousadas, aquelas que traduzem uma visão quase utópica da arquitetura. Não é à toa que a grande maioria delas não saiu do papel. Ele adota então uma linguagem poética que se cola à obra como se fizesse parte dela.

Com um otimismo contagiante, Mendes da Rocha vê maravilhado as inúmeras possibilidades de construção numa natureza nova, intocada como a americana, contrapondo essa situação com o engessamento da tradição européia. "Nossos olhos se voltam para a idéia de construir as cidades americanas na natureza, estabelecendo novos raciocínios sobre o estado das águas, das planícies e das montanhas, a espacialidade de um continente, novos horizontes para nossa imaginação quanto à forma e o engenho das coisas que haveremos de construir", escreve.

Entre esses fantásticos encontros entre a arquitetura e a natureza idealizados por Mendes da Rocha está um fascinante projeto para Vitória. A partir pações em concursos internacionais, como aqueles para a Biblioteca de Alexandria (Egito) e para o Centro Cultural Georges Pompidou, em Paris.

Na segunda parte, que começa com o texto *Genealogia da Imaginação*, o arquiteto disserta sobre a necessidade de fundir técnica e arte, entre a fantasia e a realidade possível. "É preciso desatar o nó da divisão esquizofrênica entre arquitetura e urbanismo, entre arte e técnica, arte e ciência", afirma. Neste capítulo estão reunidas algumas das grandes realizações de Mendes da Rocha, como o ginásio do Clube Paulistano, que lhe valeu o Grande Prêmio da Bienal de São Paulo, o Museu Brasileiro de Escultura e a reforma do prédio da Fiesp.

Dois outros projetos de sua autoria na área cultural estão na terceira e última parte, *A Cidade para Todos*. São eles a reforma da Pinacoteca do Estado – onde será lançado o livro e que lhe valeu recentemente o prêmio Mies van der Rohe de arquitetura latino-americana – e a transformação da antiga sede do Museu de Aeronáutica na Oca, no Parque do Ibirapuera, prédio que abriga a mostra de arqueologia e artes indígenas da *Mostra do Redescobrimento*. Com maestria, ele consegue tirar o melhor proveito de obras projetadas por outros mestres, como Ramos de Azevedo (Pinacoteca) ou Rino Levi (Fiesp).

Neste último segmento, Mendes da Rocha toca num ponto essencial para a compreensão de sua obra, ao afirmar que, para ele, "a primeira e primordial arquitetura é a geografia".

Ao observar esse livro nota-se que seu trabalho é marcado por um profundo respeito pela paisagem. Se algumas vezes os memoriais dos projetos são excessivamente técnicos para o público leigo, esse passeio pelo universo criativo permite que se tenha uma compreensão sensorial e quase afetiva de sua obra. Suas concepções são ousadas, mas sempre se insinuam, dialogam e buscam tirar proveito do cenário, em vez de se impor por artificialmente. Serenidade e silêncio são dois adjetivos que cabem a sua obra.

Para ele, o projeto deve ser visto "como um lugar, um mirante, de onde se pode ver a realidade, antes de tudo como uma projeção futura".

> '**A PRIMEIRA E PRIMORDIAL ARQUITETURA É A GEOGRAFIA**'

Silvia Lafer, Gilda Baptista e Julio Neves (1)

delas, mas todas foram muito importantes para o museu se fixar na cidade como um espaço plural de apresentação da arte em suas mais diferentes facetas.

Em todos esses anos, o público teve a oportunidade de ver no MuBE de bules de chá chineses a esculturas monumentais. E mesmo com todas as dificuldades, sempre trabalhamos para honrar o compromisso assumido pela SAM em relação ao terreno da Avenida Europa.

Por isso, o nosso choque ao receber da Prefeitura uma notificação rescindindo sua concessão. Foi em abril de 2007.

Venha abraçar o MuBE
"hoje"

domingo

Rua Alemanha, 221
Jd. Europa
esquina c/ a Av. Europa, 218

A sua presença é muito importante, para que possamos continuar com as atividades culturais para o povo de São Paulo.

O MuBE é nosso!

Sociedade de Amigos dos Museus - SAM
Nacional
www.mube.art.br

PERSEGUIÇÃO E VITÓRIA NA JUSTIÇA

Os problemas começaram em maio de 2006, quando recebemos duas multas, de R$ 1 mil e R$ 2 mil, por mantermos outdoors na frente do museu voltados à Avenida Europa. Um deles anunciava uma mostra do arquiteto Paulo Mendes da Rocha. Indignados, representantes do Museu de Arte Moderna (MAM), do Museu da Imagem e do Som (MIS), do Museu da Casa Brasileira, da Federação das Sociedades de Amigos dos Museus, da Associação Brasileira dos Críticos de Arte, entre outras entidades culturais, divulgaram em 20 de julho um Manifesto dos Museus, solidarizando-se conosco e pedindo atenção especial da Prefeitura às entidades culturais. O clamor era para que se diferenciasse a publicidade comercial predatória dos banners que incentivavam a cultura, lembrando que os museus não têm dinheiro para, por exemplo, anunciar na televisão.

Rapidamente percebemos, porém, que não se tratava apenas de discutir uma nova lei. Estávamos sendo alvos de uma perseguição que atingia não só o MuBE como também outras instituições, como o Círculo Militar. Simplesmente a Prefeitura queria tomar a área do museu da Sociedade de Amigos dos Museus. E, claro, desconsiderando que precisávamos fazer os eventos justamente para manter o museu aberto, já que dois terços de nossos R$ 110 mil de

despesas mensais com manutenção e funcionários eram pagos com eles – o restante vinha de doações, da feira de antiguidades e dos recitais.

Em 17 de abril de 2007, o *Diário Oficial da Cidade* publicou um despacho do prefeito Gilberto Kassab rescindindo a concessão de uso pelo MuBE da área de 7 mil metros quadrados no número 218 da Avenida Europa.

Quase em estado de choque frente a tamanha injustiça, fui bater na porta do Comando Militar do Sudeste, responsável pelo Círculo Militar. Estava acompanhada por algumas funcionárias do museu – incluindo nossa diretora jurídica, Guiomar Milan Sartori Oricchio. Chegando lá, fomos encaminhadas a uma pessoa do Departamento Jurídico, que nos contou que já haviam ganhado em primeira instância uma ação contra a Prefeitura. Eles nos indicaram um advogado com experiência em disputas envolvendo rescisão da concessão de áreas públicas – o doutor José Luiz Bueno de Aguiar. Ao procurá-lo, pedi: "Por favor, faça a mesma defesa do Círculo Militar". Ele fez e, após provarmos em juízo que estávamos cumprindo rigorosamente o acordo com a Prefeitura, vencemos a batalha na Justiça.

Superar esse período, porém, não foi nada fácil. Em 18 de abril de 2007, havíamos recebido uma notificação administrativa da Secretaria Municipal dos Negócios Jurídicos, assinada por Jerry Jackson Feitosa, diretor do Departamento Patrimonial, que dizia:

> *"Conforme publicação inserta no Diário Oficial do Município de 17/04/2007, o prefeito do Município de São Paulo declarou rescindida a concessão administrativa de uso de área pública celebrada com a Sociedade de Amigos dos Museus – SAM Nacional, em razão do descumprimento das obrigações assumidas, motivo pelo qual, por intermédio da presente notificação, fica a Sociedade de Amigos dos Museus – SAM Nacional notificada a desocupar, no prazo improrrogável de 15 dias, o imóvel municipal objeto da concessão rescindida, situado na Avenida Europa nº 218, com cerca de 6.920,00 m2, sob pena de:*
> *a) Pagamento por parte de entidade de indenização acrescida de juros e correção monetária, pela utilização indevida do imóvel municipal, a ser calculada pela Divisão de Engenharia deste Departamento Patrimonial, até a data de desocupação do imóvel invadido;*

b) Ingresso de ação judicial visando a retomada do imóvel e cobrança da indenização mencionada, além das custas processuais e honorários advocatícios".

A disputa acabou parando no Tribunal de Justiça do Estado. Após ganharmos liminar garantindo a renovação do alvará de licença de funcionamento do MuBe, a Sociedade de Amigos dos Museus ingressou no começo de maio com mandado de segurança para anular o despacho do prefeito. Entre outras ilegalidades, o advogado José Luiz Bueno de Aguiar apontou que o direito de defesa da direção do museu havia sido desrespeitado. Também destacou que o espaço teve exposições de artistas renomados e oferecia cursos a 700 alunos, inclusive com bolsas em convênios com a Prefeitura. E anexou ao recurso a decisão que garantiu ao Círculo Militar o direito de continuar usando uma área no Ibirapuera.

O assunto foi parar nos jornais, que procuraram opiniões de especialistas no caso do MuBE. Eles foram praticamente unânimes em dizer que era completamente ilegal tentar desconsiderar uma lei e rescindi-la via despacho. Seria preciso ter uma nova lei revogando a anterior. "O direito de defesa é constitucional. Quem disse que os museus, hoje, não podem realizar eventos comercias para se manter? É uma questão que deve ser discutida", disse o advogado Diamantino Silva Filho, especialista em direito público, ao *Estadão*.

Os jornais comentavam também que, fora dos tribunais, personalidades da sociedade paulistana tomavam posição na disputa. Incluindo um "tucano": o então secretário de Relações Institucionais do governo José Serra, José Henrique Reis Lobo, que criticou a medida arbitrária da Prefeitura e foi um dos organizadores do abraço coletivo ao museu que fizemos nessa época. "Discordo frontalmente. E tenho dúvida a respeito de sua legalidade", declarou.

O museu começou também a coletar assinaturas contra o ato da Prefeitura e passou a receber cartas de artistas, como Antonio Peticov, presidente da Cooperativa dos Artistas Visuais do Brasil, e Fernando Durão, presidente da Associação Profissional de Artistas Plásticos de São Paulo. "Exemplo de perseverança, dignidade e dedicação, esse museu tem atuado com ética, em defesa do interesse dos artistas, da arte e de nossa cultura", disse Peticov.

A resposta final veio na Justiça. Em 2 de maio de 2007, a Sociedade de Amigos dos Museus ganhou no tribunal liminar para continuar ocupando o terreno da Avenida Europa. O desembargador Hamilton Elliot Akel acatou nosso pedido contra o despacho do prefeito. Inconformada, a Prefeitura entrou com recurso de agravo regimental. No dia 13, porém, o desembargador manteve a decisão. Mais uma luta estava vencida.

Imagens do abraço do MuBE, realizado numa tarde de domingo de abril de 2007

Os jornais comentavam também que fora dos tribunais, personalidades da sociedade paulistana tomavam posição na disputa, que ganhou a participação de um "tucano", o então Secretário de Relações Institucionais do governo José Serra, José Henrique Reis Lobo, que criticou a medida arbitrária da prefeitura. Ele foi um dos organizadores do abraço coletivo ao museu. "Discordo frontalmente. E tenho dúvidas a respeito de sua legalidade", declarou na época.

Marius e Marilisa Rathsam

E PARA TERMINAR

Escrever um livro é, ao mesmo tempo, uma tarefa complicada e prazerosa. Complicada porque, de uma hora para outra, você se vê às voltas com uma profusão de lembranças, além de caixas e mais caixas de documentos que por meses serão novamente descobertos, remexidos e organizados. E prazerosa porque você consegue refazer todo o caminho que trilhou desde o início, relembrando lutas, derrotas e vitórias.

Procurei nas páginas anteriores reconstituir com a maior riqueza de detalhes possível o que foi o desafio de construir um museu no Brasil e ajudar a salvar um bairro da devastação. Já as páginas seguintes dedicarei a uma outra lembrança especial: os eventos e jantares que fiz em minha casa, também com o intuito de promover a cultura.

Foram vários e vários, para grupos pequenos e grandes, de brasileiros e estrangeiros, artistas ou simples admiradores da arte. Mas sempre com um motivo nobre. Entre as fotos, flagrantes também de outros eventos que fizemos do outro lado da rua, no MuBE. E a imagem de muita gente que nos ajudou até aqui, com seu apoio, sua amizade ou simplesmente sua presença. A todos, meu muito obrigada.

Marilisa em foto de Luiz Garrido para a revista *Vogue*

A Presidente do Museu Brasileiro da Escultura, Marilisa Rathsam e Senhor Marius Rathsam tem a honra de convidar Vossa Senhoria para recepção, em sua residência, em homenagem ao Senhor Cônsul Geral da França, Jean Levy e Senhora e ao Senhor Daniel Abadie, Diretor da Galerie Nationale du Jeu de Paume, Paris.

Rua Alemanha, 214 - Jardim Europa
às 18 horas do dia 5 de abril de 1999

Roga-se a apresentação deste. Traje social
RSVP 881.8611

Marilisa e Marius com os condes Frederic e Camilla Chandon de Briailles (1); José Zaragoza, Marilisa e Cecília Matarazzo (2); Lia Carraro, Marilisa, Marius e Maristela Requião (3); Guido Clemente, Marilisa, cônsul italiano Vincenzo Petrone e Lia Carraro (4); Fabio Magalhães e Brigitte Negrier (5)

O cônsul italiano Vincenzo Petrone, Pedro Piva e Marius (1);
Fabio Magalhães, Marilisa e Maristela Requião (2);
Fabio Magalhães, Suzanna Sampaio e Marilisa (3);
Albertina Brandão e Sábato Magaldi (4); Albertina Brandão
e Marilisa (5);

Suzanna Sampaio, presidente do Icomos-Brasil, e François Barré, presidente do Centre Pompidou

Dulcita Costa, Marius, Cecilia Matarazzo, embaixador David Francis e esposa, Marilisa e Lia Carraro

Cecilia Matarazzo e Marilisa (1);
Stéphanie Busutill e Pier Paolo
Cimatti (2); Bia Doria (3)

Paulo Mendes da Rocha (1); (2); Marilisa e Costanza Pascolato (3); Maria Aparecida Brecheret (3)

Nelson Guimarães, Dulcita Arantes Costa e Cecilia Matarazzo (1); Marius e Marilisa com Alice e Luiz Eduardo Campelo (2); Julio Neves e Marilisa Rathsam (3)

Fábio Magalhães, Brigite Negrie e Marcelo Arantes Rahtsam (1); Marcelo Arantes Rathsam e Anna Luisa Mendes Caldeira Rathsam (2); Marcelo Arantes Rathsam

ACERVO ESCULTÓRIO DO MUBE
GESTÃO MARILISA RATHSAM

17h30 MuBE ganha Brecheret

••• O Museu Brasileiro da Escultura (MuBE) ganhou ontem sua primeira escultura de Victor Brecheret, um São Francisco feito de gesso, com 2,5 m de altura. Criada em 1955, ano da morte do artista, foi uma de suas últimas peças. Estava na casa de sua filha Sandra, que decidiu doá-lo.

Sandra Brecheret, ao lado da escultura *São Francisco*, de Victor Brecheret

Coluna Infinita, do cubano Kcho

Head, de Ivald Granato

Espaço Metamorfose, de Yutaka Toyota

Outono Silencioso (em itálico) (2003), de Arcangelo Ianelli. Escultura em mármore, 280 x 62cm.

Arminda, de Sonia Ebling

Musa da Ciência - Andrômeda, de Galileo Emendabili, 1925

Musa da Agricultura - Ceres, de Galileo Emendabili, 1925

Coluna da Primavera, de Francisco Brennand

DEPOIMENTOS

FOTO: LUIS PAULO ALEIXO

Marilisa Rathsam
Criadora e Fundadora do Museu
Brasileiro da Escultura Marilisa Rathsam
Presidência - 1995 - 2008
Obra de Maria Clara Fernandes

JORGE YUNES

Secretário Municipal de Cultura na gestão Jânio Quadros

Sem dona Marilisa Rathsam o MuBE não existiria. Não teria saído, o Jânio não aprovaria.

Antes da instalação do museu, houve a tentativa de se construir um shopping. A sociedade local se movimentou e o desejo foi frustrado. Era um terreno de aproximadamente 7 mil metros quadrados. Daí surgiu a ideia, partindo do Marius e de dona Marilisa, de se aproveitar a área para criação de um centro cultural. Na época, Jânio Quadros era prefeito. Dona Marilisa conseguiu, após insistência dolorosa para ela e para o Jânio, que a área fosse desapropriada.

Dona Marilisa insistia tanto que Jânio me dizia: "Tire essa senhora da minha frente!" E eu respondia: "O problema é seu. Você é que começou".

Houve um problema jurídico. Jânio queria apressar por decreto, mas não era possível. Foi feito então um projeto de lei, aprovado pela Câmara. Assim, concretizou-se a possibilidade jurídica de edificação.

Vários projetos foram apresentados e foi criada uma comissão para escolher o projeto mais apropriado. Dona Marilisa, com sua doce voz, sugeriu que os arquitetos – e não a comissão da qual eu fazia parte – escolhessem o projeto, por serem eles mais sensíveis que nós, leigos. A decisão foi tumultuada, mas finalmente dona Marilisa conseguiu seu intento e se escolheu o projeto de Paulo Mendes da Rocha.

O problema maior passou a ser como conseguir os recursos para a edificação. E é preciso que se faça justiça: muitos se empenharam nisso, mas, pela capacidade de convencer, a líder foi Marilisa Rathsam. Ela foi devagarzinho, devagarzinho, as obras se iniciaram e terminaram como o atual MuBE.

Houve uma pequena parcela de recursos públicos na construção, mas a maioria das doações veio de particulares.

Finalmente pronto o museu, ele começou a ser dirigido por Marius e dona Marilisa com um esforço muito grande. Apesar de uma certa facilidade, por morarem em frente, eles encararam uma luta insana para mantê-lo.

Houve um problema por se tratar de um museu da escultura. Não tínhamos um acervo para visitação pública permanente, daí o espaço ser usado para exposições ocasionais e algumas festividades, contrariando os que não entenderam que essa era a única maneira de aportar recursos ao museu. Muitos não compreendiam isso.

Hoje o museu conta com algumas esculturas, com os cuidados necessários para não vulgarizar o acervo.

O imóvel foi desapropriado e, ao longo do tempo, a família do proprietário deverá receber por precatório um valor creio que até superior ao valor do metro quadrado atual se vendido fosse. Ainda tentei que Jânio oferecesse valor compatível mediante acordo, mas ele insistiu que se atendessem às normas correntes. Eu sabia que ia demorar anos.

Atualmente, o museu é um marco importante na cultura brasileira e temos de agradecer ao esforço de muitos, principalmente Marius e dona Marilisa Rathsam, que ainda continuam preocupados e dedicados aos interesses do MuBE quando lhes é possível e, conseqüentemente, aos interesses dos cidadãos de São Paulo e de outros Estados.

MARA GUIMARÃES

Jornalista e escritora radicada em Paris desde 1963, doutora em Filosofia pela Faculdade de Letras e Ciências Humanas da Universidade de Sorbonne, de Paris, diplomada em Estudos Literários Gerais, Psicologia Social e Civilização Francesa, também pela Sorbonne

Marilisa Rathsam nadou contra correnteza diante da desconfiança – para não dizer indiferença por parte de algumas autoridades brasileiras –, mas não se deixou desencorajar. Quando tive o prazer de conhecê-la em Paris, eu ainda não sabia de seu sonho em criar o "Projeto Cultural Oficial França/Brasil", que tinha como objetivo retomar o intercâmbio cultural entre o Brasil e a França, interrompido havia 25 anos.

Esse projeto reuniu a Sociedade de Amigos dos Museus (SAM) Nacional, presidida por Marilisa, e a Association Française d'Action Artistique, por meio do Sr. Yves Mabin, chefe do Bureau des Arts Plastiques.

O diálogo foi muito positivo. Apesar de lamentar os 25 anos de silêncio, o Sr. Mabin esclareceu que as mudanças constantes das autoridades brasileiras não possibilitavam a seqüência na proximidade cultural entre os dois países. Para nossa satisfação, em um dos encontros seguintes, nos deu o contrato de divisão de responsabilidades e marcou uma reunião com Marie Odile Briot, curadora do Musée de L'Art Modern de Paris, que constituiu a base da primeira exposição do "Projeto França-Brasil".

Sendo brasileira, entusiasmei-me pela ideia e pela eficiência de Marilisa. Foi assim que acompanhei, em Paris, essa história desde o início.

Pedimos audiência junto à Embaixada do Brasil na França. Conquistado pela ideia de Marilisa Rathsam, o embaixador Sr. Luiz Gonzaga Nascimento e Silva apoiou a concretização da exposição.

Nesse contrato de responsabilidade mútua firmado pelo Sr. Yves Mabin e Marilisa Rathsam, representando a França e o Brasil, respectivamente, ficou acertado que a França embarcaria as obras francesas no aeroporto Charles de Gaulle até o aeroporto de Cumbica/Brasil, ficando por conta da SAM o seguro de "clou à clou" e todos as outras despesas em São Paulo, além da realização da exposição no Museu de Arte de São Paulo (Masp) de novembro a dezembro de 1984 e no Museu de Arte Moderna (MAM) do Rio de Janeiro de janeiro a março de 1984.

Marie Odile Briot escolheu 80 obras dos seguintes artistas do acervo de Musée d'Art Moderne de la Ville de París para irem ao Brasil: Pablo Picasso, Maurice Utrillo, Amadeo Modigliani, Mauricede Vlaminck, André Derain, Raoul Dufy, Georges Braque, Suzanne Valadon, Henri Matisse, Wilfred Lam, Pierre

Alechinsky, Victor Vassarely, Martial Haisse, Henry Michaux, Christian Jaccard., George Rouaut, Serge Ferat, Roger de La Fresnaye, Auguste Herbin, Albert Gleizes, André Ozenfat, Jean Crotti, Chaim Soutine, Fernando Léger, Francis Picabia, Marcel Gromaire, Franticek Pupka, Robert Delaunay, Louis Marcoussis, Jules Pascin, Jacques Villon, Henri Valensi, Francis Gruber, Gustavo Singer, Victor Brauner, Bernard Buffet, Jean Michel Atlan, Jean Messagier, Jean Leppien, Pierre Soulages, Alfred Manessier, Geer Van Velde, Serge Charchoune, Gaston Chaissac, Alberto Magnelli, Jean Decottex, Wilfredo Lam, Hans Hartung, Henri Michaux, Claude Viala, Roberto Malaval, sob responsabilidade da Sociedade de Amigos dos Museus (SAM) Nacional. Foi um verdadeiro sucesso, cem mil pessoas a visitaram.

Essa exposição constituiu a primeira do "Projeto França-Brasil", sob a responsabilidade da SAM que Marilisa fundou e presidiu. Cumprindo exigência do Museu de Arte Moderna de Paris, acertamos com a alfândega de Viracopos que os contêineres contendo os quadros da exposição seriam desembaraçados no Masp. Eles seriam escoltados pela polícia rodoviária paulista de Viracopos a São Paulo, e substituídos na entrada da cidade pela polícia civil paulista.

Chegados os contêineres, eram outros os encarregados aduaneiros. Eles exigiram que os procedimentos aduaneiros fossem feitos no dia seguinte. As curadoras francesas disseram que não se separariam dos quadros, fariam vigília no local. Com muito custo e empenho de um oficial da polícia rodoviária, conseguimos cumprir o programado. Foi uma situação muito difícil.

A França agradeceu Marilisa pelo seu trabalho excepcional. Em 30 de abril de 1991, o ministro da Cultura e de Comunicação Jack Lang a condecorou durante uma solenidade em Paris, no seu Ministério, com a Ordem Chevalier de L'Ordre des Arts et des Lettres.

Foi com entusiasmo, alegria, emoção e consciência que eu, Mara Guimarães, testemunhei esse empreendimento excepcional, um momento histórico, que dura até hoje – o Projeto França/Brasil e sua recíproca, o Brasil/França.

No ano seguinte, a SAM enviou, em contrapartida, a exposição dos artistas brasileiros ao Musée d'Art Moderne de la Ville de Paris. Extraordinariamente bem recebida, a exposição foi batizada de Modernidade e apresentava os seguintes artistas: Tarsila do Amaral, Di Cavalcanti,

Anita Malfatti, Vicente do Rego Monteiro, Lasar Segall, Ismael Nery, Flávio de Carvalho, Cícero Dias, Victor Brecheret, Pancetti, Aldo Bonadei, Guignardi, Lívio Abramo, Alfredo Volpi, Milton da Costa, Bruno Jorge, Maria Martins, Maria Leontina, Lígia Clark, Hélio Oiticica, Ivan Serpa, Samson Flexor, Aloisio Carvão, Rubem Valentim, Franz Weissmann, Iberê Camargo, Antonio Bandeira, Manabu Mabe, Antonio Dias, Antonio Henrique Amaral, Cildo Meirelles, Leda Catunda, Tunga, Rubens Gerchman, Guto Lacaz, Waltércio Caldas Jr. Um verdadeiro sucesso em Paris.

Espero que esse livro coloque todos os pingos nos "is" e possa dar ao público brasileiro mais informações sobre a importância da Marilisa Rathsam no desenvolvimento da cultura brasileira.

SUZANNA SAMPAIO

Advogada especializada em crimes contra o patrimônio público, é professora de História com doutorado pela Universidade de Edimburgo e foi presidente do Conselho Internacional de Monumentos e Sítios (Icomos) no Brasil, além de conselheira e diretora do MuBE

Em 1992, a Marilisa convocou uma reunião no MuBE. Eu era conselheira do Icomos, órgão da Unesco que trabalha com patrimônio mundial, e como o Dalmo Vieira Filho – presidente do conselho – vivia em Santa Catarina, me pediu para ir à reunião. Na época, o MuBE ainda nem existia e o terreno na esquina da Avenida Europa com a Rua Alemanha tinha apenas a atual estrutura de concreto e uma sala grande. As obras estavam paralisadas e não havia um tostão para continuar.

Fui à reunião, Marilisa gostou das minhas opiniões e me convidou para fazer parte do museu. Mas tudo era dificílimo. Tínhamos dois doadores generosos – o José Ermírio de Moraes e o Pedro Piva. Eles nos davam mensalmente uma quantia, que usávamos para, entre outras coisas, pagar dois guardas. Porque, com a obra parada, de vez em quando surgia algum problema de segurança. Lembro, por exemplo, de um dia em que chegou um morador de rua e avisou que ia se instalar ali. Eu estava sozinha na construção e foi bem assustador. Mas o tratei com toda a delicadeza e expliquei que o local não se destinava à moradia nem estava aberto a ocupação. Por sorte, ele entendeu e desistiu da ideia.

Tínhamos também muito medo de pichação. A ponto de um dia irmos procurar a Luiza Erundina, prefeita na época, para pedir ajuda. Soubemos que ela havia tirado as grades do Parque do Carmo e de outras áreas verdes da cidade e solicitamos algumas. Ela nos forneceu e cercamos o MuBE.

O dinheiro dos doadores servia para fazer um mínimo de manutenção. Para outras despesas, porém, o jeito era buscar novos doadores. Fui com Marilisa algumas vezes fazer captação e pude rapidamente perceber que ela era de uma valentia incrível. Embora não estivéssemos pedindo para nós, mas para a cultura da cidade, nem todos nos recebiam bem. O motorista nos deixava na porta e passávamos horas esperando. Ficávamos conversando sobre nossas vidas, nossos netos, nossos filhos. E cansamos de receber negativas de empresários – alguns bem mal educados. Por isso, acho que muita gente cujo nome hoje está na parede do museu não merecia tal homenagem.

Pedimos também ajuda à Prefeitura. Mas na época da Erundina não conseguimos sensibilizar ninguém. Só quando o Maluf assumiu é que conseguimos atenção. Ele perguntou quanto precisávamos para terminar a obra.

Dissemos US$ 1,5 milhão e ele nos deu no máximo um ano de prazo para terminar a obra. Em um ano nós inauguramos o museu com uma festa belíssima, para duas mil pessoas.

Tenho muito orgulho de ter participado da construção de um dos mais belos edifícios de arquitetura moderna do Brasil, que abriga o mais lindo museu de São Paulo. E de depois ter trabalhado nele com profissionais de grande capacidade. Como o Fábio Magalhães, um dos maiores conhecedores de arte do Brasil, com trânsito internacional, bom caráter e uma das pessoas mais admiráveis que conheci.

Mas após acompanhar tudo de perto, posso dizer que quem teve o grande mérito da idealização e da construção do museu foi a Marilisa. Ela era de uma persistência incrível, resumida bem pelo Jânio Quadros com a frase: "Não tenho como dizer não diante de uma insistência tão encantadora e categórica". Sou testemunha de que, se Marilisa tivesse esmorecido ou não tivesse tido tamanha devoção, o MuBE teria virado um lugar vazio, seria hoje um depósito da Prefeitura. Por isso, quando soube que a diretoria havia colocado seu nome no museu, pensei:

Meu Deus, por que não? A honra toda da criação do MuBE cabe a Marilisa.

Nesse tempo eu já tinha saído da diretoria do museu, porque, como presidente do Icomos, tinha o Brasil inteiro a percorrer e o estrangeiro a visitar. Ou seja, fui surpreendida pela notícia. Depois muita gente reclamou, falou que era vaidade. Não concordo com essas alegações por considerá-las injustas. Marilisa é a alma do museu e o que ela fez pelo MuBE foi mais que empenho, foi devoção.

Pelos mesmos motivos, considero errado terem retirado há alguns meses o nome de Marilisa do museu. Cederam à antipatia momentânea de um membro da prefeitura que nem lá está mais para cometerem uma grande injustiça. Ninguém acompanhou como ela os momentos de luta, de ter de bater de porta em porta, de enfrentar os obstáculos. Todas as pessoas que fazem são invejadas e defeitos todos nós temos. Mas Marilisa é rica, bonita, inteligente e poderosa. E isso alguns mesquinhos e inúteis não perdoam. Outros, por desconhecimento do processo de instituição e construção do Museu Brasileiro da Escultura, não tiveram ocasião para se manifestar, porque estou certa de que, como eu, o fariam voluntariamente de maneira favorável.

SANDRA BRECHERET PELLEGRINI

Presidente da Fundação Escultor Victor Brecheret

Marilisa é uma líder. É uma paulistana, uma brasileira que acredita e faz. Precisamos de gente como ela em São Paulo, de pessoas que lutem gratuitamente pela arte e a cultura, sem pensar em lucro ou em ganhar cargos no governo. Essas pessoas existem, mas são poucas. Ciccilo Matarazzo, que foi amigo de meu pai, Victor Brecheret, é um exemplo. O professor Pietro Maria Bardi também teve grande importância. Mas nos últimos anos eu destaco a contribuição de Marilisa, pois ela reuniu um grupo de vizinhos que não se conheciam e tornou realidade a ideia de um museu. O MuBE existe graças a ela.

Eu fui uma das primeiras que aderiram ao movimento pelo bairro. Era ainda bem jovenzinha e acreditei na ideia. Havia a perspectiva de termos um monstro – o shopping center – aí na Avenida Europa. Trabalhando 24 horas por dia e deixando de lado até mesmo a família e a sociedade, Marilisa conseguiu construir no lugar um museu que hoje é uma entidade internacionalmente conhecida.

Naquela época, lutar pelo bairro não era moda como hoje. Atualmente existem centenas de associações, mas fomos pioneiros, revolucionários. Éramos como bandeirantes desbravando novidades. Marilisa e Marius ofereciam sua casa gratuitamente e era uma reunião atrás da outra. Fomos construindo os projetos, que depois se tornaram realidade. Sempre sob a liderança de Marilisa. Ela sonhava e nós executávamos em seguida.

Também participei com muito prazer do tombamento dos Jardins. Um dia cheguei à casa de Marilisa felicíssima porque tinha conseguido tombar o Monumento às Bandeiras, feito por meu pai no Ibirapuera. Perguntaram quem era o presidente do Condephaat e eu respondi que era o doutor Modesto Carvalhosa, um jurista, homem de extrema coragem, que vivia na Rua Polônia. Lembro que Marius e Marilisa logo sugeriram: "Por que não tombamos o bairro?" Marius então imediatamente telefonou para o Carvalhosa, que pegou a ideia, executou e tornou os Jardins o primeiro bairro tombado no Brasil.

No museu, a construção parou várias vezes, por razões econômicas, mudanças políticas. Eram outras épocas, ainda não existia a Lei Rouanet, era preciso passar o chapéu entre os empresários. Trabalhávamos juntos naquela casinha provisória de madeira da SAM, que de tão precária mexia quando a gente andava. Parecia um barraco. Mas era um orgulho poder participar.

E quantas vezes não fomos atrás de políticos? Recordo particularmente de um dia em que procuramos o Mário

Covas na Prefeitura e ele não queria nos receber. Íamos reclamar de uns mendigos que havia acampado em frente ao Monumento às Bandeiras. Quando soube, Marilisa comentou: "Mas o que é isso? De jeito nenhum! Vamos lá falar com o prefeito". Ocupado, ele avisou que não nos receberia. Começamos então a chorar, fazer charminho e o dobramos. No fim ele nos recebeu e tirou os sem-teto do monumento.

Posteriormente, em 2005, Marilisa e Dulcita Arantes ainda divulgaram bravamente o nome de Victor Brecheret na França. Elas falaram do nome de meu pai para gente que nunca tinha ouvido falar dele e abriram caminhos. Conseguiram uma série de gols, foi um trabalho maravilhoso.

Graças a Marilisa também consegui colocar uma escultura de Brecheret no museu. Ela arrumou dinheiro não sei onde para fazer uma blindagem de vidro para o São Francisco, que é de gesso e terracota, permitindo que deixássemos à vista de quem passa na rua.

Resumindo, posso dizer que as derrotas foram pequenas e as vitórias foram grandes. Nos unimos no tempo certo, com a força e a energia certas. E ela teve a elegância e a sabedoria de se afastar no tempo adequado.

Como líder que é, e senhora educada de sociedade, soube fazer seu trabalho e escolher a hora correta de deixá-lo, a exemplo de uma mãe que cria um filho e o entrega para a vida. Tudo isso precisa ser contado. Marilisa, sua vida realmente merece um livro.

Paris, 13 de outubro de 2010

Inauguração da Escultura "A Portadora dos Perfumes", de Victor Brecheret, nos Jardins da Residência do Senado da França

Após os discursos oficiais do embaixador do Brasil da França, Senhor José Maurício Bustani, e do Presidente do Senado francês, Senhor Gerard Larcher, foi oferecido um cocktail nos salões do Senado, tendo entre os convidados o Ministro Conselheiro da embaixada do Brasil em Paris, o Senhor Laudemar Aguiar.

Seguido do cocktail, foi servido almoço para quinze pessoas no Salão Oficial do Senado, oferecido pelo Vice-Presidente do Senado da França e Presidente do Grupo L'Amitié France-Brésil, Senhor Roland du Luart. O evento foi uma homenagem a personalidades brasileiras e francesas no mundo artístico, e que contou com a presença da filha do escultor Victor Brecheret, Senhora Sandra Brecheret Pellegrini, acompanhado do seu marido o Senhor Desembargador Fernando Pellegrini e doadora da obra do pai "A Portadora dos Perfumes", àquela ilustre instituição. Participaram do evento o Senhor Deonísio Petry, Diretor da FIGWAL e da Senhora Marilisa Rathsam, Fundadora e Presidente de Honra do Museu Brasileiro da Escultura Marilisa Rathsam.

Como parte da comemorações e homenagens, a jornalista e escritora Mara Guimarães tomou a palavra e, de modo espontâneo, apresentou dentro de um contexto histórico o seguinte discurso.

"Quero chamar a atenção de todos aqui presentes para um fato, além de alguns detalhes que vocês talvez ignorem: é que se hoje nós temos no Brasil um Museu Brasileira da Escultura, é por que nós devemos essa obra a uma só pessoa, que sonhou e trabalhou nessa causa durante anos, como se fosse encarregada de uma missão divina. Arcou com todos os problemas durante sua construção e foi infatigável na resolução de dar um museu à cidade de São Paulo e, detalhe alucinante, sem ter meios financeiros para isso, ela foi então batendo nas portas de industriais, de autoridades políticas e de interessados, até que o museu se tornasse realidade. Os primeiros cheques que recebeu foram oferecidos pelo Senhor Jânio da Silva Quadros.

Anos depois, este museu feito de dons, já em atividade, expôs e editou livros esplêndidos que hoje fazem parte do patrimônio brasileiro. Cito o exemplo do livro belíssimo sobre Victor Brecheret, que homenageamos hoje. A pessoa que fez tudo isso é uma mulher, também pintora e se chama Marilisa Rathsam. Ela está sentada aqui conosco. A história desse museu criador por esta senhora é uma história única no Brasil e certamente no mundo. Eu não conheço outra igual."

Fundação Escultor Victor Brecheret
C.N.P.J. n.º 04.873.781/0001-80
CCM -3.110.826-1
Endereço para correspondência: Rua Bucareste, 198 – CEP 01447-040
Tel: (11) 3062.1226

São, Paulo, 28 de setembro de 2.010

Querida Mariliza.

Lembro do ano de 2.005, quando você se empenhou enormementente para a ida de esculturas de Brecheret, meu pai, para Paris, isto não me sai da memória e do coração.

Agora, creio que nosso trabalho deu frutos, e tenho o prazer de contar que no dia 13 de outubro próximo, no Jardim Privativo do Senado da França (Jardim de Luxembourg) irá acontecer uma cerimônia com a inauguração da doação feita por mim - aquela que estava no jardim da Fundação, sua vizinha - *Portadora de Perfumes*, com a presença do Presidente do Senado da França e o Embaixador do Brasil, Bustamanti, e diversas autoridades francesas.

Creio firmemente que tudo começou naquele ano e com aquele empenho, e assim tenho o prazer de te contar e talvez quem sabe contar com a sua presença de do Marius.

Receba assim o meu abraço amigo,

SANDRA BRECHERET PELLEGRINI

MARIA APARECIDA BRECHERET

Vice-presidente do Instituto Victor Brecheret e conselheira do MuBE

Em 1976, um ano depois de mudar do Paraíso para o Jardim Europa, encontrei um panfleto, debaixo do portão, falando sobre uma campanha pelo verde do bairro. Já existia, nessa época, a luta contra o shopping e Marilisa e outros moradores estavam pedindo, de casa em casa, a adesão dos vizinhos a um abaixo-assinado. Participei de uma reunião e, na semana seguinte, levei 20 assinaturas. Lembro-me que Marilisa disse: "Nossa, que maravilha!" A partir daí, não nos separamos mais.

Passei a ir com o grupo a reuniões na Câmara Municipal, na Prefeitura, no Palácio dos Bandeirantes. E foram tantas! Saíamos em 10, 12, 20 pessoas, divididas em vários carros, da frente da casa da Marilisa, que, a essa altura, já havia virado um clube, de tanta gente que entrava e saía. O mapa com os lotes estava sempre em cima da mesa.

Fomos várias vezes falar com o Franco Montoro, então governador. E brigamos com o Mario Covas. Quando foi prefeito, ele liberou o alvará de construção do shopping. Lembro-me de ter posto o dedo quase no nariz dele: "Mas como o senhor faz isso? É contra a lei". Ele era meio emburradão, mas voltou atrás. Um dia, na convenção do PMDB, cercamos o Arnaldo Madeira e dissemos: "Você tem que ajudar a gente". E ele no fim ajudou. Assim, como o Marcos Mendonça.

Depois, houve o Jânio na Prefeitura, que foi fundamental. Quando decidiu não concorrer mais a eleições, ele pendurou um par de chuteiras na porta. A gente ia lá e dava de cara com elas. Nunca fui janista, mas ele era muito carismático.

Também íamos a muitas casas do bairro. Lembro-me que fazíamos as cartas e minha filha adorava ficar colando as etiquetas. Deixávamos faixas e papéis e quantas vezes não tivemos que correr dos cachorros. A maioria das pessoas nos recebia bem, mas sempre havia aquelas que diziam: "Agora não posso receber vocês, porque tenho costureira". Ou outra coisa qualquer. A gente pensava: 'Estamos trabalhando pelo bairro e nos dizem isso?'

O Jardim Europa é maravilhoso, muito bem planejado. Lembro-me como se fosse hoje. Mudei num domingo e encontrei um silêncio tão grande, que parecia uma cidadezinha do interior. Era só o canto dos passarinhos. Por isso, não dava para entender quando falavam: "Ah, esse é um bairro de grã-finos". Dizíamos: "Escute: esse deve um modelo para São Paulo. Por que estragar o que está bom?"

No começo, ainda nem existia a ideia do museu, só pensávamos na preservação do bairro. O tombamento, aliás, foi sugerido por nós. Logo após tombarem o Monumento às Bandeiras, do Ibirapuera, eu estava, um dia, na esquina da Rua Alemanha conversando com uma amiga, quando chegamos à conclusão de que só haveria uma maneira de segurar o bairro: tombá-lo. Fomos nós que levamos a sugestão ao Modesto Carvalhosa, então presidente do Condephaat. E os Jardins foram pioneiros. Só depois veio o tombamento do Pacaembu, do Sumaré...

Aí conseguimos a doação do terreno para o museu e encontrei, por acaso, a Marilisa na Confeitaria Brunella, da Alameda Gabriel Monteiro da Silva. "Quer ser nossa Diretora Tesoureira?", ela perguntou. Questionei o que seria preciso fazer e ela respondeu: "É só assinar cheques". Eu fiquei no cargo por uns dez anos e cansei de assinar cheques no tempo das obras.

Durante a construção, minha rua ficou enlameada, de tanta terra que tiravam do museu. Só havia a casinha de madeira da SAM. De vez em quando, a Marilisa me telefonava desesperada e a gente corria para a casa dela. "Calma, vai dar certo", dizíamos. Mas a gente sofria demais.

E tomamos muito chá de cadeira em busca de patrocínio!

Lembro-me que um dia fomos à casa de um banqueiro, logo pela manhã. Ele passou, deu bom dia e saiu para trabalhar. Pedimos, então, para falar com a mulher dele. O mordomo disse que ela estava tomando banho e Marilisa respondeu: "Ah, tudo bem, vamos esperar". Passaram duas, três horas e nada de ela descer para falar conosco. E eu: "Marilisa, pelo amor de Deus, vamos embora. Não me mate de vergonha". O mordomo, a todo momento, vinha trazer café, chá, biscoitinho e nada. O problema era que o marido havia prometido ajudar a Marilisa e não cumpriu a promessa. Fomos, então, até lá cobrá-lo. No fim, a mulher dele desceu e Marilisa foi logo dizendo: "Olha, vocês precisam dar o dinheiro para o museu, colaborar com a cultura". E não é que acabaram dando? Acho até porque sabiam que a Marilisa não daria sossego. Todo mundo fugia dela. E ninguém entendia como aquela mulher toda arrumada, sempre de salto alto, vestida de branco, preto ou vermelho e com uma bolsinha combinando, lutava tanto pelo bairro. Esse era o contraste, a coisa boa.

Foram anos batalhando e sofremos muito com a falta de dinheiro. O Silvio Tini, às vezes, me perguntava: "Aparecida, como vamos fazer para pagar as contas?"

No final, sempre dávamos um jeito, com a Marilisa capitaneando tudo.

Ela era a líder e nunca desanimou. Sempre teve uma coragem e uma determinação invejáveis. Às vezes, todo mundo já estava cansado e vinha ela toda entusiasmada. Ou, em outras vezes, aparecia desesperada, lamentando: "Ninguém me ajuda". O Paulo Maluf, por exemplo, sempre dizia: "Marilisa, não chore. Vamos arrumar o dinheiro para você".

Ela foi a alma de toda a campanha pelo verde e pela construção do museu. À noite, nos jantares e coquetéis, o que mais se ouvia era: "Lá vem a Marilisa pedir dinheiro. Melhor dar logo ou ela não dará sossego". Por telefone, a mesma coisa: "Ah, é a Marilisa de novo? Não é possível". Ela ligava três ou quatro vezes por dia, às vezes também à noite, não tinha horário.

Quando estávamos terminando o museu, começamos a pensar na exposição de inauguração. Foi aí que sugeri: "Marilisa, por que não fazemos uma exposição do Victor Brecheret?" Assim começou minha luta. Sou nora e, como ele teve dois filhos, eu e meu marido tínhamos metade do acervo. Pensei: 'Vamos começar do zero, pesquisar os colecionadores'. O Fábio Magalhães ajudou muito, porque sabia onde estavam as peças. Convidei o Jacob Klintowitz para selecioná-las e o Dan Fialdini para montar a exposição. Aí apareceu a Isabel, da MD Editora, oferecendo para fazer o livro. Comecei a organizar o acervo desde a década de 20 e, no final, foi uma das maiores exposições do Brecheret. Foram 95 esculturas – feitas de bronze polido ou patinado, gesso, mármore, granito ou terracota -, além de 39 desenhos, vistos somente na inauguração por mais de 3 mil pessoas. O patrocínio da exposição foi da Racional Engenharia, com apoio da Lei Marcos Mendonça, que permitia abatimento do ISS. O patrocínio da exposição e da festa foi da Racional Engenharia, do Newton Simões, com apoio da Lei Marcos Mendonça, que permitia abatimento no ISS.

Bem no meio da inauguração, que celebrava também a abertura do museu, apagou a luz. No início chegamos a pensar em sabotagem. Depois, percebemos que metade do bairro também estava às escuras. Começou então um "corre lá, mande trazer os candelabros". Acendemos as velas da casa da Marilisa e alguém arrumou um gerador por aí. Depois de meia hora, a luz voltou e houve a apresentação do Balé da Cidade, do Quarteto de Cordas, dos maestros Roberto Sion e Nelson Ayres. Foi tudo lindo. E mais um motivo de orgulho após tanta luta."

OLAVO DRUMMOND

Em 1982 foi fundada a primeira Sociedade de Amigos dos Museus - SAM Nacional no Brasil, pela Presidente Marilisa Rodrigues Rathsam com intuito de promover Arte e Cultura, não somente em nível nacional, mas, enfaticamente, em escala internacional. É uma sociedade civil privada, sem fins lucrativos ou objetivos políticos, totalmente composta de membros voluntários, divididos em equipes, de acordo coma especialidade de cada um. Foi o começo de uma história que trazia a dimensão de uma epopéia. Chegou embrulhada numa bandeira, unindo combatentes pela preservação e aproveitamento de vocações.

Quando a marcha dos legionários começava e ser ouvida, todavia, nas esquinas das incompreensões iniciavam-se os murmúrios do pessimismo iconoclasta. A cada obstrução, os idealizadores respondiam com a adesão de novos e primorosos sentimentos de ajuda. Era a humildade da devoção, fazendo ver aos conspiradores que a fé era a moeda forte dessa transação de amor e de trabalho. Desarmando os insensatos um pugilo de almas vigorosas demonstrou, com seriedade, que prevalecia a disposição de valorizar o nosso modesto álbum de realizações, fortalecendo a quase impossível empresa.

E, nos trajetos a cumprir, não figurava, apenas, o sagrado desejo de promover o artista nacional, mas, portar também, o interesse de um programa dinâmico de exposições de trabalhos de artistas estrangeiros no Brasil. Ateve-se, então, a SAM uma agenda de trabalho de ritmo infatigável com publicação de manifestos, organização de exposições privadas de artistas plásticos, realização de cursos, conferencias, reuniões culturais para a obtenção de fundos. A Sociedade de Amigos dos Museus do Brasil promoveu, por igual, contatos oficiais de alto nível, levando aos gabinetes decisórios um retrato fiel de uma atividade que desafiava a crença.

A SAM deu-se de corpo e alma ao sucesso da nobre campanha, ao mesmo tempo em que seguia de perto a liderança de uma mulher extraordinária, com imperturbável vontade de fazer e fazendo dessa vontade uma bela razão da própria vida. Essa admirável dama paulistana chama-se Marilisa Rodrigues Rathsam, em quem se concentram os generosos fluidos que tomaram realidade a magia de criar um sólido breviário da arte e de suas páginas fazer brotar um templo, chamado Museu Brasileiro da Escultura.

Em 1982, é necessário que se registre a SAM obteve fundos privados equivalentes a oito milhões de cruzeiros, na época, em recursos, que foram oferecidos ao Museu de Arte Moderna da Cidade de São Paulo, impedindo, de certa maneira, o fechamento definitivo daquela notável instituição.

Em 1984, a SAM organizou uma imensa e rara exposição (Lês Grands Maitres de l'Abstractionnisme Brésilien) que percorreu com sucesso durante um ano vários centros culturais da Europa e Estados Unidos, nas cidades de Paris, Londres, Haya, Estolcomo, Roma, Madri, Lisboa, Nova York e Washington.

Em 1986, a SAM recebeu o Prêmio de Melhor Exposição de 1985, concedido pela Associação dos Críticos d'Arte de São Paulo.

O ano de 1984 pode ser considerado o seu período de ouro, pois a SAM teve o privilégio de conseguir a renovação do acordo cultural entre o Brasil e a França, que se encontrava interrompida há 30 anos.

Obteve a vinda a São Paulo e Rio de Janeiro das obras que compõem a Exposição da Escola de Paris, que fazem parte da coleção particular do Museu de Arte Moderna da Cidade de Paris. Graças a contratos assinados entre a SAM e os Ministérios Brasileiro e Francês de Negócios Estrangeiros, e também ao apoio de l'Association Française d'Action Artistique de Paris, um entendimento foi concluído com a SAM que restaurava, assim, uma permuta cultural e artística contínua entre o Brasil e a França. À SAM foi dado, dessa forma, afirmar sua resolução de conduzir a bom termo a contrapartida, ou seja, enviar a Paris uma grande exposição brasileira, importante pelo valor de suas obras e pelo que ela significa na cultura nacional.

Em 1987, pôde a SAM comandar um empreendimento que trouxe um justo orgulho para o Brasil: a realização da grandiosa exposição Modernidade no Museu de Arte Moderna de Paris. Essa exposição representava a arte brasileira do século XX e reuniu 174 obras de 69 artistas. Na ocasião, foi editado, em Paris, em francês, e em português, um catálogo de 350 páginas com o texto analítico dos artistas e dos seus trabalhos.

A SAM, com a inauguração do Museu Brasileiro da Escultura, o único no gênero em toda a América Latina e dos mais lindos do mundo, comemorava, talvez, o ponto mais alto de sua vida participativa. O espaço físico em que foi erguido deve ser creditado à sensibilidade do ilustre prefeito Jânio da Silva Quadros, quando impediu que a privilegiada área fosse transformada em um (Shopping Center).

A SAM elegeu Paulo Mendes da Rocha, um dos premiados no projeto europeu do Centre Beaubourg, em Paris, para assinar a maravilhosa ousadia arquitetônica. O seu estilo é atraente, intrigante, com instalações construídas abaixo do nível da rua, resultando numa harmônica convivência com o belíssimo jardim de Burle Marx que, a exemplo do Jardim de Bagatelle, de Paris, e do Vigeland, de Oslo, compõe-se de esculturas contemporâneas integradas à natureza.

Construção do Museu foi financiada com recursos da iniciativa privada, obtidos através da Lei Sarney de incentivos fiscais. Durante a construção, o Museu manteve a sua escola de arte, com capacidade para 200 alunos, em plena atividade, com aulas orientadas por conceituados artistas plásticos contemporâneos e professores nas áreas de escultura, pintura, gravura e história da arte.

DULCITA ARANTES LEÃO DE LIMA COSTA

Conselheira do MuBE, marchand de artes e consultora de estilo

Conheço Marilisa há mais de uma década e a acho uma tremenda guerreira. Ela tem um valor incrível, porque conseguiu a duras penas levantar o MuBE e fazer um museu lindo. Tanto que só duas mulheres conseguiram esta façanha no mundo inteiro – ela e a Sofia Imber, da Venezuela.

Pelo menos desde 2002 o MuBE tem tido um papel importante em minha vida, seja como diretora, seja como conselheira. Mas, como já se falou quase tudo sobre ele neste livro, aproveito este depoimento para contar um pouco mais sobre a exposição Un Voile d'Infini, que fizemos em Paris, Miami e São Paulo e foi um sucesso.

A primeira foi a da França, em setembro de 2005. O então embaixador do Brasil em Paris, Sergio Amaral, estava prestes a transmitir o cargo para a embaixadora Vera Pedrosa, mas antes transformou um belo espaço da embaixada, que servia como estacionamento, na Sala Franz Krajberg, ficando melhor que a Galeria Debret, que é no andar de cima.

Ela foi inaugurada com as telas de Marilisa, que retratavam imensos corpos masculinos e femininos nus. Montá-la foi uma epopéia. Lembro que chegamos num fim de semana e a embaixada estava quase vazia, não tinha ninguém para pendurar os quadros e, pior, nem prego havia. Desesperadas, eu e Marilisa saímos por Paris numa van da embaixada. Acabamos parando numa casa de materiais de construção francesa, a BHV, e gastamos 62 euros em pregos! Um dinheirão. Quando voltamos, alguém já havia pendurado os quadros, mas todos em posição errada. Tivemos então de retirá-los um a um e recolocá-los novamente, com ajuda do Normando, o copeiro de Marilisa.

Meses depois, já em 2006, a exposição foi levada para Miami. Primeiro passou três meses na Art Fusion, uma galeria do Design District, um bairro super descolado que recebe visitas de artistas do mundo inteiro. Depois, conseguimos levar as telas para o Bank of America, que funciona no prédio mais bonito de Miami. Lá fizemos uma festa enorme, para 4 mil pessoas. E a exposição foi um sucesso. Permaneceu tempo suficiente para ser vista por gente de vários países e para as fotos de Marilisa e de suas obras irem parar no mundo inteiro (durante o Art Basel).

Aqui vale lembrar uma situação engraçada: o presidente do Bank of America quase desmaiou ao ver as telas. Disse que nunca havia visto tantos corpos nus pintados e ficou super ruborizado. Ao contrário dos

franceses, que adoraram as telas, os americanos eram mais conservadores. Por fim, Un Voile d'Infini fechou sua temporada no MuBE. E agora estamos planejando como retomar nossa parceria em outro país.

CLAUDIO TOZZI

Artista plástico e professor de Programação Visual da Faculdade de Arquitetura e Urbanismo (FAU) da Universidade de São Paulo (USP)

O MuBE é um espaço importante para a cidade de São Paulo. O empenho de Marilisa Rathsam tornou possível sua construção. Um belíssimo projeto, que integra o edifício à cidade, como uma grande praça, sem necessidade de grades. O espaço do museu permite expor diversos segmentos das artes plásticas, incluindo as atitudes mais contemporâneas de instalações e intervenções visuais. Um espaço para exposições transitórias, sem a necessidade de acumular um acervo.

Escolhi o MuBE para apresentar meu trabalho de doutorado da FAU-USP, em março de 2001. No museu também participei de exposições importantes e dei palestras a professores de arte do Estado.

Minha tese referia-se à integração multidisciplinar do trabalho do arquiteto, do artista e do designer na criação de espaços para o edifício e para a cidade, e o MuBE é um excelente exemplo.

A banca se reuniu no museu, em um lugar fora do câmpus da USP, porque ali era o espaço adequado para apresentar uma leitura mais intimista dos textos e dos projetos que fiz para os edifícios e espaços da cidade.

A exposição tinha duas partes: na de cima, da entrada, pusemos os textos sobre os projetos dos edifícios e o levantamento de obras ligadas ao espaço urbano e de arquitetura; na sala grande de baixo, a retrospectiva de todos os trabalhos, relacionando a pintura com as obras feitas para a cidade.

Foi uma importante retrospectiva de minha obra. Montada especificamente para a defesa da tese, era para ser uma exposição fechada, com previsão de ficar montada apenas três dias. Mas, a convite de Marilisa, permaneceu aberta 15 dias com intensa visitação, apesar de não ter sido divulgada.

Participei também de diversos eventos ligados ao museu. Em fevereiro de 1983, fiz parte do primeiro Cruzeiro Colorido das Artes. A exposição foi organizada dentro de um navio italiano, o Italia, que seguiu para Buenos Aires. Foi interessante porque a experiência transcendia apenas o "mostrar os trabalhos". Tínhamos contato direto com o público, formado não só por brasileiros como também por vários estrangeiros. Era um público internacional. Hoje é muito comum, mas esse cruzeiro foi pioneiro.

A exposição Cinco Versões da Tridimensionalidade, em fevereiro de 1996, também foi importante. Com obras minhas, do Caciporé Torres, do Cléber Machado, do Ivald Granato e do Rubens Gerchman, foi muito bem montada pelo Hiromo Kinoshita, da Pinacoteca do Estado. Com uma bela estrutura de apresentação, permitia que os trabalhos dialogassem entre si.

Mais recentemente, participei de Os Onze, Futebol e Arte. Foi na época da Copa do Mundo da Alemanha. Éramos 11 artistas, numa referência ao número de jogadores dos times. Primeiro viajamos a Berlim para mostrar os trabalhos inspirados no futebol na Embaixada do Brasil. De lá viajamos a Paris, onde jantamos no apartamento de Marilisa. Meses depois, as telas foram apresentadas no MuBE. Mais tarde surgiu a ideia de mantermos o grupo em outros trabalhos. After School é o nome da segunda exposição que fizemos. Após passar por Berlim, Roma e Bruxelas, também seguiu para o MuBE.

IVALD GRANATO

Artista plástico

O MuBE tem muito a ver com a minha história. Não só pelo ambiente – do qual eu gostava muito – como por ter participado da diretoria e da Comissão de Arte do museu e feito nele duas exposições individuais importantes. A primeira foi uma bela retrospectiva de papel, com desenhos feitos entre 1964 e 2000. A segunda foi a Heads, que reunia escultura, gravura, desenho, pintura e ocupou o museu todo. Com um conceito meio de retrospectiva rápida, talvez tenha sido a exposição que mais deu público em toda a minha carreira. Foi bem grande e, como eu vivia dentro do MuBE nessa época, ficou muito bem planejada e montada.

Depois doei uma obra ao museu. Esse já era um projeto nosso há muito tempo, porque o MuBE tem de ser ocupado por algumas peças que fiquem ali meio que historicamente, criem raízes. Mas não podem ser muitas, porque o MuBE não é museu para ter acervo e sim para ter acontecimentos, eventos, exposições de nível, ligação com a cultura.

No começo da década, o MuBE era um lugar muito ativo. Quando outros museus começaram a se afastar dos artistas, ficando burocráticos e mais ligados a galerias e interesses comerciais, o MuBE se tornou um ponto de encontro. Isso ganhou muito significado na época. Muitos artistas estavam migrando para a Cidade Jardim e a gente vivia meio junto ali. Logo começaram a surgir mostras muito interessantes – geralmente com curadoria do Fabio Magalhães.

Isso criou um dinamismo. Às vezes o museu não tinha toda a verba para montar determinada exposição e fazer seguro das obras. Para não ter de esperar meses até a mostra entrar em leis de incentivo, a gente se reunia e fazia na cara e na coragem. Um ajudava o outro. Alguém emprestava a Kombi de um amigo, punha os quadros e a exposição saía. Esse tipo de mobilização era muito importante.

Depois criamos o G-Onze, uma fundação associada ao MuBE. Com isso trouxemos mostras interessantes de outros países, como a Finlândia, e fizemos exposições no exterior. A primeira surgiu depois que fui convidado a fazer uma exposição com três amigos na Embaixada do Brasil na Alemanha, durante a Copa do Mundo de 2006. Achei que só três artistas era pouco e criamos os 11, porque são 11 jogadores. Fizemos a inauguração no MuBE e depois a levamos a Berlim. Não foi a única exposição do grupo. A After School passou por Bélgica, Berlim, Roma e depois veio também para o MuBE.

Todos considerávamos nessa época que o MuBE tinha boas exposições e nosso interesse era fazê-lo vibrar. Estávamos sempre lá conversando, tomando um drinque à tarde no bar – eu, o Claudio Tozzi, o Rubens Gerchman, o Alex Flemming e outros artistas. Depois vieram umas crises, mas o museu sempre foi muito interessante pelo lado poético. Ali é um lugar de vida da cidade e, pela própria localização, tem de ser um lugar de plena freqüência de artistas, boas mostras durante o ano e eventos interessantes que possam atrair vários tipos de grupos de sociedade. Não pode ser o cirquinho viciado de um ou outro. Ou só o circo dos artistas, ou o circo dos compradores ou o circo dos convidados para irem lá bebericar. Eu acho isso chato.

O MuBE teve eventos que achei formidáveis. Um de uma empresa de automóvel, por exemplo, tinha um carro todo desmontado, para a pessoa ver como era a montagem. Tudo isso interessa à população. Não é só exposição de quadro ou escultura que faz a cabeça do público. Hoje em dia a cultura é mais aberta. E o museu sem dinheiro para se bancar não pode ficar vivendo apenas de artistas que vão com dinheiro. Ou então fica sem critério para expor o que gosta.

Algumas pessoas não entendem isso e criticam. Mas todos os museus do mundo fazem eventos. O MoMA faz jantares, eventos badalados, o MAM também faz, todos os lugares fazem. Só que tem de fazer de maneira proporcional, não pode haver mais festa que exposições. Tem de ter uns eventos jovens, curiosos, bem escolhidos, não só totalmente comerciais.

No MuBE também sempre teve uma coisa gostosa que eram os coquetéis das exposições, sempre muito caprichados. Em geral as pessoas vão direto do trabalho a esse tipo de acontecimento. No MuBE sempre dava a sensação de que as pessoas passavam em casa, se aprontavam e só então iam para lá. Nesse panorama, Marilisa Rathsam sempre foi muito ativa e criou uma dinâmica muito grande no museu. Ela não só organizava tudo, como se vestia muito bem, dava um puxão. Vivia ali, a vida dela era o MuBE.

JOSÉ HENRIQUE REIS LOBO

Secretário de Estado das Relações Institucionais de São Paulo, foi ex-presidente do Memorial da América Latina, diretor geral da Assembléia Legislativa de São Paulo e um dos idealizadores do "abraço no MuBE"

Conheci o MuBE há muitos anos, ainda na década de 90. O museu sempre foi um dos lugares que visitei com muito prazer. Além de uma arquitetura maravilhosa, da lavra genial de Paulo Mendes da Rocha, é um espaço agradável, de onde você enxerga as mesmas coisas, mas de modos diferentes, dependendo do ângulo da sua visão. A Marilisa conheci mais recentemente, em 2005. Fomos apresentados pela Dulcita Arantes, na época em que começava a luta para evitar que a Prefeitura se apropriasse do museu.

Minha participação nessa história foi fruto de uma convicção pessoal de que nem sempre os poderes públicos são os melhores gestores de instituições culturais. Além disso, não havia ficado claro qual a destinação que se daria a um espaço tão importante quanto o MuBE se a Prefeitura ou o Estado viessem a absorvê-lo. Os argumentos utilizados não nos pareciam suficientemente fortes. Além disso, medidas dessa natureza, a meu ver, têm de ter base absolutamente sólida e seus objetivos devem ser totalmente transparentes e amplamente discutidos com a sociedade, que tem o direito de saber as razões das mudanças e opinar sobre elas.

A ideia de se fazer o "abraço no MuBE" nos ocorreu numa conversa despretensiosa com alguns diretores e freqüentadores do MuBE e o abraço simbolizaria não só o afeto das pessoas pela instituição, mas também uma corrente de proteção do espaço contra o futuro incerto e duvidoso. Acabou sendo uma manifestação portentosa de solidariedade ao museu e talvez tenha contribuído para uma reflexão mais aprofundada sobre a conveniência de se fazer o que era pretendido.

A importância do museu para o bairro e a cidade é extraordinária, fundamental. Trata-se de um lugar maravilhoso, aprazível, de onde você pode ver a urbe agitada, nervosa, sem se contaminar com o frisson das ruas. É como se das grades para dentro seu espírito estivesse protegido das turbulências da megalópole.

As grandes exposições do MuBE, como as de César, De Chirico e Max Ernst, foram eventos maravilhosos e abriram uma oportunidade única para que tomássemos contato com obras desses artistas fabulosos, que influenciaram as artes em todos os cantos do mundo. Foi graças a essas exposições que pela primeira vez vim a conhecer a arte onírica e as preocupações metafísicas dessas figuras tão importantes da história universal das artes.

Sem dúvida, a participação de Marilisa na construção do museu foi de extrema ousadia, porque se entregar a uma empreitada dessas requer uma coragem fantástica, que só as pessoas fortes e voluntariosas podem exibir. Personalidades assim, que não sucumbem e nunca desistem, mesmo diante das dificuldades mais desanimadoras, é que sempre acabam deixando legados importantes para a sociedade.

MARCOS MENDONÇA

Criador da Lei Marcos Mendonça, foi secretário de Estado da Cultura de São Paulo, cargo no qual construiu a Sala São Paulo, presidente da Fundação Padre Anchieta/ TV Cultura, quando idealizou e lançou a TV Ratimbum, e presidente da Câmara Municipal de São Paulo

Sempre tive uma preocupação muito forte com a cultura. Quando fui vereador em São Paulo, havia esse movimento nos Jardins, comandado por Marilisa, que brigava para evitar que o terreno da esquina da Avenida Europa com a Rua Alemanha se transformasse em um shopping center. Era uma luta importante e eu me engajei nela, fazendo gestões junto à administração municipal. Foi um papel que exerci com muito prazer.

O processo foi ganhando corpo até que houve a desapropriação da área, na gestão Jânio Quadros. Politicamente eu tinha diferenças enormes com o Jânio, mas, apesar de nossas divergências, não medi esforços para viabilizar o projeto na Câmara, pois achava que era de interesse público.

Aquele foi um momento muito interessante para o País, porque estávamos vivendo o início da redemocratização. O Franco Montoro tinha sido o primeiro governador eleito depois da ditadura militar e começavam a surgir na sociedade movimentos reivindicatórios com liberdade de manifestação, coisa que até então havia sido muito coibida.

Lembro naquela época de dois movimentos que ganharam projeção e se tornaram símbolos do início desse novo ciclo: um foi o do Jardim Europa, outro na Vila Mariana, pela preservação e restauração da Casa Modernista. Curioso que o segundo também conseguimos preservar através de uma lei de minha autoria sancionada pelo então prefeito Mario Covas. Na realidade, tanto um quanto outro refletiam um pouco esse clima de redemocratização que se vivia no Brasil e os dois foram precursores no sentido de se estabelecer a reivindicação popular para a preservação de espaços. Mas, garantido o imóvel no Jardim Europa, surgiu outra necessidade: a de construir um equipamento cultural de qualidade no local. A Lei Marcos Mendonça de incentivo à cultura que fiz quando Luiza Erundina era prefeita funcionava bem e foi uma das alavancas para conseguir recursos e dar andamento à construção.

O político em geral não tem muita ligação com o mundo da cultura, que acaba relegado a segundo plano. Como o cobertor é curto e há muita pressão de outros setores, essa nunca é a bola da vez na administração. Naquela época era ainda pior. De modo que as pressões feitas por moradores dos Jardins sobre a Câmara e a Prefeitura foram importantes para sensibilizar os políticos e fazer com que as coisas andassem.

No caso do MuBE, a importância disso tudo está hoje ressaltada: São Paulo ganhou um espaço cultural de qualidade que está aí há anos aberto à população. O custo que isso teve para o município já foi altamente compensado por sua existência. Fico muito feliz por ter podido colaborar para São Paulo possuir mais esse patrimônio cultural.

LUIZ FELIPE PROOST DE SOUZA

Engenheiro civil e integrante da Comissão de Obras do MuBE

A Comissão de Obras foi formada pela diretoria da Sociedade de Amigos dos Museus (SAM) em 1988. Mas a obra ficou paralisada durante o Plano Collor. A partir de 1992, novos recursos públicos e privados surgiram com as leis de incentivo à cultura, dando novo fôlego à sua continuidade. Em 3 de agosto de 1992, dona Marilisa nomeou os seguintes integrantes para a Comissão: arquiteto Roberto Saruê (presidente), arquiteta Saide Kahtouni Proost de Souza, engenheiro Luiz Felipe Proost de Souza, engenheiro Marius Arantes Rathsam, arquiteta Tereza Katimski de Katina e Pielesz e engenheiro Osmar Augusto Penteado de Souza.

Nós nos reuníamos uma ou duas vezes por semana, dependendo da época. Quando assumi, a estrutura de concreto armado do MuBE já estava pronta. Nessa época, ainda havia dificuldades para conseguir recursos, mas não podíamos nem pensar em parar novamente as obras para não perder o alvará de construção.

O dever da Comissão era estabelecer prioridades e critérios para o uso do dinheiro. Decidíamos ainda sobre uma série de detalhes de construção e acabamento. As janelas, por exemplo, a princípio seriam de ar comprimido.

Depois optamos para que fossem motorizadas para cortar custos. A luta pelo ar condicionado foi grande. Estavam querendo que fosse aparente, mas, como isso quebraria o projeto paisagístico, fizemos um "bunker" subterrâneo para ele, a caixa d'água e a entrada de força.

Mas acho que a maior discussão foi por causa das grades. O projeto de Paulo Mendes da Rocha e Burle Marx não previa cercar o MuBE. Eles queriam um espaço aberto, integrado ao vizinho Museu da Imagem e do Som (MIS). Mas o MuBE também já tinha na época uma das maiores vigas bi-apoiadas de concreto protendido do Brasil, cerca de 61,50 metros, cujo projeto estrutural era do Escritório Mario Franco, e havia o risco de que esse patrimônio cultural – uma verdadeira escultura na paisagem urbana de São Paulo – virasse alvo de vandalismo. A Comissão discutiu muito e, pensando na segurança, acabou acatando sugestão de Marilisa e instalando grades cedidas pela Prefeitura.

Algumas vezes, depois da reunião, o grupo saía todo junto para ir ao Pandoro. Marilisa sempre participou bastante das discussões. E sonhava em fazer uma "Mata Atlântica" no jardim. Mas com isso não concordamos. E decidimos manter o projeto paisagístico de Burle Marx, que previa menos vegetação e uma grande área aberta para exposições.

O trabalho da Comissão corria juntamente à obra, à medida que os recursos chegavam. E Marilisa foi fundamental para consegui-los. Lembro que já estávamos no final da construção, mas ainda não tínhamos patrocínio para comprar os vidros. Marilisa então deu mais um jeito e conseguiu tudo com a Saint-Gobain, sendo Jean Jacques Fost presidente da empresa na época.

Para minha experiência pessoal, tenho a dizer que foi uma honra ter integrado a Comissão de Obras de um museu importantíssimo não só para São Paulo como para nosso País e a América Latina. Primeiro, porque sou ligado às artes, coleciono pinturas, admiro a escultura, freqüento centros culturais. Segundo, porque foi muito proveitoso conviver com Marilisa, Paulo Mendes da Rocha e todos os outros profissionais.

CARLOS VON SCHMIDT

Curador, crítico de arte, museólogo, escritor, jornalista e fundador em 1965 da revista artes

Meu primeiro contato com o MuBE foi em 1996, para apresentar o projeto da Off Bienal. Queríamos fazer uma exposição paralela à 22ª Bienal de Artes de São Paulo e procurei a Marilisa.

Nessa época, eu já havia sido curador da Primeira Bienal Latino-Americana em 1978 e da 15ª e 20ª Bienais Internacionais de São Paulo, realizadas em 1979 e 1989. Nessas ocasiões, tive contato com artistas importantes, como Hockney, Stela, Hamilton e Joseph Beuys, além de curadores, críticos e jornalistas importantes dos Estados Unidos e da Europa. Em nossas conversas, sempre surgia a pergunta: "Onde estão os artistas que não participam da Bienal?" "Estão nos ateliês, galerias e museus", eu respondia.

Dessa curiosidade e da vontade de mostrar a obra de artistas ignorados pela Bienal nasceu a Off Bienal.

Antes de ir ao MuBE, eu havia levado a proposta ao Memorial da América Latina. Mas eles ficaram seis meses enrolando, sem dar resposta. Quando cheguei com o projeto no MuBE, ao contrário, fomos rapidamente acolhidos e fechamos na hora. Essa era a diferença: tudo ali acontecia com muita presteza, sem dificuldade, sem burocracia. Marilisa marcava a reunião, dizia "pode, não pode" e pronto.

Depois de tudo acertado, reunimos obras de 35 pintores e escultores, montamos a exposição e foi um sucesso. A ponto de a revista Art in America chamar a atenção para a minha curadoria e para as instalações dos artistas José Roberto Aguilar e Siron Franco.

Entre 5 de outubro e 5 de novembro de 2006, repetimos e ampliamos a experiência na Off Bienal 2. Desta vez, com 54 artistas e 104 obras, apresentando não só pinturas e esculturas como também desenhos, fotografias, instalações. Algumas obras, totalmente atípicas, deram à Off Bienal 2 uma visibilidade enorme. E o público compareceu em massa para vê-las. Uma instalação que chamou muito a atenção, por exemplo, foi Cataventos, de Guto Lacaz, que apresentava em cima da marquise do museu uma enorme escada de madeira ligada a uma hélice. As pessoas passavam na rua e as viam girando.

Sobre Marilisa, é importante destacar que sempre foi figura de proa. Ela que puxava, era a locomotiva, o catalisador do MuBE. Em torno dela, as coisas iam acontecendo. Em uma cidade como a nossa, em que a cultura vem em último lugar, Marilisa transformou um espaço que ia ser shopping center em um museu e buscou um arquiteto genial – Paulo Mendes da Rocha –

para realizar a obra. Depois, foi atacada violentamente por artistas e por outros e acusada de fazer do museu um balcão. Isso demonstra uma ignorância enorme. O Metropolitan, de Nova York, que eu freqüentei e onde aprendi muita coisa, sempre fez eventos, jantares, sempre alugou seu espaço. O Louvre, de Paris, vendeu no ano passado por milhões de euros seu nome e sua orientação para o Museu Louvre de Dubai. Artistas de vários países também pagam para expor seus trabalhos no Carrossel do Louvre, uma galeria comercial subterrânea criada na década de 90 em uma das alas laterais do museu francês.

Os jornais The New York Times, Le Monde e Le Figaro sempre têm matérias sobre museus americanos e europeus sendo liquidados por dívidas, mas a maioria deles tem grupos de patrocinadores, que os mantêm com verbas altíssimas. Aqui no Brasil não temos ninguém dando dinheiro a museus. Os nossos milionários ignoram totalmente a arte e a cultura. Quando compram uma obra, o fazem pensando em investimento ou em aparecer em coluna social. Não pelo prazer de fruí-la, pelo significado artístico e cultural. É uma pena.

Um museu que mostrou Victor Brecheret, Max Ernst, César e De Chirico merece respeito.

MARIA NAZARETH THIOLLIER

Artista plástica e ex-diretora da SAM

Conheço Marilisa Rathsam há séculos. Lembro-me dela recém casada indo nadar na piscina da nossa casa na Alameda Ministro Rocha Azevedo. Quando fundou a SAM, Marilisa me convidou para participar da diretoria e, como minha família sempre foi muito ligada à arte, aceitei com entusiasmo. René Thiollier, meu pai, foi advogado, escritor e um dos principais organizadores da Semana de Arte Moderna de 1922. Foi também o responsável por conseguir junto à Prefeitura a doação do terreno no Largo do Arouche onde se construiu a sede da Academia Paulista de Letras, quando foi secretário perpétuo da APL. Na Europa, meus primos, que também são Thiollier, participam ativamente da vida cultural. Tenho um primo que é pianista renomado internacionalmente, outro escritor, pintor e outro galerista. Como diz o ditado, está no sangue seguir o caminho envolvida em tais causas e por isso me interessei imediatamente pelo convite de participar da SAM.

A SAM era formada por um grupo grande de pessoas da sociedade, ou da elite paulistana, e na sua fundação ocupei o cargo de segunda vice-presidente. Somente alguns anos depois passei a diretora-tesoureira.

Sempre tive uma amizade bonita com a mãe da Marilisa, que, por saber do gênio forte da filha e de sua persistência, me dizia: "Faça o que a Marilisa quer. Por favor, faça o que a Marilisa quer".

Participar da SAM foi uma fase maravilhosa da minha vida. Fazíamos os encontros nas casas das pessoas e também organizávamos as festas. Tenho até hoje fotos do Pelé e da Xuxa, que na época namoravam, e participaram da primeira festa que fizemos no Regine's.

Mas do que tenho muitas saudades é do primeiro Cruzeiro Colorido das Artes. Um sucesso.

Inventado pela Marilisa, confesso que deu um trabalhão organizar tudo, mas nos divertimos muito. Fui como representante oficial, no cargo de vice-presidente. Uma verdadeira festa, pois, junto aos artistas renomados e tanta gente conhecida que participou, parecia que éramos uma família. Além da exposição das obras no navio, havia outros eventos. Um pianista tocava durante a madrugada e era muito bonito. Aconteciam também shows. A gente dançava toda noite, eu tinha perna boa, era uma beleza.

Sophia Tassinari e eu trabalhamos muito. Marilisa ligava a toda hora e eu tinha de subir na cabine do comandante para falar com ela pelo rádio. Um dia, numa sexta-feira santa, enfrentamos uma tempestade medonha.

Estávamos no navio e, durante a missa da semana santa, começou a tormenta. Como eu tenho um medo danado, cheguei a deitar no chão para me proteger, assim como outras pessoas. Felizmente as obras saíram ilesas, mas, como não tinham seguro, também morríamos de medo de que alguém as roubasse. Combinávamos então de nos revezar à noite, para checar se estava tudo bem. Uma hora levantava eu, na outra a Sophia. Seguíamos para a Argentina, onde a Norah Beltran, artista plástica de um quilate fenomenal estava nos esperando e já havia organizado tudo. Ela foi responsável por traçar o nosso roteiro cultural aos museus na Argentina. Como eu teria de discursar ao chegarmos lá, recebendo o embaixador para abrir oficialmente a exposição no navio, passei a noite anterior inteira sem dormir, tremendo de medo. No fim, porém, deu tudo certo. O navio ficou aberto, vieram os convidados, os diplomatas, depois descemos para ver os museus, foi ótimo.

Deixo registrada minha admiração e amizade sempre por essa mulher de garra e fibra que nunca se deixou abater pelos problemas e levou avante o sonho de construir o MuBE.

Anos mais tarde, fiz duas exposições nesse belíssimo Museu Brasileira da Escultura, o MuBE. A primeira foi uma releitura das mulheres de Toulose Lautrec, com 52 obras. Na segunda, expus esculturas com diferentes personagens: egípcio, baiana etc. As mostras foram ótimas, um sucesso de visitação. Fechei com chave de ouro minha carreira, aos 88 anos, quando em 2008 fiz minha última obra, um busto de bronze do meu pai, o qual doei para que faça parte da Sala René Thiollier, dentro da Academia Paulista de Letras.

GUIOMAR MIRLAN SARTORI ORICCHIO

Ex-diretora jurídica do MuBE e integrante do Conselho Administrativo e Fiscal do Museu

Marilisa é uma mulher com qualidades excepcionais de liderança e lidera intuitivamente. Não tem formação na área administrativa, mas possui um dom inato. Trabalha para a obtenção de seu objetivo de dia e à noite, com sol ou chuva, sem praticamente nenhum descanso.

Seu trabalho não é planejado nem organizado, mas obtém resultados. É uma mulher educada, meiga, gentil e elegante. Também argumenta duramente, com determinação férrea, quando necessário. Lembro-me de muitas noites, quando foi criada a Sociedade de Amigos dos Museus (SAM) - Nacional. Em qualquer horário solicitava esclarecimentos sobre algumas dúvidas e o fazia com uma persistência implacável, até ter clareza sobre o assunto. Como todo artista, também é temperamental. Às vezes ficava irritada, batia a mão na mesa, ia até ali e voltava.

Mas tenho o dever de lembrar também que Marilisa sempre foi sensível e, ao lado de sua coragem, lutas e objetividade, quantas vezes a vi com lágrimas correndo sobre seu lindo rosto, com pele de textura de pétalas de rosa, pelas indelicadezas e ingratidão de amigos... Superou tudo, construiu o MuBE e é a única mulher brasileira a dar à coletividade um espaço maravilhoso, onde artistas nacionais e internacionais podem expor sua arte e ter reconhecido seu valor artístico. Para Marilisa, o artista era a pessoa mais importante, não era o político nem o homem rico.

Acompanhá-la na construção de sua obra foi um grande privilégio e me ensinou a ter mais garra, destemor e a entender que "o que vale é o resultado". É uma preciosidade a enriquecer-me em todos os instantes de minha vida. Louvo e agradeço a Marilisa, mas devo também lembrar de duas pessoas que a sustentaram em seus momentos difíceis: seu marido, Marius, um cavalheiro, e o advogado Paulo Macedo de Souza. Marilisa é uma mulher que cumpriu sua missão – a construção do MuBE – e sabia que, se ficarmos esperando que alguém faça alguma coisa, as coisas não serão feitas. É uma empreendedora notável.

LUIS ANTONIO SERAPHICO DE ASSIS CARVALHO

Agradeço como seu amigo, na comunhão dos mesmos ideais, os votos sempre generosos que me envia. A entidade que a vi edificar com tanto esforço e seriedade, merece de todos carinho e admiração. Tanto mais daqueles que, como eu foi companheiro desde a hora primeira. São tantas as tarefas que nos uniram ao longo destes 27 anos desde que juntamos esforços no Museu de Arte Moderna, que me sinto colado aos ideais maiores do Museu Brasileiro da Escultura Marilisa Rathsam, sempre com sua figura destemida à frente. Eis que nada me fará faltar à sua convocação, nem que seja para, modestamente, reafirmar o que venho dizer: "ainda que sinta hoje em dia, tenho papel pouco relevante – se é que tenho -, junto a essa casa de cultura". Em que cumpre a outros abrir novos caminhos e com eles colher a glória merecida, um abraço do velho companheiro Luis Antonio Seraphico de Assis Carvalho

PAULA RATHSAM

Estudante e neta de Marilisa

Quando era pequena achava o máximo ter uma avó presidente de museu. Eu chamava o MuBE de "museu da vovó" e amava ficar com ela lá no escritório, fingindo que estava trabalhando. Também adorava ver os peixes, dar comida pra eles, ficar olhando as garças e jaburus que vinham pousar no laguinho. Eu morria de medo da ponte, mas gostava de correr de lá pra cá, descobrindo passagens e lugares secretos.

Amava ir às festas do MuBE, participar dos vernissages, ver as noites de piano e observar a vovó tirando um monte de fotos. Ela me pegava pela mão e ia passando pela exposição para mostrar que quadro era de quem. E eu sempre encontrava pessoas famosas. Lembro de um dia, por exemplo, em que estava o Tarcísio Meira. Em outro o Jô Soares. E o Ivo Pitanguy.

Minha avó sempre foi elétrica. Ela nunca para, é uma coisa incrível. Vive rodeada de mil secretárias, dizendo "ah, liga para não sei quem". Quando eu vinha para ficar com ela era um tal de a gente ir para o museu e voltar e ir de novo e comer petit gateau. Eu adorava.

Ela também sempre me dava telas e eu amava ficar pintando com ela. Cheguei a fazer um curso de artes no MuBE e até hoje minha mãe tem um quadro meu pendurado em casa. É uma tela abstrata, que fez parte da exposição dos trabalhos da turma. Acho que, quando terminar meus estudos, a pintura voltará a ser um hobby. Amo desenho e gosto muito de pintar. Isso com certeza foi influência de minha avó.

DOADORES QUE CONTRIBUÍRAM PARA A CONSTRUÇÃO E MANUTENÇÃO DO MUSEU BRASILEIRO DA ESCULTURA MARILISA RATHSAM - DA CRIAÇÃO A 2008

Homenagem às pessoas físicas e jurídicas que fizeram doações com a finalidade de construir o Museu Brasileiro da Escultura Marilisa Rathsam.

Dado o vulto das doações, a Sociedade Amigos dos Museus – SAM, decidiu ter todas as contas da obra auditadas, o que foi realizado através de apoio da Campiglia & Cia, no período de 1988 a 1990, e da Price Waterhouse a partir daí.

Toda a captação, principalmente por empresas, foi realizada por Marilisa Rathsam, Presidente do Museu Brasileiro da Escultura Marilisa Rathsam e também Presidente da Sociedade Amigos dos Museus – SAM. A captação de doações de pessoas físicas foi realizada por Aracy Funchal Rodrigues, Marius Oswald Arantes Rathsam e Marilisa Rathsam, inclusive.

Na entrada do Museu Brasileiro da Escultura Marilisa Rathsam, assim como listados a seguir, estão os nomes de todos os doadores, pessoas físicas e jurídicas, que fizeram contribuições durante a gestão de Marilisa.

DOADORES QUE CONTRIBUÍRAM PARA A CONSTRUÇÃO E MANUTENÇÃO DO MUSEU BRASILEIRO DE ESCULTURA

MARILISA RATHSAM

PESSOA FÍSICA

ARACY RODRIGUES
MARILISA RODRIGUES RATHSAM
MARIUS ARANTES RATHSAM
CÁSSIO RAUL SADDI
DOLTER RIGHI
NICOLAU SCARPA JR.
FRANSCISCO SCARPA JR.
EDUARDO SADDI
GHITLEA SAHN
MAURO SADDI
NAGI NAHAS
SILVIO TINI DE ARAÚJO

RELAÇÃO DE EMPRESAS DOADORAS

ACUMULADORES PRESTOLITE LTDA.
AIR CONDITIONING
ALCAN ALUMÍNIO DO BRASIL
ALCOA ALUMÍNIO DO NORDESTE S.A.
ALTA COML. VEÍCULOS LTDA.
ARMAPLAN MERCEARIA LTDA.
ARQUETIPO PROD. IND. LTDA.
ARTHUR LUNDGREEN TECIDOS S.A. – CASAS PERNAMBUCANAS
ASFALTADORA BRASILEIRA S.A.
BANCO BANDEIRANTES S.A.
BANCO BRADESCO S.A.
BANCO CIDADE S.A.
BANCO CREDIBANCO
BANCO DE CRÉDITO NACIONAL
BANCO ESTADO DE SÃO PAULO S.A.
BANCO FIN. E INDL. DE INVESTIMENTOS S.A.
BANCO NOROESTE S.A.
BANCO REAL S.A.
BANCO SAFRA S.A.
BANCO SUDAMERIS BRASIL
BANCO UNION S.A.
BANIP BCO. DE NEG. INTERM. E PART. LTDA.
BATES BRASIL PAPEL E CELULOSE S.A.
BCN SEGURDORA S.A.
BCN CORRETORA DE SEGUROS

BLUE LIFE ASSIST. MED. GLOBAL
BOLSA DE VALORES DE SÃO PAULO
BOM BRIL S.A.
BONSUCEX PARTICIPAÇÕES S.A.
BRASTEMP S.A.
BRASWEY S.A. IND. E COM.
CASAS STA LUZIA IMP. LTDA
CELTA ADM. E CORR. DE SEGUROS
CELUCAT S.A.
CERPLAN DES. IMOB. E COM. LTDA.
CIA INTERNACIONAL DE SEGUROS
CIA. NITRO QUIMÍNICA BRASILEIRA
CIA. PAULISTA DE SEGUROS S.A.
CIA REAL DE INV. CRED. FINANC. E INVESTIMENTOS S.A.
CIA. SÃO PAULO DISTRIBUIDORA DE DERIVADOS DE PETRÓLEO
CIA. BRASILEIRA DE FIAÇÃO
CIA. DE CIMENTO PORTLAND ITAÚ
CIA ITATIAIA DE VIATURAS
COLÉGIO MORUMBI
CHAPECÓ CIA. DE ALIMENTOS
COML. IMP. EXP. STA. LUZIA LTDA.
CONCRETEX S.A.
CONDIPÁ CONST. E CONS. DE TIT. PATRIMONIAIS LTDA.
CREDIBANCO
DELFIN COM. E IND. S.A.
DIANA PROD. TÉCNICOS DE BORRACHAS S.A.
DIG S.A. DIST. IRMÃOS GUIMARÃES DE TIT. E VAL. MOB.

DPZ – DUAILIBI PETIT ZARAGOZA PROPAGANDA S.A.
DM9 PUBLICIDADE LTDA.
ELETROPAULO ELETRICIDADE DE SÃO PAULO
ELUMA S.A. IND. E COM.
ENGEA AVAL. EST. DO PATR. E ENGENHARIA LTDA.
ESCRITÓRIO TEC. JULIO KASSOY E MARIO FRANCO, ENGS.
ESPASA CORRETORA DE SEGUROS LTDA.
ESTREL ESTUDOS REPR. E ADM. LTDA.
F. BARCELLOS PUBLICIDADE LTDA.
FÁBRICA DE TECIDOS TATUAPÉ
FÊNIX DISTR. DE TIT. E VALORES MOBILIÁRIOS
FIBERGLASS FIBRA LTDA.
FINANCIADORA BCN
GOYANA S.A. IND. BRAS. DE MAT. PLÁSTICOS
GRIFFO CORRETORA DE VALORES LTDA.
GRUPO BUNG Y BORN
GRUPO SAINT GOBAIN
IBM DO BRASIL IND. E COM. MAQ. E SERVIÇOS LTDA.
IKPC IND. KLABIN DE PAPEL E CELULOSE LTDA.
IMOBILIÁRIA STA. THEREZINHA S.A.
INBRAC CONDUTORES ELÉTRICOS
IND. E COM. CARDINALLI LTDA.
INDÚSTRIAS VILLARES LTDA.
INSTITUTO CULTURAL ERMÍRIO DE MORAES
INYLBRA S.A. TAPETES E VEÍCULOS
IOCHPE – MAXION
IRMÃOS GUIMARÃES CORR. CÂMBIO DE TIT. VAL. MOB. LTDA..

ITATIAIA S.A. VEÍCULOS MOTORES E PEÇAS
J.H.S. CONST. E PLAN. LTDA
KIBON S.A. IND. ALIMENTÍCIAS
LABOR MEDICINAE CIRURGIA S.A.
LABORTEX IND. E ART. DE BORRACHA LTDA.
LANIFÍCIO STO. AMARO LTDA.
LEP INTERNACIONAL DO BRASIL
LOJAS BRASILEIRAS S.A.
MAKRO ATACADISTA S.A.
MANUFATURA DE BRINQUEDOS ESTRELA L.A.
MARISA LOJAS VAREJISTAS S.A.
MESBLA S.A.
MATALUR LTDA.
MOBILÍNEA S.A. IND. E COM. DE MÓVEIS
MONTCALM LTDA. MONTAGENS INDUSTRIAIS
MPV CONTEX
ORION S.A.
PÃO DE AÇÚCAR CIA. BRASILEIRA DE DISTRIBUIÇÃO
PARANAPANEMA S.A. MINERAÇÃO INDL. E CONST.
PERFILTRA DO BRASIL COM. E IND. LTDA.
PIRELLI S.A. COML. IMP
PNEUAC S.A. COML. IMP.
PROQUIGEL IND. E COM. DE PRO. QUÍMICOS LTDA.
QUAKER ALIMENTOS
RACIONAL ENGENHARIA S.A.
REDE ZACHARIAS DE PNEUS E ACESSÓRIOS LTDA.
RESERBRAS IND. E COM. LTDA.

RESIQUÍMICA EUCATEX LTDA.
RHODIA S.A.
RIOCELL S.A.
S.A. IND. VOTORANTIM
SANBRA SOC. ALG. NORDESTE BRASILEIRA S.A.
SÃO LUIZ GONZAGA ADM. E COM. LTDA.
SÃO PAULO ALPARGATAS S.A.
SERBANK EMP. DE CONST. E VIGILÂNCIA LTDA.
SERVEL ASSESSORIA DE SISTEMAS E MÉTODOS
SHELL BRASIL S.A. – PETRÓLEO
SINGER DO BRASIL IND. E COM. LTDA.
SUL AMÉRICA SEGUROS
TEC. MONTAL ENGENHARIA DE MONTAGEM LTDA.
TENENGE TEC. NAC. DE ENGENHARIA
TÊXTIL TABACOW S.A.
THECA CORRETORA DE CÂMBIO
TRANSMETAL LTDA.
UNIÃO DE BANCOS BRASILEIROS S.A. – UNIBANCO
UNION CARBIDE DO BRASIL S.A.
VARIG S.A.
YORK S.A.
ZEN COMUNICAÇÕES LTDA.

CRONOLOGIA

1982

MAIO: 1ª Festa Simbiose das Artes, organizada pela SAM no Regine's, arrecadou 8 milhões de cruzeiros e conseguiu evitar o fechamento do Museu de Arte Moderna (MAM) de São Paulo.

Marilisa Rathsam é eleita conselheira do MAM, função que exerceria pelos próximos 15 anos.

JUNHO: Fundação oficial da Sociedade de Amigos dos Museus (SAM) – Nacional.

1983

FEVEREIRO: 1º Cruzeiro Colorido das Artes, com exposição de 40 telas de 15 artistas brasileiros a bordo do transatlântico Italia.

MARÇO: Curso 'Introdução à História da Arte', ministrado pela artista plástica Lucia Py, na sede da SAM.

ABRIL: 2ª Festa Simbiose das Artes, no Regine's, com a finalidade de angariar fundos para a realização da exposição *Escola de Paris*, no Museu de Arte de São Paulo (Masp).

JULHO: Assinatura do contrato entre a SAM-Nacional e a Association Française d'Action Artistique e o Ministére des Relations Extérieures francês, restabelecendo o intercâmbio cultural entre a França e o Brasil, interrompido havia 25 anos.

AGOSTO: Curso 'Arte Pós-Moderna', ministrado pelo crítico da SAM Alberto Beutenmüller no Museu de Arte de São Paulo (Masp).

NOVEMBRO: Admissão da SAM como "membre actif" da Fédération Mondiale des Amis des Musées, entidade ligada à UNESCO, com outros 26 países.

Curso 'O Impressionismo até os Dias Atuais', ministrado pelo crítico da SAM Alberto Beutenmüller no Paço das Artes.

Fundação da SAM Brasília.

Lançamento do projeto *A Cor e o Desenho do Brasil*, de Radha Abramo.

1984

JANEIRO: Inauguração da exposição coletiva de Aldir Mendes de Souza, Carlos Araújo, Franco Cirri, Claudio Tozzi, Newton Mesquita, Darcy Penteado e Franco Di Renzi.

Inauguração da exposição individual do pintor Carlos Araújo.

FEVEREIRO: Avant-premiére da exposição *Os Grandes Mestres do Abstracionismo Brasileiro*, a bordo do transatlântico Danae, com obras dos artistas Kazuo Wakabayashi, Tikashi Fukushima, Abelardo Zaluar, Danilo Di Pretti, Lothar Charoux, Sérvulo Esmeraldo, Arcângelo Ianelli, Manabu Mabe e Alfredo Volpi.

2º Cruzeiro Colorido das Artes, com exposição de telas de artistas brasileiros a bordo do transatlântico Danae.

MARÇO: Curso 'História da Arte Brasileira', ministrado pelo crítico da SAM Alberto Beutenmüller no Paço das Artes.

MAIO: Abertura na Espanha da exposição *Os Grandes Mestres do Abstracionismo Brasileiro*, que nos meses seguintes passaria por Itália, Portugal, França, Holanda, Inglaterra, Dinamarca e Estados Unidos, até ser exposta em maio de 1986 no Paço das Artes, em São Paulo.

3ª Festa Simbiose das Artes, no Regine's, com renda revertida ao projeto *Escola de Paris*.

JUNHO: Fundação da SAM Campinas, tendo na presidência Eliane Paterno.

AGOSTO: Abertura na Itália da exposição *Os Grandes Mestres do Abstracionismo Brasileiro*.

Curso 'Arte Brasileira', ministrado pelo crítico da SAM Alberto Beutenmüller no Paço das Artes.

SETEMBRO: Abertura em Portugal da exposição *Os Grandes Mestres do Abstracionismo Brasileiro*.

OUTUBRO: Abertura na França da exposição *Os Grandes Mestres do Abstracionismo Brasileiro*.

NOVEMBRO: Inauguração no Masp da exposição *Escola de Paris*, com 80 obras de alguns dos maiores mestres da pintura, pertencentes ao acervo do Museu de Arte Moderna da Cidade de Paris.

1985

JANEIRO: Inauguração da exposição *Escola de Paris* no Museu de Arte Moderna (MAM) do Rio.

Abertura na Holanda da exposição *Os Grandes Mestres do Abstracionismo Brasileiro*.

Fundação no dia 3 da Federação Brasileira da Sociedade de Amigos dos Museus, filiada à Fédération Mondiale d'Amis des Musées, sediada no Museu do Louvre, em Paris.

FEVEREIRO: Premiação pela Associação Paulista de Críticos de Arte (APCA) da *Escola de Paris* como a melhor exposição de 1984.

MARÇO: Abertura na Inglaterra da exposição *Os Grandes Mestres do Abstracionismo Brasileiro*.

MARÇO/DEZEMBRO: Curso 'História da Arte: Modernismo e Pós-Modernismo', ministrado pelo professor Alberto Beutenmüller no Paço das Artes.

MAIO: Abertura na Dinamarca da exposição *Mestres do Abstracionismo Brasileiro*.

AGOSTO/SETEMBRO: 3º Cruzeiro Colorido das Artes, realizado na França sob orientação do professor Jacques Douchez.

NOVEMBRO: Abertura em Washington, Estados Unidos, da exposição *Mestres do Abstracionismo Brasileiro*.

DEZEMBRO: Abertura em Nova York, Estados Unidos, da exposição *Mestres do Abstracionismo Brasileiro*.

1986

JANEIRO: Tombamento dos Jardins pelo Condephaat.

Leilão na Christie's, de Nova York, de obras da mostra *Os Grandes Mestres do Abstracionismo Brasileiro*.

MAIO: Abertura em São Paulo da exposição *Os Grandes Mestres do Abstracionismo Brasileiro*.

DEZEMBRO: Cessão em comodato por 99 anos pelo prefeito Jânio Quadros do terreno na esquina da Rua Alemanha com a Avenida Europa.

Paulo Mendes da Rocha vence o concurso do projeto para a construção do Museu Brasileiro da Escultura (MuBE).

1987

FEVEREIRO: Apresentação do projeto arquitetônico do MuBE na sede do Instituto dos Arquitetos do Brasil (IAB) – São Paulo.

Início da construção do MuBE.

Inauguração da exposição *Modernidade*, no Museu de Arte Moderna de Paris.

MARÇO/ DEZEMBRO: Curso de História da Arte, ministrado pelo professor Alberto Beutenmüller no Paço das Artes.

DEZEMBRO: Inauguração da exposição *Modernidade: Arte Brasileira do Século 20,* no Museu de Arte Moderna de São Paulo.

1988

MAIO: Inauguração da marquise do MuBE no dia 11, com presença dos empresários que fizeram doações com base na Lei Sarney.

DEZEMBRO: Final da segunda etapa e início da terceira e última fase da construção do MuBE, com almoço de confraternização para os operários da obra.

1989

NOVEMBRO: Lançamento do livro de Sandra Brecheret Pellegrini sobre seu pai, o escultor Victor Brecheret, na presença de empresários, artistas e intelectuais.

1990

MARÇO/ ABRIL: Exposição de obras do escultor Caciporé Torres na marquise do museu.

1991

MARÇO: Inauguração da Escola de Arte do MuBE, com aulas de gravura, cerâmica e pintura.

ABRIL: Ministério da Cultura da França concede a Marilisa Rathsam a comenda Chevalier de L'Ordre des Arts et des Lettres.

1992

JANEIRO/ NOVEMBRO: Cursos de História da Arte, Escultura, Pintura, Desenho, Gravura e Cerâmica.

ABRIL: Exposição *Via Sacra*, com grandes painéis em óleo sobre tela de Carlos Jachieri.

MAIO: Prefeita Luisa Erundina, por meio da Lei 11.190, prorroga por mais três anos o prazo para o término da construção do MuBE.

SETEMBRO: Retomada das obras do MuBE, após dois anos de interrupção devido à extinção da Lei Sarney, em março de 1990, e ao confisco promovido pelo governo Fernando Collor de Mello.

OUTUBRO: 1º Leilão de Arte do MuBE, em benefício do término das obras do museu, com participação dos artistas Ângelo Milani, Sara Goldman, Aldir Mendes de Souza, Brito Velho, Gustavo Rosa, Bruno Giorgi, Ivald Granato, Claudio Tozzi, Sérvulo Esmeraldo, Aldemir Martins, Amilcar de Castro, entre outros.

1993

JANEIRO/ JUNHO: Cursos de História da Arte, Escultura, Pintura, Desenho, Gravura.

ABRIL: Exposição de quadros monumentais *A Via Crucis das Vinhas da Ira*, do pintor Carlos Jacchieri.

Eleição de Marilisa Rathsam como titular da Comissão de Avaliação e Averiguação dos Projetos Culturais da Prefeitura de São Paulo, na área de Patrimônio.

SETEMBRO: Por meio da Lei 11.412, a Prefeitura de São Paulo compromete-se a doar o equivalente a US$ 1 milhão para terminar as obras do MuBE.

1994

JANEIRO/ JUNHO: Cursos de História da Arte, Escultura, Pintura, Desenho e Cerâmica.

FEVEREIRO/ ABRIL: Curso 'A Arte Através dos Séculos e sua Ruptura Rumo à Contemporaneidade', ministrado por Cláudia Lacorte Fazzolari.

1995

JANEIRO/ OUTUBRO: Curso de Escultura.

MAIO: Inauguração do MuBE no dia 10, com a exposição *Victor Brecheret: Modernista Brasileiro*.

JULHO: Exposição *In and Out*, com os artistas alemães Thomas Schönauer, escultor, e Peter Kowald, músico e compositor.

AGOSTO: Exposição *Esculturas em Ferro*, com 17 obras de Tania Queiroz e Walter Guerra.

SETEMBRO: Exposição de Jóias, de Cecília Rodrigues.

Exposição com 100 esculturas e 30 bonecos de Odete Eid e lançamento do livro Odete Eid, Esculturas.

OUTUBRO: Exposição *Esculturas/ Instalações*, de Pedro Pellegrino.

NOVEMBRO: Exposição *Alessandro Giusberti*, com 40 obras do artista italiano.

DEZEMBRO: Divas – Exposição fotográfica de Klaus Mitteldorf.

1996

JANEIRO: *Modernistas Contemporâneos* – Exposição de obras de Tarsila do Amaral, Victor Brecheret, Anita Malfatti, Ernesto Di Fiori, Vicente do Rego Monteiro, Candido Portinari, Emiliano Di Cavalcanti, Djanira da Mota e Silva, Luis Ventura, Agnaldo Manoel dos Santos, Rubem Valentim, Claudio Tozzi, José Roberto Aguilar, Sérgio Ferro, Emanoel Araújo, Valdir Sarubbi e Antonio Henrique Amaral.

JANEIRO/ NOVEMBRO: Cursos de História da Arte, Pintura, Desenho, Escultura, Cerâmica, Projetos e Design.

FEVEREIRO/ MARÇO: Exposição em Santana do Livramento (RS) e no MuBE das 40 esculturas da mostra *Cinco Versões da Tridimensionalidade*,

363

com obras de Caciporé Torres, Rubens Gerchman, Ivald Granato, Claudio Tozzi e Cleber Machado, sob curadoria de Jacob Klintowitz.

ABRIL/ DEZEMBRO: Vesperais Líricas, em parceria com a Secretaria Municipal de Cultura, Departamento de Teatros e Teatro Municipal.

MAIO: Mostra de Vídeo-Documentários – Arte Italiana.

Criação da Brazilian Arts Foundation, sediada em Nova York.

MAIO/ OUTUBRO: Projeto Música no MuBE, em parceria com a Fundação Magda Tagliaferro.

JUNHO: Vanguardistas – 2ª Mostra de Vídeo-Documentário.

JULHO: *O Expressionismo Indígena* - exposição do escultor peruano Edilberto Mérida, mestre do expressionismo andino.

Vanguardistas – 3ª Mostra de Vídeo-Documentário.

AGOSTO/ NOVEMBRO: Jazz no MuBE – Projeto de apresentação da Tradicional Jazz Band.

SETEMBRO: *Performances – 4ª Mostra de Vídeo-Documentário*.

OUTUBRO: Exposição *Off Bienal*, com participação de 37 pintores e escultores contemporâneos, com curadoria de Carlos von Schmidt.

Exposição *Esculturas e Desenhos*, de Robert Schad, um dos mais representativos expoentes da nova geração de escultores em aço na Alemanha.

1997

JANEIRO/ NOVEMBRO: Cursos de História da Arte, Pintura, Desenho, Escultura, Cerâmica e Projetos e Design.

MARÇO/ NOVEMBRO: Recitais para teclados, sopros e cordas, sob direção de Fábio Caramuru, em convênio com a Fundação Magda Tagliaferro.

ABRIL/ SETEMBRO: *Mostra de Vídeo-Documentários/ Edição 1987 – Arte e Artistas*.

ABRIL/ DEZEMBRO: Vesperais Líricas, em convênio com o Teatro Municipal, sob direção artística de Luiz Fernando Malheiro.

MAIO/ NOVEMBRO: Jazz no MuBE – Apresentação de seis bandas brasileiras de jazz.

JUNHO: *Jerusalém 3.000 Anos, Arte pela Paz* – Mostra de pintura dos artistas Arcângelo Ianelli, Claudio Tozzi, Ivald Granato, Siron Franco, Sérgio Fingermann, Thomás Ianelli e Caciporé Torres, com curadoria de Carlos von Schmidt.

JULHO/ AGOSTO: *A Cor do Invisível – Vida e Poesia de Mário Quintana* – Exposição de poemas, livros e objetos pessoais do poeta, sob curadoria de Gisela Magalhães e Eloi Calage, em convênio com o Centro Cultural Banco do Brasil do Rio de Janeiro.

JULHO/ SETEMBRO: *Max Ernst - Escultura e Gráfica* - Exposição internacional com 55 esculturas e 95 obras em papel, entre gravuras, colagens e frottages, sob curadoria de Werner Spies e Fabio Magalhães.

NOVEMBRO: *O Homem do Labirinto* – Exposição com 35 esculturas do artista argentino Horácio Kleimman e lançamento de livro com o mesmo título, de Jacob Klintowitz.

Exposição *Álvaro Siza – Móveis e Objetos Diversos*, com peças do português referência em arquitetura.

Cartazes – Exposição do designer gráfico português João Machado, com 80 cartazes e ilustrações das décadas de 80 e 90.

Exposição *Subjetos*, dos designers brasileiros Jacqueline Terpims, Humberto e Fernando Campana, Luciana Martins e Gerson de Oliveira.

1998

JANEIRO/ NOVEMBRO: Cursos de História da Arte, Desenho, Aquarela, Pintura, Escultura e Projetos.

MARÇO/ MAIO: *Giorgio de Chirico* – Exposição internacional do artista italiano.

MARÇO/ NOVEMBRO: Programa Música no MuBE, em convênio com a Fundação Magda Tagliaferro.

MARÇO/ DEZEMBRO: Programa Vesperais Líricas, em convênio com o Teatro Municipal, sob a direção de Regina Elena Mesquita.

MAIO/ JUNHO: Exposição de Sérgio Romagnolo, com desenhos e esculturas.

JUNHO/ JULHO: Exposição de fotografias de Marcos Piffer sobre a cidade de Santos e lançamento do livro *Santos - Roteiro Lírico e Poético*.

AGOSTO: Exposição individual de pinturas de Carlos Eduardo Uchôa.

Passagens: Um Lugar Possível para a Fotografia Contemporânea, exposição individual de fotografias, infografias e vídeos de Débora Diksia.

SETEMBRO: Exposição individual de pinturas de Luise Weiss e defesa de tese.

SETEMBRO/ OUTUBRO: *III Bienal Barro de América*, idealizada pelo crítico venezuelano Roberto Guevara.

Relax 'O' Visions – Exposição individual de Ana Maria Tavares.

NOVEMBRO: *Cinco Décadas de Arquitetura: Uma Leitura* – Exposição retrospectiva 50 Anos da FAU, com curadoria geral do arq. Abrahão Sanovicz.

NOVEMBRO/ DEZEMBRO: Exposição individual e lançamento de livro de Nelson Félix.

DEZEMBRO: *Ações e Reações de um Gesto Criativo*: Exposição individual de fotografias de Leila Reinert, com defesa de tese.

1999

JANEIRO/ DEZEMBRO: Cursos de História da Arte, Desenho, Aquarela, Pintura e Escultura e Projetos.

MARÇO: *Assimetrias* – Exposição internacional de fotografias de Américo Silva.

MARÇO/ NOVEMBRO: Vesperais Líricas, em convênio com o Teatro Municipal, sob a direção de Regina Elena Mesquita.

ABRIL/ MAIO: Exposição internacional

retrospectiva do escultor francês César Baldaccini, com cerca de cem obras da Galerie Nationale du Jeu de Paume.

JUNHO: *Vera Cruz – Um Sonho Paulista* – Exposição coletiva de pinturas e esculturas.

Norma Grinberg – Exposição individual com defesa de tese.

JUNHO/ JULHO: *Duas Águas* – Exposição individual de Carlito Carvalhosa.

Cilindros – Exposição individual da artista plástica Laurita Salles.

Adágio Exposição individual – instalação de Renata Padovan.

JULHO/ AGOSTO: Exposição individual do escultor italiano Massimo Sansavini, com esculturas em madeira colorida, sob curadoria de Fabio Magalhães.

AGOSTO: Exposição individual de Brito Velho, com pinturas e esculturas em madeira e ferro pintados.

NOVEMBRO: Exposição coletiva das artistas Maia Bernardes, Janice de Piero, Odete Fazano, Inês Fernandez, Tina Gonçalez e Ana Paula Oliveira, sob coordenação de Nazareth Pacheco.

Números – Exposição/Instalação dos designers brasileiros Fernando e Humberto Campana.

NOVEMBRO/ DEZEMBRO: Exposição individual *A Viagem*, do artista Eduardo Iglesias, com pinturas, esculturas e instalações.

2000

JANEIRO/ NOVEMBRO: Cursos de História da Arte, Desenho, Aquarela, Pintura e Escultura, Projetos e Design.

MARÇO/ NOVEMBRO: Concertos Lloyds TSB, de piano.

Vesperais Líricas, em convênio com o Teatro Municipal de São Paulo, sob direção de Regina Elena Mesquita.

MAIO: *Exposição de Arte Eletrônica*, em parceria com Eletromídia, de grandes expoentes da pintura brasileira em painéis eletrônicos instalados na área externa do museu e nas principais avenidas de São Paulo.

MAIO/ JUNHO: *Ameríndios* – Exposição de pinturas do artista Zélio Alves Pinto.

JUNHO/JULHO: Exposição individual do escultor Renato Brunello.

SETEMBRO: Inauguração da Feira de Antiguidades MuBE.

SETEMBRO/ OUTUBRO: *Em Busca do Elo Perdido* – Exposição individual de pintura e instalação de Helena Armond.

OUTUBRO: *Cuidados pela Vida* – Exposição fotográfica e lançamento de livro com registros do trabalho de quem cuida da saúde no Brasil.

OUTUBRO/ DEZEMBRO: *Esculturas e Relevos* – Exposição do artista francês Bernar Venet, expoente da escultura contemporânea.

NOVEMBRO: *Abitare Itália* – Mostra de produtos italianos de design de vanguarda.

2001

JANEIRO/ NOVEMBRO: Cursos de História da Arte, Desenho, Aquarela, Pintura e Escultura.

JANEIRO/ FEVEREIRO: *ABC Brasil Arte e Cultura*, com esculturas e instalações dos artistas mineiros Marcos Coelho Benjamin, José Bento e Fernando Lucchesi.

FEVEREIRO: Exposição individual da artista plástica Adriana Barreto.

MARÇO: Exposição retrospectiva e defesa de tese de doutorado pela Universidade de São Paulo do artista Claudio Tozzi.

MARÇO/ ABRIL: *Heads* - Exposição retrospectiva do artista plástico Ivald Granato, com 80 obras, entre esculturas, instalações e pinturas.

MAIO: Exposição individual do artista plástico Cláudio Maksoud.

JUNHO/ JULHO: Exposição individual do artista plástico Ângelo Milani.

JULHO: Exposição de Carlos Henrique Cotta, sob orientação de Marco Gianotti.

Exposição coletiva *Notech Design*, com obras de 14 jovens designers alunos do curso A Construção do Objeto, orientados por Fernando e Humberto Campana, professores da Escola de Arte do Museu.

AGOSTO: Exposição de livros e documentos raros de Ney Canelas.

SETEMBRO: Exposição individual do artista plástico francês Claude Viallat, integrante do projeto França Contemporânea - Um Panorama Atual da Criação Artística Francesa, com apoio da Association Française d'Action Artistique e do Consulado Geral da França em São Paulo.

Jóias para o Chá – Exposição de arte contemporânea da China, com esculturas e objetos relacionados à arte do cerimonial do chá selecionados pelo colecionador Pedro Hiller.

Marilisa Rathsam recebe a comenda Grão-Mestre da Ordem do Rio Branco, no grau de oficial, por mérito cultural. No dia 26, a medalha é outorgada pela Presidente da República.

NOVEMBRO: *Bruno Giorgi 1905-1993* – Exposição de desenhos, esculturas e lançamento do livro, com obras de colecionadores particulares e escultura cedida ao Museu de Arte Contemporânea de São Paulo.

2002

JANEIRO/ NOVEMBRO: Cursos de Arte, Desenho, Aquarela, Pintura e Escultura.

JANEIRO/ FEVEREIRO: Exposição individual *O Quarto do Amor*, de Vera Goulart.

Fevereiro: *Arte De e Para Crianças* – Primeira exposição dos trabalhos do Curso de Artes para Crianças e Especiais.

MARÇO: Exposição individual *Quantas Somos?*, com pinturas e esculturas de Anacelia de Gásperi.

MARÇO/ABRIL: *O Furacão* – Exposição individual do artista cubano Kcho, que doou ao MuBE a escultura Coluna Infinita David.

MAIO/JUNHO: *Brazilian Art Book* – Lançamento do Anuário de Artes Plásticas e exposição de 40 artistas brasileiros integrantes da publicação, incluindo Claudio Tozzi, Ivald

Granato, Arcângelo Ianelli, Aldir Mendes de Souza, Aldemir Martins, Antonio Henrique Amaral, Gilberto Salvador, Newton Mesquita, Manabu Mabe, Tikashi Fukushima.

Meta Revolução (A Evolução do Metal) – Exposição individual de esculturas de Evolin Fernandez, sob curadoria de Olney Krüse.

JUNHO/JULHO: *Parusia Plenitude* – Exposição individual e instalação de Ana Magalhães.

JULHO/AGOSTO: *Brasil faz Design* – Exposição de design, com curadoria de Marili Brandão e Fabio Magalhães, que traçou um panorama atual da criação brasileira em várias áreas: móveis, luminárias, objetos, produtos industriais, acessórios pessoais, gráficas e webdesign de Alfredo Farné, Daniel Lafer, Dora Wainer, Fabíola Bérgamo, Mirla Fernandes e Rodrigo Leão, Ronaldo Kapaz, André Popovic. As peças haviam sido apresentadas na Feira de Design de Milão.

Exposição individual de pintura, esculturas e objetos do artista espanhol Juan Diego Miguel.

SETEMBRO: Exposição individual de pintura e escultura em ferro Tinta e Ferro, de Jorge Bussab.

Arte Catedral – Exposição de Francisco Panachão.

OUTUBRO: *Exposição de Design Mídia e Loucura*, de Alessandro Jordão e Kiko Sobrino. Com curadoria de Olívio Guedes de Almeida e textos de Radha Abramo, a mostra foi apresentada em Roma e Milão e era composta por duas séries – uma de telas em acrílico e serigrafia e outra inspirada em paredes acolchoadas de clínicas para tratamento de distúrbios mentais.

Leilão de obras do artista Milton Jeronimides.

NOVEMBRO: Exposição individual *Ex-Voto*, do artista e cenógrafo Waldir Gunther.

DEZEMBRO: 1ª *Mostra Ateliê de Pintura MuBE 2002*, com obras de 55 jovens artistas formados nos ateliês de pintura do MuBE pelos professores Paulo Whitaker, Marco Gianotti, Tuneu, Vera Martins, Albano Afonso, Noêmia Nunes e Eduardo Werneck.

Exposição de esculturas, gravuras, desenhos e pinturas *Insetos! Segredos e Interpretações*.

2º Leilão de Arte e Antiguidades, em benefício do MuBE.

2003

JANEIRO: Homenagem a São Paulo - 449 anos – Exposição de pinturas do artista Claudino Nóbrega, com curadoria de César Luis Pires de Mello.

FEVEREIRO/ABRIL: Homenagem a Cícero Dias – Exposição póstuma com 19 gravuras do artista modernista pernambucano, com obras das décadas de 80 e 90 e curadoria de Fábio Porchat.

ABRIL/MAIO: *Mulheres, Uma Releitura de Toulouse Lautrec* – Exposição individual de 43 esculturas em bronze e resina da artista plástica Maria Nazareth Thiollier.

MAIO: Inauguração da escultura em cerâmica *Coluna da Primavera*, de 4,6 metros de altura, dedicada a dois mitos gregos – Deméter e Perséfone - e doada ao MuBE pelo artista pernambucano Francisco Brennand.

MAIO/JUNHO: *Viagem Primordial* – Exposição individual do artista plástico e designer Ariel Artigas Severino, com 50 obras em pintura digital.

JUNHO: I Mostra Darcy Penteado de Arte: "Em tamanho único... Trace seu caminho..." – Exposição coletiva promovida pelo colecionador e galerista Cassiano Araújo, em homenagem ao artista plástico Darcy Penteado.

JUNHO/JULHO: Exposição e leilão de 13 telas em benefício dos Projetos Quixote e Graac.

JULHO: *Antonio Gaudí – Uma Visão Poliédrica* – Mostra fotográfica itinerante produzida pelo Consorci Catalá de Promoció Exterior de la Cultura Catalana e o Departament de Cultura de Generalitat de Catalunya, em comemoração aos 150 anos de nascimento do arquiteto catalão Antonio Gaudí, celebrados em 2002.

AGOSTO: Inauguração da escultura em mármore *Outono Silencioso*, que Arcângelo Ianelli doou ao MuBE.

AGOSTO/SETEMBRO: *Ivald Granato – Desenhos 1964-2000* – Exposição de 50 desenhos pertencentes ao empresário Luiz Osvaldo Pastore.

Life: Uma Vida de Aventuras – Exposição de 80 caixas escultóricas de madeira talhada e pintada do artista plástico uruguaio Miguel Herrera.

SETEMBRO: Inauguração da escultura em ferro *Heads*, que Ivald Granato doou ao MuBE.

OUTUBRO: Exposição de 17 acrílicas sobre tela do artista gaúcho Eduardo Vieira da Cunha, com temas relacionados ao imaginário infantil, viagens e meios de transporte, além de instalação com negativos.

Sonho de Criança – Exposição de 14 esculturas de parede em aço do artista plástico Jack Ronc.

NOVEMBRO: *Portugal de Relance – A Viagem – Encontro de Dois Povos* – Exposição de obras provenientes do Museu Nacional de Soares dos Reis, do Museu Municipal Amadeo de Souza-Cardoso, da Fundação Calouste Gulbenkian, da Fundação Cupertino de Miranda, da Faculdade de Belas Artes da Universidade do Porto, da Faculdade de Arquitetura da Universidade do Porto e de colecionadores particulares.

2004

JANEIRO: *2ª Mostra dos Ateliês MuBE 2003*.

FEVEREIRO/MARÇO: *Contraluz* – Exposição em que o artista italiano Marco Lodola faz um panorama de seus 20 anos de trabalho. Com 100 obras, incluindo desenhos, montagens acrílicas, instalações de parede e esculturas luminosas, foi sua primeira mostra no Brasil.

ABRIL: *Perfil 35 Anos* – Exposição retrospectiva com cerca de 40 obras do artista carioca João Carlos Galvão.

ABRIL/MAIO: *Margarita Ferré – 35 Anos de Escultura* – Exposição com 55 esculturas em concreto, madeira, mármore, bronze, aço, pedra, cipó, granito, alumínio, ferro e vidro da artista espanhola radicada no Brasil, sob curadoria de Carlos von Schmidt.

MAIO: *Exposição Fotográfica Prêmio Fundação*

Conrado Wessel – Mostra de 104 imagens de 55 fotógrafos concorrentes ao prêmio publicitário de fotografia.

JUNHO: *Waldomiro de Deus – 44 Anos de Artes* – Exposição com 50 pinturas das quatro últimas décadas de um dos maiores primitivistas brasileiros, sob curadoria de Radha Abramo.

JULHO: *Quadro de Luz* – Exposição de Jô Soares, com curadoria de Ivald Granato e José Roberto Aguilar, utilizando a digicromia (impressão de imagens com tinta acrílica sobre telas a partir de manipulação de computador).

AGOSTO: *Heróis Invisíveis* – Mostra de fotografias de personagens anônimos que construíram projetos sociais na cidade de São Paulo, feitas por Bob Wolfenson, Christian Gaul, Edu Simões e Luiz Garrido, sob curadoria de Gilberto Dimenstein. Lançamento de livro de mesmo nome.

SETEMBRO: *Potes* – Mostra com 30 potes-escultura de Laís Granato, sob curadoria de Ivald Granato.

Arte e Sensibilidade – Exposição com 28 quadros do indiano DEV e 57 esculturas do espanhol Juan Diego Miguel, sob curadoria de Werner Arnhold.

SETEMBRO/ OUTUBRO: *Perdas e Estéticas da Dor* – Exposição de 13 esculturas em bronze de Arminda Lopes, sob curadoria de Cezar Prestes.

OUTUBRO: *Uma Homenagem a Ianelli* – Mostra de 21 trabalhos de integrantes da Cooperativa de Artistas Visuais do Brasil, como Antonio Henrique Amaral, Caciporé Torres, Guto Lacaz, José Resende, Rubens Gerchman e outros, para homenagear o pintor Arcângelo Ianelli.

NOVEMBRO/DEZEMBRO: *Cor e Forma Pinturas* – Exposição de 20 óleos sobre tela do artista Antônio Océlio, sob curadoria de Olívio Tavares de Araújo.

2005

JANEIRO/ FEVEREIRO: *Manifestação* – Exposição com 45 trabalhos de tinta nanquim sobre papel do paulista Antonio Titto, sob curadoria de Olívio Tavares de Araújo.

MARÇO: *No Tempo e no Espaço* – Mostra de esculturas da artista Maria Nazareth Thiollier, com trabalhos em mármore, resina e bronze.

MARÇO/ DEZEMBRO: Recitais de Piano – Clássicos de Domingo.

Cursos, palestras e workshops de Pintura, Escultura, Desenho, Aquarela e História da Arte.

ABRIL: *Exposição de Peças Publicitárias Clube de Criação* – Mostra e premiação dos melhores trabalhos na área de design publicitário.

ABRIL/ MAIO: *Anima* – Mostra de esculturas e bronze da artista Regina Gallo, sob curadoria de Olívio Guedes.

MAIO/ JUNHO: *Nélolas Terrenas* – Fotografias de André Zinn, abordando luzes, movimento e trânsito, com imagens desfocadas e formas coloridas e vibrantes da cidade de São Paulo.

Um Mito Brasil "Além do Sol e da Lua, as Estrelas" – Instalação de Christiane Bodini.

MAIO/ JULHO: *Un Voile d'Infini* – Mostra de Marilisa Rathsam composta por 18 óleos sobre tema, apresentada na Embaixada do Brasil na França em setembro de 2005, como parte das comemorações do Ano do Brasil na França.

AGOSTO/ SETEMBRO: *Zoltan Vértes* – Mostra retrospectiva de esculturas do artista húngaro-brasileiro.

OUTUBRO: *Ana Zanetti & Bia Black – Trajetória* – Exposição de pinturas da artista.

Cartografia de Almas – Exposição de Thiago Delduqui.

NOVEMBRO: *Miscigenação – Do Brasil à Índia* – Mostra do designer de tapetes americanos Teddy Sumner e do artista plástico brasileiro Ivald Granato.

Pitta Camargo & Jorge Schröder – Mostra Itinerante de Esculturas de Grande Porte.

Objetos de Desejo do Homem Moderno – Painéis de Miguel Paiva sobre os desejos do homem moderno.

NOVEMBRO/ DEZEMBRO: *Zaragoza – Meio Século – Revisão* – Lançamento de livro e mostra retrospectiva comemorativa do cinquentenário da obra de Zaragoza, com 140 pinturas e esculturas.

2006

FEVEREIRO: *Luzes e Cores* – Exposição do artista plástico Bernardo Pitanguy

Manifestações – Uma Década de Arte – Mostra de artistasformados pelos ateliês do MuBE nas áreas de pintura, escultura, aquarela e desenhos, em comemoração aos dez anos da Divisão de Arte/ Educação.

MARÇO: *Concepções* – Mostra com 28 esculturas contemporâneas em ferro pintado do artista plástico Roberto Lerner.

MARÇO/ DEZEMBRO: Recitais de Piano – Clássicos de Domingo.

Cursos de pintura, escultura, desenho, aquarela história da arte para crianças, adolescentes e adultos, além de palestras e workshops.

ABRIL: *Portfólios Criativos* – Mostra com pinturas, fotografias, instalações e design dos alunos da Panamericana Escola de Arte e Design.

ABRIL/ MAIO: *Pinturas* – Mostra inédita do artista Newton Mesquita.

MAIO: *Exposição Benjamin Mary*, com originais e painéis fotográficos das obras do artista.

MAIO/ JUNHO: *Os Onze – Futebol e Arte, a Copa da Cultura* – Mostra na embaixada do Brasil em Berlim reunindo 11 dos maiores expoentes da arte brasileira - Antonio Peticov, Claudio Tozzi, Ivald Granato, Jô Soares, José Roberto Aguilar, José Zaragoza, Maria Bonomi, Roberto Magalhães, Rubens Gerchman, Zélio Alves Pinto, sob curadoria de Ivald Granato.

Relevos e Esculturas – Exposição de trabalhos de grande porte do escultor Paulo de Tarso.

Passagens – Exposição da artista plástica australiana Inna Cymlich Janse, que retratou, em óleo sobre tela, cenas da situação penitenciária no Brasil.

A Viagem – Marcas da Memória – Exposição de

pinturas, esculturas e instalações da artista italiana Ângela Occhipinti.

JULHO: *Uma Exposição de Dar Água na Boca*, da Maison Chocolatier, com esculturas e pinturas feitas de chocolate.

AGOSTO: Exposição Paulo Mendes da Rocha, com o projeto original do MuBE e apresentação do futuro anexo.

AGOSTO/SETEMBRO: *Da Estrutura da Matéria à Leveza Gestual* – Exposição de esculturas em bronze e mármore de Carrara da artista plástica argentina Ana Gontero.

Sobre-Posições – Exposição individual do artista Ismael Oliveira, com curadoria de Ivald Granato.

OUTUBRO/ NOVEMBRO: Exposição *Off Bienal 2* – Coletiva com 54 artistas, escultores, pintores e fotógrafos, sob curadoria de Carlos von Schmidt. Entre eles, Caciporé Torres, Cássio Lázaro, Claudio Tozzi, Gregório Gruber, Gustavo Rosa, Guto Lacaz, Sonia Menna Barreto, Takashi Fukushima.

OUTUBRO/ DEZEMBRO: *Os Onze – Futebol e Arte, a Copa da Cultura* – Mostra no MuBE das obras de Antonio Peticov, Claudio Tozzi, Ivald Granato, Jô Soares, José Roberto Aguilar, José Zaragoza, Maria Bonomi, Roberto Magalhães, Rubens Gerchman, Zélio Alves Pinto, sob curadoria de Ivald Granato.

NOVEMBRO/ DEZEMBRO: *Persona* – Exposição de máscaras e esculturas em bronze da artista Sandra Cavaca, sob curadoria de Olívio Guedes.

NOVEMBRO/ DEZEMBRO: Fractais – Exposição de pinturas da artista plástica Márcia Vinhas, sob curadoria de Olívio Guedes.

2007

JANEIRO: *Em Comunión* – Exposição de pinturas da artista plástica argentina Virginia Derqui.

FEVEREIRO: *Juan Muzzi* – Exposição de instalações, pinturas e desenhos.

FEVEREIRO/ MARÇO: *A Presença do Alumínio* – Exposição coletiva com obras feitas em alumínio.

MARÇO/ DEZEMBRO: Recitais de Piano – Clássicos de Domingo

Cursos de pintura, escultura, desenho, aquarela história da arte para crianças, adolescentes e adultos, além de palestras e workshops.

ABRIL/ MAIO: *Itinerários, Massimo Piazza* – Mostra de 30 telas do artista plástico italiano.

Sônia Menna Barreto – Pintora de Fantasias - Exposição retrospectiva com 40 óleos sobre tela da única artista plástica brasileira a fazer parte do acervo da Royal Collection, pertencente à família real britânica.

MAIO: *Geometria Não Tradicional IV* - Exposição de pinturas e aquarelas do artista plástico José Roberto Leonel Barreto, com curadoria de Ismael Oliveira.

Clube de Criação – Exposição de peças publicitárias premiadas.

Portfólios Criativos – Exposição de trabalhos dos formandos da Escola Panamericana.

Sonho e Vida – Exposição de 26 telas do artista Dennis Esteves, sob curadoria de Carlos von Schmidt.

MAIO/ JUNHO: *Bia Dória – Terra, Vida e Natureza* – Exposição de cem esculturas, sob curadoria de Jacob Klintowitz.

JUNHO: *De Pessoas e Peixes e Pássaros* – Vídeo-instalação de Adriana Oliveira.

JUNHO/ JULHO: *Manifestações* – Exposição coletiva com obras bidimensionais e tridimensionais dos artistas das oficinas de arte do MuBE.

SETEMBRO: *Deuses* – Série de Sérgio Lucena, com curadoria de Jacob Klintowitz.

Percursos da Arte no Século XXI – Exposição coletiva apresentando arte e novas tecnologias, com curadoria de Olívia Guedes.

A Fragmentação das Mandalas e os Códigos Vegetais – Exposição de esculturas e painéis em cerâmica de Nelise Ometto, com curadoria de Fernando de Abreu Ribeiro Filho.

OUTUBRO: *O Espaço Plástico da Luz* – Exposição de 42 esculturas em mármore do artista plástico uruguaio Pablo Atchugarry, com curadoria de Jacqueline Montagu.

BR Amante – Mostra comemorativa dos 40 anos de atividade do pintor César Romero, com curadoria de Jacob Klintowitz.

NOVEMBRO: *Tempo e Memória* – Exposição de 54 obras da artista Meiri Levin, com curadoria de Olívio Guedes.

Olhares do Alto Rio Negro – Um Registro Fotográfico de Populações Indígenas da Amazônia – Mostra fotográfica de Fábio Atui, criada a partir de três expedições realizadas em 2006 e 2007 à comunidade indígena da fronteira do Brasil com a Colômbia e a Venezuela.

MABSA Revisão da Possibilidade no Absurdo – Exposição da artista Maria Amélia Botelho de Souza Aranha, com curadoria de Radha Abramo.

Inauguração da escultura *A Grande Coluna*, de Caciporé Torres, de 4,6 metros de altura, como parte do acervo do MuBE.

Copyright © 2013   Marilisa Rodrigues Rathsam

Todos os direitos desta edição reservados à
BÚSSOLA PRODUÇÕES CULTURAIS E EDITORA LTDA.

Capa: Áttema Editorial :: Assessoria e Design : www.attemaeditorial.com.br

Imagem de capa: Roberto Saruê

Coordenação editorial: Bússola Produções Culturais e Editora

Projeto gráfico e editoração eletrônica: Áttema Editorial :: Assessoria e Design : www.attemaeditorial.com.br

Impressão: IBEP

Todos os esforços para identificação e citação dos fotógrafos das imagens dos arquivos pessoais de Marilisa Rathsam foram feitos. Caso identifique algum nome faltante, por favor, queira entrar em contato com Marilisa Rodrigues Rathsam para inclusão em eventuais reedições da presente obra.

Dados Internacionais de Catalogação na Publicação (CIP)
(Câmara Brasileira do Livro, SP, Brasil)

Museu Brasileiro da Escultura Marilisa Rathsam :
    da criação a 2008.-- 1. ed. -- São Paulo :
    Bússola, 2013.

    ISBN 978-85-62969-01-0

    1. Arte 2. Cultura 3. Museu Brasileiro da Escultura Marilisa Rathsam - História 4. Museus - São Paulo (Cidade) - História.

13-00193   CDD-708.981611

Índices para catálogo sistemático:
1. MuBE : Museu Brasileiro da Escultura Marilisa Rathsam : São Paulo : Cidade : História 708.981611

Apoio

Patrocínio

Realização